北京大学德国研究中心(ZDS)主办

北大德国研究

（第八卷）

主　　　编　黄燎宇
本卷执行主编　谷　裕

图书在版编目(CIP)数据

北大德国研究. 第八卷 / 黄燎宇主编. —北京：北京大学出版社, 2019.10
ISBN 978-7-301-30755-7

Ⅰ. ①北… Ⅱ. ①黄… Ⅲ. ①德国—研究 Ⅳ. ①K516.07

中国版本图书馆 CIP 数据核字(2019)第 205203 号

书　　　名	北大德国研究（第八卷） BEIDA DEGUO YANJIU(DI-BA JUAN)
著作责任者	黄燎宇　主编
责 任 编 辑	朱房煦
标 准 书 号	ISBN 978-7-301-30755-7
出 版 发 行	北京大学出版社
地　　　址	北京市海淀区成府路 205 号　100871
网　　　址	http://www.pup.cn　　新浪微博：@北京大学出版社
电 子 信 箱	zhufangxu@yeah.net
电　　　话	邮购部 010-62752015　发行部 010-62750672　编辑部 010-62754382
印 　刷 　者	北京虎彩文化传播有限公司
经 　销 　者	新华书店
	730 毫米×980 毫米　16 开本　14.25 印张　225 千字 2019 年 10 月第 1 版　2019 年 10 月第 1 次印刷
定　　　价	56.00 元

未经许可，不得以任何方式复制或抄袭本书之部分或全部内容。
版权所有，侵权必究
举报电话：010-62752024　电子信箱：fd@pup.pku.edu.cn
图书如有印装质量问题，请与出版部联系，电话：010-62756370

编 委 会

主编：黄燎宇

本卷执行主编：谷　裕

编委（按拼音顺序）：

　　甘超英　韩水法　黄燎宇　李　维　连玉如

　　王　建　王世洲　徐　健　徐龙飞　许德峰

编务：史敏岳

编者的话

18世纪、19世纪之交，19世纪、20世纪之交，以及如今的20世纪、21世纪之交，恰好都是德语区知识分子讨论欧洲问题、构建欧洲愿景的高峰期。欧洲联合思想，说到底，与帝国思想、帝国传统紧密相连。在德国人的理解中，诸如罗马帝国、作为罗马帝国延续的神圣罗马帝国、作为神圣罗马帝国残余的奥匈帝国，均是超越民族、种族乃至超越地域的联合体，其对立面是（现代）民族国家。

讨论当下的德国和欧洲问题，回避不了历史，也就回避不了千年的帝国事实，以及由此印入人们头脑中的"帝国梦"。2018年9月，北大德国研究中心举办以"新帝国和老帝国"为题的工作坊，中德学者济济一堂，钩沉致远，考察帝国思想的延续和嬗变，探讨如何以历史为依托，剖析现当代问题，寻找解决矛盾和争端的方案。

既然旧帝国与今日欧洲问题密不可分，本卷同时收录了一组以欧洲为主题的文章。每逢现实出现动荡不安、混乱无序，或于外部国际关系，或于内部民族种族冲突，或于工业经济转型引发社会结构剧变，德语区的知识精英便会把目光投向过去的秩序，期盼再次出现一个逾越种族、民族（国家）、教派界限，在精神和思想上统一联合的欧洲。1800年前后如此，1900年前后如此，2000年前后依然如此。

然而，艾兴多夫所回溯的中世纪欧洲，并非一个政体的乌托邦；霍夫曼斯塔尔、罗特所梦想的奥匈帝国，也并非简单的理想投射。旧帝国是曾经存在并持续千年的历史事实——马丁·黑格以法律为依据，指明神圣罗马帝国是一个"法律共同体"。而以帝国为名，行民族国家之实的"第二帝国"，开启了各式各样的新帝国，它本身处于与民族主义、现代国家的瓜葛，处于斗争和多样性之中（秦明瑞）。及至"德意志第四帝国"是否成功，则是连玉如针对德国和欧洲当今格局提出的一个富有挑战性的问题。

与往年一样，本次工作坊是一次多学科、跨学科交流，与会者覆盖法律、历史、社会学、政治学及国际关系等多个专业，当然更少不了提供直观形象的文学专业。来自不同学科的学者，理论与实证相结合，同时发声，展开了活跃的对话和激烈的讨论。这些声音构成本卷文章的主体。

促进中德学术交流、培养青年学者，一如既往，是北大德国研究中心的核心使命。2018年，中心多次邀请德方学者，其学术报告由中心学生译好，收录本卷，一来以及时传达德方学界的新话题和新成果，二来以汇报中心为德国和欧洲研究所作的积极而勤谨的努力。

是成第八卷。请学界同人不吝赐教。

Editorial

Gerade um die Jahrhundertwenden erleben öfters die Diskussionen über das Problem und die Vision Europa bei den Intellektuellen der deutschsprachigen Gebieten einen Höhepunkt. Das gilt nicht nur für die Zeit zwischen dem 18. und 19. Jahrhundert, zwischen dem 19. und 20. Jahrhundert, sondern auch für die Wende vom 20. zum 21. Jahrhundert. Der Gedanke zur europäischen Vereinigung ist grundsätzlich mit dem Reich als Idee und Tradition sehr eng verbunden. Das Römische Reich, und als dessen Fortsetzung das Heilige Römische Reich, schließlich auch die Österreich-Ungarische Monarchie, die wiederum als der Überrest des Heiligen Römischen Reiches betrachtet werden kann, sind alle im Verständnis der Deutschen übernationale, überethnische und überregionale Verbunde. Das Gegenteil ist der (moderne) Nationalstaat.

In der Auseinandersetzung mit den aktuellen deutschen und europäischen Problemen kann man der Geschichte sowie der tausendjährigen Existenz des Reiches als Tatsache nicht ausweichen, und man muss sich mit dem dadurch ins Bewusstsein eingeprägten Reichstraum konfrontieren. Im September 2018 wurde im ZDS der Peking Universität der Workshop „China und Europa: Neue und alte Reiche?" eröffnet. Es sammelten sich zahlreiche chinesische und deutsche Wissenschaftler/-innen, um die Fortdauer und Umwandlung der Reichsidee zu erforschen und sich damit zu befassen, wie man aufgrund der Geschichte die modernen bzw. gegenwärtigen Probleme analysieren und Konzepte zur Lösung der Konflikte und

Streitigkeiten finden kann.

Da das Alte Reich und das heutige Europaproblem voneinander nicht zu trennen sind, enthält der vorliegende Band noch eine Serie von Texten zum Thema „Europa". Zudem sind chinesische Experten zum Gespräch über das Reichsproblem in China eingeladen, um durch Vergleich ein Licht auf die Ähnlichkeiten und Unterschiede zwischen den westlichen und östlichen Reichsbildungen zu werfen und damit das gegenseitige Verständnis zu fördern.

Jedes Mal es zur Turbulenz und Unordnung in der Realität kommt, jedes Mal große Veränderungen am gesellschaftlichen Gefüge zu Tage treten, sei es durch äußere internationale Beziehungen, sei es durch innere nationale bzw. ethnische Konflikte, oder durch industrielle Wirtschaftstransformation, werfen die deutschsprachigen intellektuellen Eliten ihren Blick zurück auf die Ordnung der Vergangenheit. Sie hoffen auf ein geistig und ideell vereinigtes Europa, das sich über jede ethnische, nationale und konfessionelle Schranke hinwegsetzt. Es war um 1800 und 1900 so, und heute um 2000 ist es auch nicht anders.

Das mittelalterliche Europa jedoch, auf das Eichendorff zurückschaut, ist keine politische Utopie; die Österreich-Ungarische Monarchie, von der Hofmannsthal und Roth träumen, bedeutet auch keine rein idealistische Projektion. Das Alte Reich ist eine historische Tatsache, die tausend Jahre existiert hat. So weist Prof. Martin HEGER mit gesetzlichen Belegen auf das Heilige Römische Reich als eine Rechtsgemeinschaft hin. Prof. QIN Mingrui stellt fest, dass das „Zweite Deutsche Reich", das den nationalstaatlichen Kern unter der Hülle des Reiches verbirgt, den Weg zu unterschiedlichen Formen der neuen Reiche eröffnet, wobei es sich selbst in Auseinandersetzungen mit Nationalismus und modernen Staaten befindet—ein Status im Kampf sowie in der Vielfältigkeit. Hinsichtlich der Konstellation in Deutschland und Europa stellt Prof. LIAN Yuru eine herausfordernde Frage, ob das „Vierte Deutsche Reich" erfolgreich sei.

Der Workshop diesmal ist wie immer eine multidisziplinäre sowie interdisziplinäre Kommunikation. Die Fachgebiete der Beteiligten umfassen mehrere Disziplinen, u. a.

Rechtswissenschaft, Geschichtswissenschaft, Soziologie, Politikmissenschaft und internationale Beziehungen, dabei soll natürlich die Literaturwissenschaft mit ihrem Vorteil der Anschaulichkeit nicht fehlen. Gelehrte, die verschiedene fachliche Hintergründe haben und von differenten Standpunkten (nationalem Standpunkt sowie Standpunkt des Reiches) ausgehen, haben rege Dialoge und heftige Diskussionen geführt. Die daraus ergebenen Stimmen bilden den Hauptteil dieses Bandes.

Es ist nach wie vor die zentrale Bestimmung des ZDS an der Peking Universität, deutsch-chinesischen akademischen Austausch zu fördern und Nachwuchswissenschaftler/-innen heranzubilden. 2018 hat das Zentrum mehrmals deutsche Gelehrte zu Gastvorträgen eingeladen. Ihre wissenschaftlichen Vorträge sind von den Studierenden des Zentrums übersetzt und in diesen Band aufgenommen worden, um einerseits die neuen Themen und Ergebnisse des deutschen akademischen Kreises rechtzeitig zu übertragen, andererseits von den aktiven, fleißigen und sorgfältigen Bemühungen zu berichten, die das ZDS den Deutschland- und Europastudien gewidmet hat.

Damit liegt der 8. Band der *Deutschlandstudien der Peking Universität* vor.

目 录

本 期 题 解

帝国的分野 ………………………………………………… 韩水法　3

本期主题：帝国

第二帝国时期德国的政治文化
　　——斗争与多样性 ………………………………… 秦明瑞　19
作为法律共同体的神圣罗马帝国 ………〔德〕马丁·黑格（李睿　译）　36
向"现代国家性"的突破
　　——回顾19世纪欧洲的（后）奥斯曼空间
　　……………………………〔德〕汉内斯·格兰迪茨（张为杰　译）　46
奥匈帝国的乌托邦
　　——约瑟夫·罗特的帝国
　　………………………〔德〕迈克尔·坎普-范德博加特（陈瑞芝　译）　56
黄金时代与千年帝国
　　——兼评欧洲思想史
　　………………………………〔德〕霍尔夫-彼得·扬茨（江唯　译）　75
"德意志第四帝国"是否成功？ ……………………………… 连玉如　81

本 期 特 邀

后发建国与帝国意欲：以德国为例 …………………………… 任剑涛　　95

德意志与欧洲

何谓德意志？ ……………………〔德〕迪特·博希迈尔（姜林静 译）　121
"犹太"与"德意志"双重认同张力下的出路
　　——路德维希·伯尔纳的世界主义思想 ………… 徐　健　邢益波　135
中世纪图像的诗意建构与天主教主义的欧洲观
　　——艾兴多夫的《德意志文学史》………………………… 张童童　151
霍夫曼斯塔尔剧作《尖塔》中的"欧洲"思想 ………………… 文史哲　165

其 他 论 题

从柏林、芝加哥到中国的城市社会学之路
　　………………………………………〔德〕柯兰君（何凤仪 译）　179
歌德与带来"火种"的蒸汽机 …………〔德〕米歇尔·耶格（黄超然 译）　201
雅各比、莱辛、早期歌德与斯宾诺莎哲学
　　………………………〔德〕弗里德里希·福尔哈特（陈郁忠 译）　206

Inhaltsverzeichnis

Einleitung

Trennungslinien zwischen Reichen: Reich und Weltordnung ········ HAN Shuifa 3

Thema des Heftes: Reich

Die deutsche politische Kultur während des Zweiten Reichs
 —Kampf und Vielfältigkeit ················ QIN Mingrui 19

Das Heilige Römische Reich als Rechtsgemeinschaft
 ················ Martin HEGER, übers. v. LI Rui 36

Aufbruch zu „moderner Staatlichkeit" im 19. Jahrhundert:
 Ein Blick auf den (post-)osmanischen Raum in Europa
 ············ Hannes GRANDITS, übers. v. ZHANG Weijie 46

ÖsterREICH als Utopie—Joseph Roths Kaiserreich
 ······· Michael Kämper-van den BOOGAART, übers. v. CHEN Ruizhi 56

Goldenes Zeitalter und tausendjähriges Reich
 —Anmerkungen zur europäischen Ideengeschichte
 ············ Rolf-Peter JANZ, übers. v. JIANG Wei 75

Ist das „Vierte Deutsche Reich" erfolgreich? ·················· LIAN Yuru 81

Gastbeitrag

Die nachträgliche Reichsgründung und imperiale Sehnsucht: Deutschland
 als Beispiel ·· REN Jiantao 95

Deutschland und Europa

Was ist deutsch? ······ Dieter BORCHMEYER, übers v. JIANG Linjing 121
Der Ausweg unter der Spannung der „jüdisch"-„deutschen" Doppelidentifikation
 —Die kosmopolitischen Ideen von Ludwig Börne
 ··· XU Jian u. XING Yibo 135
Die poetische Gestaltung der Mittelalterbilder und Europaidee des Katholizismus
 —Eichendorffs „Geschichte der poetischen Literatur Deutschlands"
 ··· ZHANG Tongtong 151
Die Europaidee in Hofmannsthals Drama „Der Turm" ······ WEN Shizhe 165

Weitere Themen

Georg Simmel, Robert Park und der stadtsoziologische Weg
 von Berlin und Chicago zu China
 ························· Bettina GRANSOW, übers. v. HE Fengyi 179
Goethe und Feuermaschinen
 ···························· Michael JÄGER, übers. v. HUANG Chaoran 201
Der junge Goethe und seine Begegnung mit der „naturalistischen"
 Philosophie Spinozas
 ······················ Friedrich VOLLHARDT, übers. v. CHEN Yuzhong 206

本期题解

帝国的分野

韩水法

一、话题之缘起

目前,人类比以往任何时代都面临更多的挑战、更重大的危机和更无解的焦虑。有些挑战和危机近在眼前,人们看得分明,能够清楚地指陈出来;而有些挑战和危机则出自人们的直觉甚至推测,隐约存在,人们却难以诉说明白。这类莫名的危局或隐或显地影响人们的思想和行为,后者常常还会形成促成社会行动的巨大力量。包罗万象的人文社会科学体系和庞杂的媒体,在帮助人们理解和把握——从政治—历史的视角着眼——这个时代的性质和方向这件事情上,看起来至少暂时未起到所预期的作用。有人在20世纪末断定,历史已经终结。这是一个全球化的时代,人类正陆续入住和谐共生的地球村。随后,又有人就进一步论证,这是一个民族—国家和帝国主义国家之后的帝国时代,而另有人则提出了自由帝国主义的概念。这两类帝国虽然在内容上不同,在主旨上亦有差别,但皆被用来表明,人类社会开始进入一种全新的以经济竞争为主的全球秩序。然而,伴随这种乐观预期的,还有不时起伏的恐怖主义浪潮。通过伊拉克战争等一系列中东战争,美国与其西方盟友痛击了其所认为的潜在威胁,却也在相当大程度上造成了"伊斯兰国"的兴起、大规模的难民潮,以及随之而来的宗教和文明冲突的汹汹舆论。作为一种标志或征象,亨廷顿所谓的文明分界线已经推进到西方文明的核心地带，在当代，许多恐怖分子是在西欧的核心城市出生和成长起来的。今天，中美两国之间的贸易战亦已经被视为文明的冲突。这场冲突会带来什么样的终局，人们并不清楚，而由这场贸易战带来的世界秩序的混乱和危机，却为人们切身地感受到了。

恰在这场贸易战前夕，北京大学德国研究中心与德国合作伙伴商量 2018 年中德工作坊主题。北大一位教授提议，以帝国为主题。100 年前的 1918 年是德意志第二帝国倒台的年份，而当时离中国帝制的终结也相去不远。此议甫一出口，即遭德国同行的否定。理由很简单：在德国学术界和公共领域，帝国乃是禁忌的话题。几番讨论，北大学者最后说服了德国同行，理由是：此话题在中国开放。于是，"帝国"工作坊于 2018 年 9 月在北大德国研究中心成功举行。中德学者从不同角度进行探讨，发言内容颇为丰富，讨论亦相当热烈，与会者的见识和观点随之流露，问题和疑惑也随之呈现。然而，大家对"帝国"现象则有了更为深入的认识和理解，会议的若干重要论文就在本卷《北大德国研究》中呈现于读者面前。

帝国的话题何以在德国成了禁忌？马尔登在一本以解释帝国概念为务的著作中提到："帝国在政治词汇中是一个最易触动情绪的词语，它正好指示了一个界域广大的政治环境。"① 这个词语对德国人来说所触动的情绪则更为复杂。如果凌虚而论，那么帝国对许多人来说，大约很可以平添莫名的乡愁。这种幽情既可切近现世生活，亦可追怀遥远的古代传说。② 它甚至激励一位学者以终生的努力追述一个伟大帝国的兴亡全程。吉本这样回忆自己的罗马游历："我踏上罗马广场的废墟，走过每一块值得怀念的——罗慕洛站立过的、图利（西塞罗）演讲过的、恺撒倒下去的——地方，这些景象顷刻间都来到眼前。"③ 1764 年 10 月 15 日，当他"坐在卡皮托山岗废墟之中沉思冥想时……撰写一部这个城市衰亡历史的念头第一次涌上我的心头"④。对吉本来说，罗马帝国既是异乡，亦是其所浸

---

① James Muldoon, *Empire and Order: The Concept of Empire, 800-1800*, London: Macmillan Press, 1999, p.139.
② 参见本卷第 57 页。
③ 〔英〕爱德华·吉本：《罗马帝国衰亡史》（上册），黄宜思、黄雨石译，商务印书馆，1997 年，第 5 页。
④ 同上。

淫的文明的原乡。文学叙述无须给出严格的界定,激起人们情感便足矣,而学术研究却一定要追根溯源,给出清楚的道理。如此一来,这份原本美丽的意绪就化为枯燥的分析和考证,亦会呈现同样繁复的差异。

人们或许会从辞源的角度来考究帝国的意义,这固然必要,但对于理解无论是古代还是现代的所谓帝国,远不足够。尤其在现代汉语和英语里面,缘于人们的使用,这个词语已经被赋予了极其丰富的意义,甚至包含了歧义。比如,仅从字面上理解,欧洲古代的帝国,既无帝亦无国,如果限于 imperium 的本义,这种权力体系反而与民有更多的关系。

在汉语中,帝的本义乃是指最高的天神,因此,它就生发出权力、权力来源等多层意思。作为地上君主的帝,譬如三皇五帝之帝,其义应是由此衍生而来。不过,帝国一词却是 19 世纪之后从西方文献译入汉语的,因此,它是外来的概念。就此而论,帝国一词确实也难以触发起国人的思古幽情。帝国一词被用来指称各种类型的政治共同体或者某种权力或势力范围,主要基于其外来的意思。不仅如此,事实上,国人也用帝国翻译其他语言中类似于帝国一类的概念。比如,但丁的政治学名著《论世界帝国》的拉丁文名称是 *De Monarchia*,原意为"一个人统治"[①]。

中国传统国家和特定朝代被称为帝国,始作俑者亦是西方人,他们依其习惯触类引申。比如,孟德斯鸠在《论法的精神》将中国称为中华帝国。从中华帝国到清帝国,如此等等,通过词同而义异的概念,中国传统国家逐渐被矫拂为西方历史中的那类帝国。历史、政治、法律、社会和现实等意义的巨大分歧及其隐患亦由此而埋下。在汉语世界,虽然受到西方用法的影响,但除专家之外,在日常的应用中,包括媒体乃至学术著作中,帝国通常就是从皇帝之国的字面意义被理解,自然而然,中国以外的西方文献或媒体中所说的帝国也被如此理解。这种意义的深刻分歧缘于这两种政治共同体原本极不相同,然而鲜有人将其清楚地揭示出来。有些学者甚至根本不清楚,一些西方学者之所以用帝国来指称传统中国,原本就包含一种别样的意义,并非中国士大夫和现代知识分子心中的家国

---

① 〔意〕但丁:《论世界帝国》,朱虹译,商务印书馆,1985 年,第 4 页。

天下。

帝国在现代汉语中的另一层意思来自同样源于西方的帝国主义概念。帝国在这一层意义上，乃是指以强大的国家实力侵略、侵吞、殖民或至少欺凌他国的不道德或不正义的国家。这层意义由前述西方帝国的行为引申出来，指那些奉行帝国行为准则的国家，尽管它们本身就结构和制度而言并非传统帝国那样的政治共同体。

二、帝国与秩序

从西方历史上各种帝国的行为和作用中，我们可以概括出帝国的一般意义和特征，即帝国乃是一种基于某种政治和军事等权力结构的世界秩序的体系。

西方历史上的城邦、城市共和国和现代国家等都是政治秩序体系，但都是政治共同体的内部体系，尽管它们必定要与其他政治共同体形成某种关系，即类似现代国际关系那样的体系。这种体系一般而言并没有一个权力的中心。在抽象的意义上，处于这种关系中的政治共同体的地位是平等的，至少彼此在形式上是独立的，尽管实际上不同政治共同体的权力、作用和影响力并不相等。封建社会的采邑及国家的情况比较复杂，因为一个领主相对于其各色封臣，或一个领有诸多封建采邑的封建国家，乃是一种契约式的等级附属体系，但封臣领地具有相当大的独立性，而相对于那些与其没有领属关系的封建领地更是独立的政治共同体。这是一种与帝国体系、国际关系或类国际关系都不同的封建世界体系。帝国的世界秩序的基本特征在于：某一具有特定地区的主流或优势的政治、军事制度的政治共同体，为了自身的利益、观念和欲望，以殖民、统治或其他手段将若干政治共同体纳入其所建立的政治、军事、经济和法律等秩序之下。在这种世界体系中，作为权力中心的政治共同体居于统治地位，主宰这个体系以及其中的政治共同体。通常，帝国也以这个权力中心命名，如罗马帝国。这是西方历史中的帝国的原型，而每个现实的帝国都保有一些各自的特征。

在《伯罗奔尼撒战争史》中,雅典人清楚地表达了雅典帝国①对外的和对内的正当性的不同理由。对斯巴达人,雅典代表团这样说:

> 只是一个帝国被献给我们的时候,我们就接受,以后就不肯放弃了。三个很重要的动机使我们不能放弃:安全、荣誉和自己的利益。我们也不是首创这个先例的,因为弱者应当屈服于强者,这是一个普遍的原则。同时,我们也认为我们有统治的资格。②

这些理由后来就成为帝国正当性诸种理由中最为体面的对外理由。而对雅典公民的宣告,伯利克里则强调传统和利害关切:雅典帝国是由祖先经过流血和艰辛获得而传给他们这一代人的。③ 他说:

> 对政治漠不关心的人真的认为放弃这个帝国是一种好的和高尚的事,但是你们已经不能放弃这个帝国了。事实上,你们是靠暴力来维持这个帝国的;过去取得这个帝国可能是错误的,但是现在放弃这个帝国一定是危险的。主张放弃帝国,并且劝别人采纳他们的观点的那些人,很快地将使国家趋于灭亡;纵或他们自己孤独地生活着,也会使国家趋于灭亡。④

从今天来看,古代希腊地区只是一块小小的地盘,但建立了其数至今不明的

---

① 中译本的帝国从英文的 empire 翻译而来,但希腊原文究竟为何并不清楚。就此我请教了同事程炜教授。他说,英译本出现帝国一词的所在,希腊文本没有这样的表达,甚至连其他对应的概念也找不到。希腊语似乎没有一个相应的概念,更不会是这个概念的起源处。他又提醒说:"希腊人把波斯王叫做 basileus,他的统治叫 basileia,这算是类似王国或者王朝吧,从字面上来说接近德语的 Kaiserreich 了。当代的帝国这个词是来源于拉丁语的 imperium,这个词对应的希腊语恰恰是 basileia。但希腊人应该不会把自己的统治或者同盟称之为 basileia 的。"程炜的解释澄清了这个概念的源流。有赖于他的解释和提示,我可从维基百科查找相关的资料。维基百科对 Basileus 的解释如下:"Basileus 是一个希腊术语和称号,它用来指称历史上各种类型的君主。在英语世界,它大约被最为宽泛地理解为意指'国王'或'皇帝'。这个称号亦为古代希腊历史上的主权者或其他有权威的人、拜占庭皇帝和现代希腊的诸国王所使用。" (Basileus (Greek: βασιλεύς) is a Greek term and title that has signified various types of monarchs in history. In the English-speaking world it is perhaps most widely understood to mean "king" or "emperor". The title was used by sovereigns and other persons of authority in ancient Greece, the Byzantine emperors, and the kings of modern Greece.) URL: https://en.wikipedia.org/wiki/Basileus,访问日期:2019 年 8 月 27 日。很显然,在西方历史上,帝国概念就如此现象一样,经历了一个演化的过程。雅典帝国是后人的翻译,提洛同盟何以被称为雅典帝国,尤其它在当时的现象以及雅典人如何理解这个现象,还有待考察。尽管如此,本文还是依照通行的说法,尤其是雅典主宰这个同盟的原则,采用雅典帝国这个名称。

② 〔古希腊〕修昔底德:《伯罗奔尼撒战争史》,谢德风译,商务印书馆,1960 年,第 55 页。

③ 参见上书,第 130 页。

④ 同上书,第 148 页。

许多城邦,出现过几种同盟。雅典帝国的对手是以斯巴达为盟主的伯罗奔尼撒同盟。在这个帝国中,雅典是主宰和支配者,主要靠暴力维持这个体系,从其他附属国获得政治、经济和军事的利益,也获得荣誉。它是西方帝国的原型。罗马始终是一个城邦,在共和国时期就统治和殖民了广大的海外领地。因此,即便在那时,罗马就是一个帝国,类似于雅典帝国。① 罗马从共和走向帝制,并不改变它具有本文所定义那种帝国的一般特征,只是罗马城邦内部的统治形式发生了重大的变化。比如,它有了一个最高的统治者,即所谓的皇帝,即便这个皇帝起初由选举产生;它从公民的民主走向了独裁。因此,罗马帝国可分共和制的和帝制的,就如大英帝国之英国乃是议会民主制的。

  罗马——无论是共和国还是帝国——大有异于现代国家之处。它没有统一的行政管理体系。"中央元老院仍然负责掌管罗马城和整个意大利,它本身没有行政机构,靠一系列官员和地位较低的长官来履行这个职责。"② 而在罗马之外的领地,更是"杂乱无章、七零八落的地盘"③。罗马的行省也并无一致的治理体系,更谈不上统一的行政体系。"一些地方由元老院委派的总督治理。"④ 有些则是由军事长官治理,有的甚至由作为代理人的军人掌权。在大多数行省,军队始终是统治的支柱。这些行省有的是盟国,有的是殖民地和被占领的地区,包含操各种语言、风俗各异的民族和部落。有些行省甚至被认为是皇帝的私人财产,如埃及。即便是意大利,也无非是一些"从属于罗马的、自治的和半自治的城邦和部落的联盟"⑤。在意大利,自由民身份分为六类⑥,而"行省的居民被认为是绝对没有权利的臣民群众,他们被课以高额的租税等等"⑦。"行省居民则不论是在出身方面,在语言方面,还是在风俗习惯方面都是属于和罗马人毫无关联的民族。"⑧

---

① 〔英〕约翰·瓦歇尔:《罗马帝国》,袁波、薄海昆译,青海人民出版社,2010年,第16页。
② 同上书,第75页。
③ 同上书,第73页。
④ 同上书,第77页。
⑤ 〔俄〕科瓦略夫:《古代罗马史》,王以铸译,上海书店出版社,2007年,第203页。
⑥ 参见上书,第198页。
⑦ 同上书,第204页。
⑧ 同上。

自秦汉起,传统中国就形成了早熟的现代国家的基本结构,这就是从中央到地方的统一的行政和官僚体系,齐民和郡县制度乃是其核心。传统中国虽然包含许多民族和部落,但主体民族不仅占人口多数,而且拥有共同的语言、历史和文化。① 这个体系还容纳土司等制度,但正如所有传统的政治共同体都包含各种例外一样,这些制度虽然与中国传统国家制度的主体并不一致,但并不改变其早熟现代国家的基本特征。如果中国被称为帝国,那么它与罗马帝国一类的西方经典帝国迥然有异。朝贡体系虽然可以被视为一种世界体系,但决非西方帝国的世界体系,因为它只是一种名义上的宗主关系,并无实质的统治(尽管存在例外)。大英帝国是西方经典帝国的现代版本,与罗马不同,帝国权力中心(即英国)乃是现代国家,它在其殖民地也建立了统治程度不等的行政管理体系。与传统帝国相同的是,它通过战争不断扩展它的领土、建立殖民地等,并且同样具有无可遏制的扩张欲望。与此对照,中国传统国家虽然为早熟的现代国家,亦不具有西方现代帝国的主要特征。

不过,传统中国作为一个规模巨大的国家,文化又长期领先于周边的政治共同体,因此,它自然而然地对这个地区的类似国际关系发挥了主导作用。就此而论,一个大型国家难免拥有若干与西方经典帝国相同的影响和作用,更不用说,不同政治共同体之间截然分明的界线并不存在。总之,如果把帝国理解为西方传统的或现代的帝国的经典类型,那么传统中国根本不是一个帝国。如果帝国可从最为宽泛的意义上来理解,它或许可勉强归入其中。

三、联盟与冲突

人类有文字记载的历史表明,不同政治共同体在一个地区的共存自然会造成冲突,也必定会形成某种处理政治共同体之间关系的体系,而帝国的世界体系就是其中的一种。这是一个经验的事实,而对帝国的学术研究就要建立在这样

---

① 参见韩水法:《现代民族—国家结构与中国民族—国家的现代形成》,《天津社会科学》2016年第5期,第16—21页。

的基础上。如果以今天主流的政治观念和道德来判断，那么，历史上所有的帝国都应当受到批判乃至否定。学术的和历史的态度当然应当有异于此。那么，不可否认：一些帝国的形成和出现不仅不可避免，且也发挥了积极的历史作用；而另一些帝国则主要是原有较好秩序的破坏者，给人们带来更大的灾难。

在人类能够建立比帝国更为有效的世界体系之前，帝国的观念和梦想与人们的实际利益就会驱动人们不断去建立新的帝国或类似的体系，其基本原则就是雅典人原则，即强者统治弱者，基本动力则是武力，而无论名义如何高尚或野蛮乃至无耻之极。汤因比认为，统一国家不朽乃是历史上的一种顽固信仰，他以此来解释帝国的不断出现或再生。他为此提出的证据是：

> ……就是在这些统一国家已经以自身的灭亡证明其并不是不朽之后，使它还魂的做法。巴格达的阿拔斯哈里发就是这样还魂为开罗的阿拔斯哈里发，罗马帝国也还魂为西神圣罗马帝国和东正教社会的东罗马帝国；而远东文明里的秦汉王朝也还魂为隋唐帝国。罗马帝国创业者的名字在德文以Kaiser（皇帝）、在俄文以Czar（沙皇）复活了，而哈里发的头衔，原是穆罕默德的继任者的意思，却时常出现在开罗，后来又递随到伊斯坦布尔，一直到二十世纪，还是在西方化的革命者手里被废除掉的。①

无疑，汤因比是一位具有非凡的宏观历史眼光的历史学家，他概括了帝国现象在历史上持续出现和再生的共性。不过，因为倾向于宏观叙述，他的论述忽略了这些帝国之间原有的重大差异，以及不同帝国所建立的秩序的不同作用。此外，他也没有认识到，传统中国文明的恢复以及国家的重新统一，根本原因在于其传统制度在当时相对而言的有效性和合理性，其坚韧性亦由此而来，而并非汤因比所说的仅仅因为统一国家的信仰或因为高级宗教的退步。② 再者，西方的和中亚的文明在异地的再造，与中国文明在原地的复兴，两者之间亦有重大的差异。除此之外，国家和帝国在汤因比这里也没有得到仔细的区分。

今天，西方历史上经典的帝国不复存在，而各种形式的世界体系则日益发

---

① 〔英〕汤因比：《历史研究》（下册），曹未风等译，上海人民出版社，1964年，第7页。
② 参见上书，第137页。

达,从综合性的到以政治或军事或经济等为主要宗旨的,各有其位,各呈其能,但其中综合的和经济的居多,亦最重要。准确地说,即便是以某一领域为主的区域的或世界性的组织,亦必定兼具其他性质,而不可能是纯粹单一的。在今天,就其所建立的世界秩序而言,欧盟显然颇具历史上若干欧洲帝国及其梦想的风范。它的长远目乃是建立一个整合诸多欧洲国家的超级政治共同体。多国家的联盟在现代历史上先后出现过苏联和美国。前者在解体之后演变成为一个以民族—国家为核心的联邦,而后者到现在也逐渐成为一个民族—国家。然而,欧盟的最终趋势应当不会是一个民族—国家。尽管它未来会是什么现在尚难以断定,但有一点是肯定的,无论怎么发展,这样一种世界秩序以及维持这个秩序的制度和机构乃是欧洲甚至世界所需要的。

  联合国不在帝国类世界秩序谱系之中,帝国虽是世界体系,但只限于区域性的世界体系,而非囊括整个世界的体系。这一点对理解帝国及其作用相当重要,而它同样也有助于我们理解今天不同国家和国家集团之间的竞争和冲突。据此而论,哈特和奈格里所宣称的那种帝国观念和体系,既非事实也不可能实现。他们认为:"我们基本的假设是主权已经拥有新的形式,它由一系列国家的和超国家的机体构成。这些机体在统治的单一逻辑下整合。新的全球的主权形式就是我们所称的帝国。"[1]因为"民族—国家正在衰落的主权和它们对经济、文化交流不断减弱的控制力,事实上是帝国主义正在降临的主要征兆之一。民族—国家的主权是帝国主义的奠基石,它由欧洲列强在整个现代当中树立"[2]。这个帝国的核心政治共同体是什么? 一个帝国如果没有一个核心政治共同体或权力中心,那么它就如神圣罗马帝国那样,倒很适合成为内部冲突的场所。

  与哈特和奈格里的帝国图景相似的还有 20 世纪、21 世纪之交闪现的自由帝国主义。他们的观念显然受到了福山的影响。他们认为,福山的历史终结论意谓"大规模冲突的时代已告终结。主权力量不再面对它的他者,不再面对它的

---

[1] 〔美〕麦克尔·哈特、〔意〕安东尼奥·奈格里:《帝国——全球化的政治秩序》,杨建国、范一亭译,江苏人民出版社,2003年,第1页。

[2] 同上书,第2页。

外界。它正在逐步扩大它的疆界,直至最终整个地球都成为它的领土"①。

我们看到,眼下这种乐观的帝国观念已经被随之而来的一系列的事件冲得七零八落。一方面,在这个世界上,没有权力中心或核心政治共同体的帝国难以想象,而诸如欧盟那样的实体与欧洲历史上经典帝国之间有根本的差别,比如在原则上,欧盟是平等国家的民主联合体,以人权为根本宗旨。另一方面,这个世界只有一个权力中心的情况到现在为止也难想象。整个地球统一于世界政府之下或成为一个帝国的情况或许只有在外星类人生命迫临地球之时才有可能。

2019年4月30日,美国务院政策规划主任斯金纳强调,中美竞争是不同文明和不同种族之间的竞争,而当年与苏联的竞争仅仅是高加索白人之间的竞争,即无非兄弟阋于墙。她说:

> 当我们考虑那场竞争[冷战]中的苏联时,在一种意义上,这是西方家庭内部的一场战斗。……在中国,我们有一个经济竞争者,我们有一个意识形态的竞争者,一个确实寻求一种全球影响力的竞争对手,我们许多人在几十年前没有料到这一点。而且我认为,令人瞩目的是,这是我们第一次将具有一个并非高加索人的强大竞争对手。②

当斯金纳说到这个份上,我不说明她是一位黑人女性,在政治上就是不正确的。或许在她看来,政治、经济和意识形态的冲突可以改变种族的特性。

人们大可以从正面来领会这种观点,它不啻一盆冷水,浇灭了人们讨论问题时单纯的意识形态狂热,而使他们可以冷静地从事实出发进行判断和做出决定。自然,就如中国亦有许多不同的声音一样,西方世界更是众声喧哗。西欧和美国彼此各有不同的利益和观点,同理,整个世界在今天是由若干具有不同观念、利益和文化传统的国家和集团构成的,因此国家间的同盟自然会形成,而它们之间的冲突一样不可避免。当我们在讨论帝国这一题目时,我们自然怀有一种现世

---

① 〔美〕麦克尔·哈特、〔意〕安东尼奥·奈格里:《帝国——全球化的政治秩序》,第190页。
② URL:https://www.newsweek.com/china-threat-state-department-race-caucasian-1413202,访问日期:2019年8月27日。

的精神:冲突虽然不可避免,但人们需要以最大的智慧、耐心和努力将它限制在非战争的形式之内。

四、追忆与预期

本卷《北大德国研究》的多数论文围绕帝国而沿欧洲、德国及两者关系的主线展开,这样的编排体现了执行主编谷裕教授的十分用心。在关于德国的国际关系研究中,人们经常谈论欧洲的德国或德国的欧洲,然而,无论是欧洲的德国还是德国的欧洲,都隐隐透出了帝国的水印。[①] 帝国可以超出欧洲,也可以仅仅局限于欧洲或欧洲的某个地方。就如帝国本身那样,既有其宏大的叙事,亦有细微的日常行迹,而这些方面在本卷皆受到了关注和研究。

任剑涛对德意志帝国的历史做了一番雄辩的宏观阐述,并从现代德国那些最具争议的思想家那里追索出德国帝国主义的观念和理论。由此,他表明,帝国主义乃是诸如施密特和海德格尔这样一类思想家的政治灵魂,而从黑格尔到海德格尔的思想脉络乃是德意志中心的、帝国的和等级制的。其阐述之新颖当时在会场上就引发了争论。

扬茨的观点仿佛是从侧面支援了任剑涛的观点,他说道:

> 老帝国很容易让人心生对新帝国的幻想,对自家历史的自我解释往往是对过去的新解和美化……对黄金时代的回望还有个重要功能,即它一方面可以满足我们对未来期待的迫切需求,我们都想知道未来发展的走向——回望过去能增强我们对未来的信心;但另一方面,那种希望经过主观美化的过去能够回归于当下的历史阐释,却很容易为人所利用。为了国家事务而有意阻挠当下亟需的进步和革新,往往是这种历史阐释的目的。大家可以看到,从历史阐释到反动的历史阐释策略之间的距离,有时候并不

[①] 参见本卷第83页。

遥远。①

然而,对过去的美好想象容易被坚硬的现实打破。比如,黑格在论文中就指出,在神圣罗马帝国,从15世纪开始,诸如纽伦堡和法兰克福这样的城市开始制定基于罗马法的地方法,而传统上的旧德意志法也在16世纪通过罗马法重得到新诠释。这样的做法反而在社会基本结构的基础方面导致了社会的倒退:

> 这一过程加强了上层阶层的利益……根据罗马法解释这些旧权利,那么首先对农民不利。按照罗马法,农民对土地的共同所有权仅被理解为佃租,因此可以在不另行通知的情况下终止关系……罗马法的定位对于自由农或其他与土地捆绑的农奴来说则更加严厉,因为罗马法并无有关农奴的明确规定,只能用罗马奴隶法对待他们。因此,在农民战争中农民的要求之一,就是从自身的角度恢复旧法,这不是没有理由的。②

一种旧时代的法律、制度和观念,甚或旧时代的理想,看似合理而或有用于当代社会的必要或价值,但是,如果不经重大修正而照搬于当代社会,就必然会带来大规模的消极后果。

所有的帝国在现代都经历了转型。帝国瓦解,核心国家则转变为现代民族—国家,而其殖民地、附属国、统治地、海外领土或占领区等同样也不可避免地由独立而转向现代民族—国家。不过,传统帝国的现代转型,毫无例外,都是国际形势变局之中的事件,而非孤立的帝国内部事件。格兰迪茨指出,后奥斯曼时代的东南欧社会向现代民族—国家的转型进程,并非单纯西方化的过程,因为西方社会当时也面临巨大挑战,并没有一个理想的现代化范式可供诸如后奥斯曼时代的东南欧社会模仿。③ 他旨在强调,在现代民族—国家的转型过程中,后奥斯曼时代的东南欧国家不仅体现了自身的特征及前社会的连续性,也有自己的内在动力和发展共性,因此它们的发展并不能被归入落后文明社会的现代化模式。④ 这个见解无疑有独到之处。不过,与此同时,人们也不能忽略另一个方

---

① 本卷第80页。
② 本卷第43—44页。
③ 参见本卷第47—50页。
④ 参见本卷第55页。

面,即至少在 19 世纪之后,向现代国家的转型,无论在欧洲、亚洲还是世界其他地区,如果不考虑时间的先后的话,既是一个全球性的过程,亦皆为国际性的事件。没有任何一个国家单单内部的因素就足以促成它的现代性转型。正是在这个意义上,我们可以说,传统的帝国是一种区域性的世界体系,而它们的瓦解和现代民族—国家的形成,乃是进入一种全球性的世界体系。所谓全球化就是对这样一种现象和趋势的概括。

在分析德意志第二帝国的政治和社会状态时,秦明瑞认为,当时德国各社会群体之间的等级界线不但没有逐渐消失,反而还被加固了。① 而其原因在于,德国各阶层将民族视为帝国的最终可靠的纽带,而整个社会则缺乏自由主义,也无法形成议会民主制。② 如果从政治社会学的角度来看,德意志帝国虽然实现了德意志各民族的统一,但是现代民族—国家——尤其大的民族—国家——必不可少的两个整合——亦可谓统一——并没有实现。第一,消除等级而实现国民的政治平等,即建立公民社会;第二,实现各个民族之间的政治平等和融合。一个建立在等级制和民族区隔上的民族—国家缺乏内在的凝聚性,不仅不合理和不成熟,亦必然不稳定。博希迈尔对德国精英人士关于"何谓德意志"之问的分析让我们看到,这些人物虽然给德意志做了各种内容和特性丰富的描述和规定,但最终并没有为这些形形色色的特性奠定一个现代的基础,即德意志首先是平等个人的政治共同体。没有这个基础,即便把德意志定义为世界主义,亦难免陷于虚骄和狭隘的民族主义的泥坑。③ 而这个讨论也正好与秦明瑞关于德意志帝国内部的等级和隔离的分析相呼应。徐健和邢益波关于伯尔纳有关德意志和犹太人之间的关系及其世界主义主张的分析④,从另一个侧面考察和分析了同类的问题。

本卷对已逝帝国的研究,一如前述,原本就包含相当深厚的现实关切,而这同时蕴涵对未来世界体系的预期,连玉如在其文章最后对中国当下处境的关切

---

① 参见本卷第 30 页。
② 参见本卷第 24 页。
③ 参见本卷第 121 页。
④ 参见本卷第 135 页。

就清楚地提示了这一点。长久以来，人们对当今世界的基本秩序形成了习以为常的看法。哈特和奈格里在构想他们的未来帝国时，将历史上的帝国划分为两种基本模式：其一为罗马帝国，其二为中华帝国、阿拉伯帝国以及其他一些帝国。他们理所当然地将他们的构想"主要集中在罗马帝国上，因为正是这一模式激发了欧—美的传统，并引来当代的世界秩序"[①]。且不说这种观点相当不学术，因为他们弄不清楚不同帝国之间的区别，而中国与阿拉伯帝国之间的差异，要远甚于罗马帝国与阿拉伯帝国之间的差异；其实他们对罗马帝国也有颇大的知识缺陷，但态度却相当傲慢，以罗马帝国为天下秩序之范。罗马帝国在一千多年的历史中历经变化，而为西方现代不同类型的帝国提供了不同的范本。如美国并无帝国之名，却有现代帝国之实，它对其势力范围的政治、军事和观念的作用和影响，始终以强大和高效的自由经济为基础和原则。至少就此而论，这乃是切合现代社会、政治和生活方式的帝国模式，从而使持续的霸权地位与人民长期的高水平的物质生活协调一致，并行发展。自由帝国主义的构想就是由此而衍生出来的。

然而，帝国模式与现代社会格格不入，本文起首提及的人们的不安、焦虑和迷惘正是来自于未来世界体系的极不确定这样一种预期，而民众总是希望普遍的和平和共同的富裕，但这需要一种新的、合理且正义的世界体系。

2019 年 7 月 23 日改于褐石园听风阁

[①] 〔美〕麦克尔·哈特、〔意〕安东尼奥·奈格里：《帝国——全球化的政治秩序》，第 7 页。

本期主题：
帝　国

第二帝国时期德国的政治文化
——斗争与多样性

秦明瑞

内容提要: 德意志第二帝国是德国人建立的第一个民族国家,在德国政治发展的过程中具有重要意义。第二帝国时期的政治文化构成了德国特殊政治传统的一部分,对德国的发展道路有着深刻影响,其特征包括臣民文化、民族主义、对共同体的崇尚和追求、反多元主义和军国主义、文明批判等。通过对这一时期德国政治文化和实践的论述与剖析,本文描写和分析了德国道路的特殊性以及第二帝国在其中所扮演的角色和产生的影响。

关键词: 德意志第二帝国　政治文化　德国道路

一、政治文化的定义和研究第二帝国时期德国的政治文化的意义[①]

在狭义上,"政治文化"指的是一个国家的公民与本国政治体制和机构有关的意见、态度和价值观。[②] 在广义上,政治文化则包括公民关于政治世界的主要

---

① 第二帝国指的是 1871 年到 1918 年的德意志帝国。
② Gotthard Breit (Hrsg.), *Politische Kultur in Deutschland. Eine Einführung*, Schwalbach/Ts.: Wochenschau Verlag, 2004, S. 5.

的基本假设和以此为基础的操作性观点,这些假设和观点直接决定一个国家的政治体制的种类并构成其特征,同时也在一定程度上构成了这个国家的成员之间在政治层面互动的基础。① 政治文化一方面呈现为决定一个国家民众的政治思维的世界观;另一方面也呈现为"未成文的宪法",为一个国家的成员在公共领域的言论和行动设定条件。② 对政治社会学来说,重要的是考察作为世界观的政治文化,因为这种世界观实际上是一些"政治的日常理论",它们以秩序草案的形式嵌入了社会真实,尤其是嵌入了生活世界的真实,以至于人们可以认为它们结晶成了心态和惯习,在或隐或现地影响政治世界。这样看来,政治文化与社会文化是紧密联系在一起的,政治文化甚至包含在社会文化之中。进一步说,甚至一些看起来与政治相去甚远的心态因素以及其他特殊的社会因素都在影响政治文化。

在这种观念框架内,德国近代以来的政治文化的特殊性似乎可以得到比较合乎实际的描写和分析。对德国来说,与英国和法国等西方国家相比,尤其是工业化和民族国家建构及政治现代化(西方式的民主制度的建立)的迟滞,使民众在从传统到现代的过渡时期面临着一些特殊的社会挑战和特殊的现代性问题。③ 这类特殊的挑战和问题使许多学者得出了德国的现代化道路是一条"德意志特殊道路"的结论。④ 概括地看,近代德国面对的典型和独特的问题有:"争取承认的斗争、等级残余、高度复杂的多元主义、整合问题以及与此相关联的对民族和民族共同体的高度重视,还有最终与此纠缠在一起的、作为普遍的取向和

---

① Dirk Berg-Schlosser, „Erforschung der politischen Kultur - Begriffe, Kontroversen, Forschungsstand", in: Breit, Gotthard (Hrsg.), *Politische Kultur in Deutschland. Eine Einführung*, S. 8-9; Glendal M. Patrick, "Political Culture," in: Giovanni Sartori (ed.), *Social Science Concepts: A Systematic Analysis*, London: Sage Publications, 1984, p. 279; Christian Schwaabe, *Die deutsche Modernitätskrise. Politische Kultur und Mentalität von der Reichsgründung bis zur Wiedervereinigung*, München: Wilhelm Fink Verlag, 2005, S. 18-42.

② Karl Rohe, „Politische Kultur", in: Oskar Niedermeyer und Klaus von Beyme, *Politische Kultur in Ost- und Westdeutschland*, Berlin: Akademie Verlag, 1994, S. 1.

③ 德国的民族国家建立被认为出现在 1866—1871 年的统一战争期间,而民主制则在第一次世界大战以后才被正式引入德国。比较: Heinrich August Winkler, *Der lange Weg nach Westen. Deutsche Geschichte I: Vom Ende des alten Reiches bis zum Untergang der Weimarer Republik*, München: Verlag C. H. Beck, 2014, S. 1.

④ Ebd.

约束危机的现代性危机。"①

在政治学的研究中,普遍被接受的一个观点是,一个国家的现代政治体制与政治传统之间具有不可否认的连贯性。德国当下的政治体制和政治文化与德国的政治传统之间当然也具有这种连贯性。在20世纪,德国经历了四次体制更换:1918年的十一月革命导致的从第二帝国到魏玛共和国的过渡;1933年希特勒民族社会主义工人党(NSDAP,简称纳粹党)掌权建立的第三帝国;1945年第三帝国的终结及随后两个德国(德意志联邦共和国[即原西德]和德意志民主共和国[即原东德])的建立;1990年德国的统一、新的德意志联邦共和国的成立。每一次政治变革后,新建立的体制都在不同程度上尝试过清除此前的体制在结构和(政治)文化方面的负面影响。但是,每一个新体制都未能完全脱离传统和以前的负面影响。② 这样看来,考察和研究德国传统的政治文化对理解今天德国的政治体制和政治文化就具有重要意义。

1945年前的德国政治传统具有两个面相:一个是完全消极负面的面相,一个是部分负面、部分积极正面的面相。在政界和学术界,关于1933年至1945年间希特勒纳粹德国的社会政治实践的评价是完全负面的,而关于第二帝国建立(1871)到魏玛共和国终结(1933)之间的德国传统的整体判断则是不一致的。一方面,尤其是第二帝国工业经济的增长、快速的城市化、专业化程度较高的国家管理体系的创立、自由的法制国家的建立、第一次赋予广大民众以选举权的普遍的帝国议会选举法的引入等要素,得到了积极的评价。另一方面,政府系统的一些核心机构以及调控这些机构的规范都囿于政治统治的极权模式中,传统的权力精英的思想、国家与社会关系的建构都缺少民主取向,这些现象被认为是这一时期的负面特征。③ 在这一关联中,研究这一时期——尤其是第二帝国时

---

① Christian Schwaabe, *Die deutsche Modernitätskrise. Politische Kultur und Mentalität von der Reichsgründung bis zur Wiedervereinigung*, S. 159; Everhard Holtmann, „Die deutsche Tradition und das politische System der Gegenwart", in: Oscar W. Gabriel und Everhard Holtmann (Hrsg.), *Handbuch politisches System der Bundesrepublik Deutschland*, München/Wien: R. Oldenbourg Verlag, 2005, S. 5; Talcott Parsons, "The Problem of Controlled Institutional Change," in: *Psychiatry*, no. 8, 1945, p. 87.
② Everhard Holtmann, „Die deutsche Tradition und das politische System der Gegenwart", S. 5.
③ Ebd., S. 7.

期——德国的政治文化对理解德国的政治制度和政治文化的演变也至关重要。

二、第二帝国时期德国的政治文化

在以上关于政治文化概念的理解的基础上,我们首先可以将第二帝国时期德国的政治文化描写为"臣民文化"——尽管需要强调的是,这一政治文化并不仅仅具有这一特征。这种臣民文化的要素包括:将威权视为秩序的必要的和当然的基础;认同极权统治;认同权力文化;具有威望思维;等等。① 这种政治文化在威廉时期(1888—1918)最为典型,生长于这一时期的德国文学家和政论家托马斯·曼于1918年作了如下描写:"我承认,我坚信德国人民将永远不会喜欢政治上的民主,原因很简单,因为他们不会喜欢政治本身;我也坚信被很多人诋毁的'极权国家'是适合德国人民的,是为他们所熟悉的国家形式,归根到底是、且将永远是他们想要的国家形式。"②这一论断虽然不符合今天德国的政治文化状况,但可以被视为对第二帝国时期德国的政治文化的一种比较中肯的描写。

在这里,托马斯·曼虽然将对极权国家的赞同视为当时德国政治文化的主要特征,并将德国人对政治的冷漠看作其产生的原因,但是,他并没有对这一态度产生的社会原因做进一步的解释,至少没有在政治学和政治社会学层面做这种解释。下文将尝试在德国社会发展的历史背景下描写和分析这一时期的政治文化。

---

① 参见 Gordon A Craig, *Über die Deutschen*, München: C. H. Beck Verlag, 1982, S. 27;〔美〕弗里茨·斯特恩:《非自由主义的失败——论现代德国政治文化》,孟钟捷译,商务印书馆,2015年,第21页。
② Thomas Mann, *Betrachtungen eines Unpolitischen*, Gesammelte Werke in zwölf Bänden, Bd. XII: Reden und Aufsätze 4, Frankfurt am Main: Suhrkamp Verlag, 1990, S. 23.

1. 第二帝国时期德国的社会政治状况①

1871 年建立的德意志帝国（第二帝国）一般被称为"过渡社会"。② 这意味着，一方面，当时的德国还深深地植根于具有传统社会特征的 19 世纪的世界；另一方面，德国又已经在向现代性开放。所以，对德国当时的制度、社会结构、政治文化和民众的心态来说，新和旧都交织在一起。当时的德国既传统又现代。但是，这个社会比较清晰的一个特征是：缺少自由。

可以说，已进入现代化的国家都经历过一个过渡时期。在这个时期，社会呈现的最主要的特征就是民众的"不安"：在社会发生了和发生着巨变的情况下，人的惯习和心态都需要转变，需要适应社会的现代性；而这个转变往往是艰难的，需要一个漫长的过程。在此过程中，旧的约束和确定性在分解，新的难以同时建立，人们因此会感到不安，对未来的不确定性会感到彷徨。在德国，主要基于两种国情，现代化的这种后果比在其他西方国家更为严重：一是德国的民族统一比其他西方国家要晚得多，二是德国面对的很多挑战同时出现，使得这个民族难以应对。有学者认为，19 世纪后半期建立的德意志帝国至少同时面对着五个主要危机，即同一性（民众的集体认同）危机、政权的合法性危机、民众的参与危机、社会财富分配危机和社会整合危机。作为现代化问题的这五大危机的共同作用阻碍和牵制了德国的政治现代化。③在此背景下，一些德国学者将 1871 年建立的德意志帝国称为"未完成的民族国家"，认为这一帝国的建立只是德国统一的开始而不是结束；德国需要完成对一个自身异质性很强的社会的整合，需要完成"建立内部帝国"的任务。④

---

① 相关论述也请参见秦明瑞：《论德国的政治文化》，俞可平主编：《北大政治学评论》（第 4 辑），商务印书馆，2018 年，第 129 页及以下诸页。
② Christian Schwaabe, *Die deutsche Modernitätskrise. Politische Kultur und Mentalität von der Reichsgründung bis zur Wiedervereinigung*, S. 121.
③ Thomas Nipperdey, *Nachdenken über die deutsche Geschichte: Essays*, München: C. H. Beck, 1986, S. 54.
④ Jürgen Kocka, „Probleme der politischen Integration der Deutschen", in: Otto Büsch und James J. Sheehan (Hrsg.), *Die Rolle der Nation in der deutschen Geschichte und Gegenwart*, Berlin: Colloquium Verlag, 1985, S. 118; Otto Dann, *Nation und Nationalismus in Deutschland 1770-1990*, München: C. H. Beck, 1996, S. 176.

在此背景下，德国各阶层的成员基本上都认为民族（Nation）是最终可靠的社会纽带。作为社会的主要承载力量，德国资产阶级推动了持续几十年的民族运动，以至于德国的民族运动等同于自由运动。但是，德国的民族运动即文明和平的手段并没有导致民族统一。而恰恰是俾斯麦用铁血政治手腕、通过战争实现了德国的民族统一。这种民族统一缺少思想基础，即缺少西方国家的政治秩序赖以存续的自由思想基础，因而难以持续。如此统一的民族、如此形成的民族主义很快演变成了取代自由主义的替补意识形态。这种意识形态发挥着同一性基础的作用——德国民众不是通过对共同的自由价值观的认同，而是通过民族归属而凝聚在一起。而这个民族所包含的各个阶层互相是不团结的。相反，帝国时期的德国包含了很多社会团体和观念共同体，他们具有不同的利益追求和对社会秩序的想象。当自由原则要求社会在国家公民平等的基础上崇尚互相尊重和公共美德时，不同利益共同体之间的鸿沟往往会扩大。

可以说，德国当时的政治文化是一种缺少自由观念的、以民族主义为基础的政治文化。这种文化难以培育出多元主义的美德，也难以生成议会民主制。相反，在第一次世界大战前的四十年间，德国形成了一种"非自由的精神特质"（illiberal state of mind）。[1] 这种反现代性的政治文化主要表现为对"帝国敌人"（指无产者、犹太人等群体）的歧视、对文明的批判和小市民对某种不受约束的资本主义的恐惧。由于缺少释放心理压力的阀门、缺少自由的政治表达机会，德国民众难以习惯于自由的现代性。

民族主义替代自由主义发挥社会整合的作用，这一现象主要是1871年以后逐渐形成的。德意志帝国建立以后，不仅出现了一种新的民族主义即帝国民族主义，而且更为重要的是，民族主义还经历了从左派民族主义或自由民族主义到右派民族主义的转变，而后者则为20世纪德国整合性的大众民族主义提供了基础。[2]

下文将对当时的德国围绕民族主义和自由主义等核心问题而形成的、分布

---

[1] 〔美〕弗里茨·斯特恩：《非自由主义的失败——论现代德国政治文化》，第23页。
[2] Christian Schwaabe, *Die deutsche Modernitätskrise. Politische Kultur und Mentalität von der Reichsgründung bis zur Wiedervereinigung*, S. 123.

于不同阶层的政治文化进行描写和分析。

2. 第二帝国时期德国政治文化的构成要素和特征

(1) 民族主义取代自由主义：在第二帝国还远未建立的19世纪初期，像所有西欧国家一样，德国也已经具有了民族主义。这一民族主义包含了不同的追求，因而很难用一个概念来描写。但是，不争的是，它主要是由社会精英承载的，因而可以被称为"精英民族主义"①。这一民族主义以部族(Volk)概念和思想为基础，与民主共和的思想主张相去甚远，因而具有右派的特色。而部族概念强调不同的德意志地区的民俗文化的独特性，所以，这种民族主义又可以被视为浪漫的民族主义。它与政治的民族主义是相对立的。浪漫的民族主义由德国知识资产阶级(Bildungsbürgertum)所承载，其核心思想恰好与西方启蒙运动的普世主义相反：它建构的不是政治的集体性和同一性，而是作为民族特征的物质化的部族灵魂(Volksseele)、部族精神(Volksgeist)和民族的本质(nationales Wesen)；它强调的不是作为政治工程的未来，而是人的出身；它不是将某种政治上建构的民族，而是将某种自然形成的民族理想化；它不是赋予个体，而是赋予整体以优先地位。②

1871年以后或至晚在1878/1879年前后，德国的民族主义经历了一个质的转变。③ 第二帝国建立前的19世纪的民族运动是以资产阶级追求从封建统治关系中解放为目标的运动，具有较强的攻击性，但它们也同时具有返祖的即保护文化传统的特征和主张现代化的诉求。而在1871年以后，民族主义脱离了这一根基，民族运动中资产阶级的解放呼声被反对左派自由主义和社会民主主义的声音压倒，解放和平等的诉求被对"皇帝"和"帝国"的呼喊所取代。德国的民族主义变成了右派的、新保守主义的、反自由的和攻击性的民族主义。④

---

① Hans-Ulrich Wehler, *Deutsche Gesellschaftsgeschichte*, Band I: *Vom Feudalismus des Alten Reiches bis zur Defensiven Modernisierung der Reformära 1700-1815*, München: C. H. Beck, 1987, S. 512.
② Thomas Nipperdey, *Nachdenken über die deutsche Geschichte: Essays*, S. 110-125.
③ 〔美〕弗里茨·斯特恩：《非自由主义的失败——论现代德国政治文化》，第21页。
④ Hans-Ulrich Wehler, *Deutsche Gesellschaftsgeschichte*, Band III: *Von der „Deutschen Doppelrevolution" bis zum Beginn des Ersten Weltkrieges 1849-1914*, München: C. H. Beck, 1995.

随着这种转变,德国民族主义的主要特征变成了保守主义。这种保守主义既包括旧保守主义,也包括新保守主义。旧保守主义以亲政府的普鲁士贵族为代表,新保守主义代表则来自资产阶级。旧保守主义者虽然在等级上排斥新保守主义者,但二者——资产阶级的民族主义和保守的反改革派——找到了一个共同点,即与"帝国敌人"(如教皇极权主义天主教徒、社会主义者等)作斗争。

保守的民族主义者也被称为帝国民族主义者,他们是第二帝国早期的政治精英。对他们来说,民族和帝国成了神话符号,也即不需要讨论和论证即具有自身合法性的存在。在此,他们追求和要求的不仅仅是爱国主义,更加不是对人民和祖国的福祉最有利的良政,而是对民族的绝对忠诚、对现代意义上的协商的民主政治的排斥、将所有特殊利益置于民族利益和对民族的宗教式的信仰之下。

这种转变给政治文化带来的后果是,政治讨论和争论几乎被扼杀,公共领域中被宣扬的不是公共美德,而是对帝国和民族忠诚意义上的正确的伦理观念。

建立在对帝国和民族忠诚基础上的民族主义很快被大众接受,以至于第二帝国时期出现了"大众民族化"的现象。当时出现了很多主要由新右派领导的行动协会,其活动推动了组织化的民族主义的形成,并在社会基层生产出了一种接受民族主义的压力。这种对大众的民族化和政治化把对民族的信仰,把民族的符号,深深植入了社会,扩散到了包括占人口大多数的小资产阶级在内的各社会阶层。通过发现并争取大众,新右派民族主义利用小资产阶级的彷徨心态,利用他们在社会变迁过程中产生的失落和仇恨情绪,实现自己的民族主张,同时使得帝国建立前以文化为基础的民族想象和资产阶级的主张失去了影响。这样,新右派产生于现代性中,是现代性危机的产物,也靠这一危机而存在。它既具有现代特征,又具有反现代的特征。在 20 世纪的意识形态斗争中,新右派成了工人阶级左派的主要对手。①

这样,在帝国民族主义中,"民族"发展成了绝对的自身目的。这种发展对政治文化的后果是,已经存在的臣民文化被强化,民众对极权的服从和追随变得没有疑虑了。

---

① Christian Schwaabe, *Die deutsche Modernitätskrise. Politische Kultur und Mentalität von der Reichsgründung bis zur Wiedervereinigung*, S. 125.

(2) 不同社会阶层的政治文化——争取承认的斗争和对共同体的渴望：在第二帝国延续的近 50 年间，德国的政治文化有一些一致的特征，但在各时期也有差别。在整个帝国时期，德国都呈现为一个清晰地"区隔化的"社会——这个社会的各阶层之间界限分明，同时，这个社会又具有固定的僵化的社会秩序。① 在这个秩序中，社会下层的人群很少有上升机会，而社会中上层的人群则对下降具有强烈的恐惧感，并为争取和维护社会承认而斗争。为此，他们将自己与下层人群严格区分开，划清与他们的界线，在某些情况下甚至建构出一些敌对形象，将少数者完全排斥。在当时的德国，大多数民众都无法摆脱社会赋予他们的属性，并且为此感到不适。为了获得安全感，他们建构出一些具有社会和道德要求的圈子或者具有等级特征的群体，以它们为取向和框架而生活。

在当时社会的各阶层中，资产阶级应该构成承载国家的"中坚力量"。这一力量能够使社会结构层面和文化层面的持续分化得到平衡，使社会秩序得以维持。因此，资产阶级是当时社会的促进者和国家政治的压舱石。而要做到这一点，还有一个前提是，作为曾经的反封建的主力，资产阶级必须在很大程度上抛弃封建等级的思维，使得所有其他社会阶层成员在最低限度上能够获得社会承认和政治上的尊重。换句话说，资产阶级必须向所有其他阶层敞开胸怀，把他们容纳进国家公民群体和市民社会之中。但是，在第二帝国的德国保守主义所主张的民族主义的政治文化环境中，德国资产阶级的大部分成员都无法担当起自己的使命，无法建构自由的资产阶级的政治文化。

首先是大资产阶级未能为自由资产阶级政治文化的发展做出贡献。在威廉时期，德国的大资产阶级比较异质和多样，但他们的共同点是具有明显的等级心态。在德国历史和政治研究中，大资产阶级经常被描写为一个"后等级的社会阶层"，但这个阶层却是按照等级思维和标准而形成的。这个阶层为了追求和实现自身利益而与下层保持着清晰的界线，设置了许多具有等级特征的障碍。这种行为方式在帝国时期勃兴的经济资产阶级中尤其普遍。经济资产阶级的兴起虽然削弱了贵族的势力，使第二帝国得以"资产阶级化"，但是，德国的这一阶层并

---

① Wolfgang J. Mommsen, *Bürgerstolz und Weltmachtstreben. Deutschland unter Wilhelm II. 1890 bis 1918*, Berlin: Propyläen Verlag, 1995, S. 70f.

未争取独立的政治自由权,而是寻求通过靠近君主制国家、依赖国家的官僚政治而谋得社会地位。尤其是对经济资产阶级中的上层人士来说,以第二帝国强大的、官僚政治化的君主制为取向而生活和从业,更是一种被赞赏的心态。与此同时,经济资产阶级对待下层人士却以"家庭主人"的心态出现,在自己的企业中推行某种威权的"企业军国主义"。在这种背景下,第二帝国时期的大资产阶级未能成为具有自我意识的政治资产阶级,他们对政治结构和社会结构的改革也无兴趣。①

资产阶级中的另一个成分,即知识资产阶级,也未能成为德国政治改革的力量,未能推动德国自由民主的政治文化的形成。当然,他们的这种过失更多地源于与经济资产阶级相反的处境,即他们处于社会地位下降的状态。在第二帝国时期,虽然德国对知识分子的需求在扩大,但是德国社会对知识修养的社会价值评估却在降低。此时,德国以前对人文主义教育理想的高度评价逐渐失去意义,主要原因在于德国此时已经建立了民族国家,不再像以前那样需要教育和知识修养为人们所认同的文化民族打基础。知识资产阶级的知识修养更多地变成了他们将自己与社会下层如小资产阶级、无产者等区分开来的标准。随着教育与文化价值的一致性和社会对其重视的消失,知识分子在科学和艺术、在公共领域和政治组织中的领导诉求,与他们实际具有的阐释能量、社会威望和影响力之间的差距在扩大。②

在此背景下,德国文化知识界出现了一种文化悲观主义。这种文化悲观主义实际上是知识分子在其同一性和社会意义遭受损失时失望和烦恼的表现,因此也可以理解为一种现代性危机的表现。透过文化悲观主义可以看出,知识分子虽然还有阐释自身处境的能力,但是作为思想精英,他们代表德国的"文化民族"所做的自我定义却已经不合时宜进而具有非现代特征:如果说西方国家(法国、英国、美国等)经历过的现代化实践已经表明,知识分子在现代化过程中应承

---

① Hans-Ulrich Wehler, *Deutsche Gesellschaftsgeschichte*, Band III: *Von der „Deutschen Doppelrevolution" bis zum Beginn des Ersten Weltkrieges 1849-1914*, S. 725.
② Hans-Peter Ullmann, *Das deutsche Kaiserreich 1871-1918*, Frankfurt am Main: Suhrkamp, 1995.

担起推动政治现代化的重任,那么,德国的知识资产阶级却没有承担这一重任,而是在尖锐地批判当时的社会发展——批判以英、法、美为代表的西方社会,批判和讽刺资本主义、物质主义、商人气息和商业泛滥等现象。这样,知识资产阶级的危机没有导致具有政治担当的知识资产阶级的形成,而是将其自身推向了右派,推向了旧权力精英,并促使其愿意接受民族主义和军国主义等替补的意识形态。①

那么,中等阶层中的小资产阶级代表什么样的政治文化呢? 概括地说,基于其生活世界状况、心态和世界观,占人口比例很大的这个阶层所代表的政治文化也与自由主义的政治文化相去甚远。当时,这个阶层属于资产阶级的边缘部分,其处境的特征是:物质生活紧凑,追求资产阶级生活方式,有强烈追求社会地位上升的愿望,有将自己与社会底层即无产者区分开的诉求。基于这种处境,小资产阶级特别看重秩序和确定性,在政治上主张维护既存的社会秩序,害怕社会转变。在威廉时期,小资产阶级虽然在世界观上转向了拥护帝国和民族的右派意识形态,但是,在生活上他们采取的却是对小资产阶级来说典型的退缩策略。②

总的看来,资产阶级中的各个阶层基于不同的原因和动机追求着不同的利益和价值理想,但他们都在以不同的方式排斥现代性和德国的现代化。并且,在排斥现代性的同时,他们在维护其社会地位,追求社会承认,因为他们一直感觉到工人阶级和社会主义在对他们构成威胁。当时早已风起云涌的工人运动及其意识形态虽然也不追求西方式的现代性,但是对资产阶级来说,工人运动的意识形态却意味着与既存的社会完全对立的一种社会方案,其追求的是克服社会现状。资产阶级将工人运动视为一种现实的威胁,视为资产阶级整合③的主要问题,甚至视为对民族统一和和谐的威胁。这样,阶级对立就成了第二帝国时期极具危险性的政治文化多样性的特征。

如果说,尤其是在法国,资产阶级通过革命推翻了封建主义和君主制度,使

---

① Volker Ulrich, *Die nervöse Grossmacht 1871-1918. Aufstieg und Untergang des deutschen Kaiserreichs*, Frankfurt am Main: Fischer Taschenbuch Verlag, 2001, S. 288.
② Ebd., S. 291.
③ 指的是资产阶级维持整体状态并由此维护社会秩序的稳定。

政治等级转变成了社会等级,而社会等级的主要特征在于其具有反映资产阶级对自由民主的诉求的政治文化①,那么,在第二帝国时期的德国,各社会群体之间的等级界线不但没有逐渐消失,而且还被加固了。当时的德国缺少能够维护国家公民平等和互相尊重的政治自由主义思想。而这种缺失被认为是资产阶级的失职,因为当时的资产阶级中只有少部分人敢于清醒地、脱离意识形态色彩地、公开地面对时代问题,并将其他群体容纳进资产阶级社会,以促进形成稳定运行的社会秩序。如果说资产阶级的自由主义的政治文化以某些社会的和心态的框架条件为基础的话,那么,这些条件在当时的德国恰恰是不具备的。另一方面,这种政治文化又以某种政治制度为基础,这种政治制度应该能够使公民的公共美德成为可能,能够缓解社会矛盾和冲突。而当时的德国也没有这么一种政治制度。其时,德国的皇帝大权独揽,凌驾于政府和议会之上;政府不必依赖议会的信任,总理也不可能被议会解聘,而是只需对皇帝忠诚。在这种分裂局面中,"民族"几乎成了唯一能够凝聚社会的纽带。作为超越所有分裂的群体、将正在分解的社会秩序整合在一起的建构,这个"民族"只能是一种神圣的民族,而不可能像西方国家那样是共和主义的、国家公民当家做主的民族。构成这个民族的人民也不是一个政治共同体,而是一个神话式的共同体——即后来的德国认同的以自然共性如血缘、人种等为基础的共同体。② 在这层意义上,第二帝国时期独特的社会、政治和政治文化发展为此后德国的政治文化和现实政治演变打下了基础。

(3) 反多元主义的政治文化与军国主义:如上所述,第二帝国政治文化的主要特征是臣民文化。但是,如果臣民文化的对立面是以自由、平等、民主等理念为基础的公民文化,那么,第二帝国的情况并不是这种政治的公民文化完全缺位,而是它未能在广大民众中得以传播和扎根。在第二帝国中,普遍存在的是文

---

① 参见〔德〕卡尔·马克思:《黑格尔法哲学批判》,《马克思恩格斯全集》(第一卷),人民出版社,1956年,第344页;〔德〕卡尔·马克思:《哲学的贫困·答蒲鲁东先生的"贫困的哲学"》,《马克思恩格斯全集》(第四卷),人民出版社,1958年,第196—197页;〔德〕卡尔·马克思、〔德〕弗里德里希·恩格斯:《共产党宣言》,《马克思恩格斯全集》(第四卷),第468页。

② 参见〔德〕赫尔弗里德·明克勒:《德国人和他们的神话》,李维、范鸿译,商务印书馆,2017年,第205—288页。

化资产阶级（Kulturbürgerlichkeit）理想，其特征是追求哲学、音乐、艺术方面的成就和享受，轻视政治追求。基于文化资产阶级在德国的（文化）霸权地位导致的政治资产阶级的缺位，第二帝国的现代性危机和问题难以得到适当的解决。另一方面，在第二帝国的发展过程中，对极权统治的认同和信仰以及在民族和帝国信仰基础上出现的基层政治化（民族共同体建构）又在同时削弱文化资产阶级的理想和自由主义的理想。

这种发展的结果之一，是德意志帝国军国主义的形成。在第二帝国后期，资产阶级中的大部分人都具有对军队的崇敬和对军国主义的认同，以至于可以说，在当时的德国出现了一种"社会军国主义"。[①] 这种军国主义的特征是，部队被视为全民学校，军队在社会声望等级中具有无可置疑的最高地位，军官是国家的"第一等级"、傲慢地蔑视所有公民建构，等等。这种社会军国主义对民众的影响是，特别是作为储备军官的青年男性接受和内化了军事思维和行为模式，服从命令、遵守纪律、果敢、精神抖擞等态度和行为构成了社会的主导图像。在当时出现的许多军人和民间团体中，文明社会的建设被公开破坏，崇尚自由权利的公共美德被抛开。比如，1898年建立、20世纪初迅速发展壮大的"屈夫霍伊泽山联盟"[②]、德意志海军协会、数量众多的大学生联合会，甚至可以说普通家庭和学校的很多实践活动，都具有这种取向。

有学者认为，当时出现的一种被德国社会普遍崇尚的"新德国人"类型，凝聚了第二帝国几乎所有的负面特征："喧闹、傲慢和夸耀、病态——戏剧性、举止不得体和无节制、基于紧张的易激动、内心的不确定性（通过故意的大声带来的确定性得到弥补）、不拘形式和空洞形式的混合、暴发户行为、文化和道德的衰退，以

[①] Volker Ulrich, *Die nervöse Grossmacht 1871-1918. Aufstieg und Untergang des deutschen Kaiserreichs*, S. 291; Thomas Nipperdey, „War die Wilhelminische Gesellschaft eine Untertanengesellschaft?", in: Thomas Nipperdey, *Nachdenken über die deutsche Geschichte: Essays*, S. 175; Christian Schwaabe, *Die deutsche Modernitätskrise. Politische Kultur und Mentalität von der Reichsgründung bis zur Wiedervereinigung*, S. 161.

[②] 屈夫霍伊泽山联盟以德国中部图林根盆地东北沿的屈夫霍伊泽山命名。据传，德意志王和神圣罗马帝国皇帝弗里德里希二世（1194—1250）在受到教皇绝罚后曾隐居此山并等待复出。屈夫霍伊泽山联盟成立于1898年，实为德国各州老兵联合会的联盟。该联盟追求的目标是继承军队传统、联络战友友情和发挥政治影响。1927年，该组织已拥有约三百万会员。参见 *Meyers Grosses Taschenlexikon*, Mannheim/Wien/Zürich: B. I.-Taschenbuch Verlag, 1987, Bd. 7, S. 266; Bd. 12, S. 297; Bd. 20, S. 233。

及一个取得了权力和成就的社会的风格。"①而这种类型的原型则被认为是皇帝威廉二世本人:在威廉皇帝身上可以看到当时的德国,而在当时的德国社会又处处可以看到威廉皇帝的身影。②

如此培育出的军国主义浸透了威廉时期的德国社会。无论对大资产者还是对小市民来说,军人生活都成了一种很自然地被认同和追求的生活形式,以至于可以说,德国民众的臣民心态和公民怯弱在这种军国主义中得到了最明显的反映。德国民众当时普遍追求去亲近国家,对国家的臣服几乎到了卑躬屈膝的地步。而这种臣民文化在原初社会化(即儿童早期的成长过程)和次属社会化(即学校教育及后续的社会教育)中得到精心培育,以至于在德国社会中出现了一种制度化的行为调控——相当于外部控制和排挤着个人自己的责任。这种发展的主要后果是,在德国出现了一种结构性的对民主的敌意③,其现实后果是后来的两次世界大战、魏玛民主的失败、第三帝国的灾难,等等。

(4) 文明批判作为第二帝国政治文化的构成部分:在 19 世纪到 20 世纪之交,德国的工业化和经济现代化已经取得了巨大进步。④ 大众社会、资本主义和民主(思想)在德国虽然没有像在西方国家那样成为社会的主要构成要素,但也已经出现。在当时的欧洲,普遍蔓延着一种世纪末的气氛,即对现代性危机的恐惧和不安。而在德国,这种气氛尤为浓厚。不仅保守的旧秩序的维护者,而且威廉时期的资产阶级也开始表达对现代性的不安和不满情绪,以至于这一时期充斥着现代社会典型的未解决的问题,如自相矛盾(例如同时对秩序和自发性的追求)、悖论和社会病态(例如卖淫、大众贫困等)。另一方面,与西方国家不同,德国资产阶级的鼎盛时期只延续到了第二帝国初期。第二帝国建立后,它陷入了防守和分化的状态,也因此陷入了"意义危机"。它对自身、对自身的处境和未来

---

① Thomas Nipperdey, „War die Wilhelminische Gesellschaft eine Untertanengesellschaft?", S. 174;转引自 Christian Schwaabe, *Die deutsche Modernitätskrise. Politische Kultur und Mentalität von der Reichsgründung bis zur Wiedervereinigung*, S. 16。
② Walter Rathenau, *Der Kaiser. Eine Betrachtung*, Berlin: S. Fisher verlag, 1919, S. 24。
③ Hans-Ulrich Wehler, *Das Deutsche Kaiserreich 1871-1918*, S. 105。
④ Gerhard Schatt, „Handels- und Wirtschaftspolitik von 1871-1914", in: Heinrich Pleticha (Hrsg.), *Deutsche Geschichte. Bismarck-Reich und Wilhelminische Zeit. 1871-1918*, Gütersloh: Bertelsmann Lexikon Verlag, 1993, S. 138ff。

都感到不确定了。

在此背景下,文学家、艺术家和人文社会科学学者都开始思考和研究这些问题,其结果是,一种德国特有的文化悲观主义产生,文明批判兴起。

这种批判的主要代表人物尼采就从根本意义上对现代人和现代文明进行了剖析和批判。他指出,现代人是"最后的人",他们是"最可鄙的人",因为他们没有希望和追求,没有力量和坚强,已经颓废;现代人是不真实的、脆弱的、可疑的和腐朽的人,正在变成没有心肠和精神的人;现代人的爱是有目的的爱,他的恨是做作的、被强迫的行为;现代人的灵魂总是在映照外部世界,而不是在基于自身而反思,总是在使自身变得圆滑即不能赞同或否定;现代人既不命令别人做什么也不破坏什么;等等。① 布克哈特、韦伯、海德格尔等德国或德语文化圈的史学家、社会学家和哲学家,也对现代性作了类似的评判和批判。② 像其同时代的许多学者那样,韦伯也深为现代人的命运担忧,也忍受着同时代人隐藏在心里的折磨,也为文化价值的损失所触动。他认为,现代人被困于理性的社会秩序的骷髅之手,几乎无力实现任何有意义的自主;人们从事的是社会要求的专业劳动,因而必须放弃浮士德式的人的全面性;因此,人们必须断然告别完整的和美好的人性时代,进入一个由理性主义的规律性构成的时代。这个全新时代的特征是,人的灵魂不再是整体,而是分裂成了很多小块;社会关系非个人化、客观化;热情、克里斯马和激情被侵蚀;为服从纪律而导致的"心灵的无产阶级化";创造性的损失;形式的单一性;行为的死板;平庸和狭隘占支配地位;个人被塞进和驯服在无法逃脱的固定机制中;等等。③

如果这些观点表达了当时许多德国人的危机感和失落感,那么,19 世纪末、

---

① Friedrich Nietzsche, *Sämtliche Werke*, *Kritische Studienausgabe*, hrsg. von G. Colli and M. Montinari, Bd. 2, Berlin/New York: Walter de Gruyter, 1988, S. 136.

② Jacob Burckhardt, *Weltgeschichtliche Betrachtungen*, Stuttgart: Alfred Kröner Verlag, 1978; Max Weber, *Die protestantische Ethik I. Eine Aufsatzsammlung*, hrsg. von Johannes Winckelmann, Gütersloh: Gütersloher Verlagshaus Mohn, 1984; Matin Heidegger, *Vom Wesen der menschlichen Freiheit. Einleitung in die Philosophie*, Gesamtausgabe Bd. 31, Frankfurt am Main: Vittorio Klostermann Verlag, 1994.

③ Max Weber, *Wirtschaft und Gesellschaft. Grundriss der verstehenden Soziologie*, Tübingen: J. C. B. Mohr (Paul Siebeck), 1980, S. 347-348, S. 682; Max Weber, *Die protestantische Ethik I*, S. 203.

20世纪初在德国出现的文化多元主义和很多寻求秩序、共同体和和谐生活的运动就可以得到理解。家乡（保护）运动、生活变革运动、青年运动等就出现在这一背景下。在家乡保护运动中，家乡被视为现代世界的对立世界而受保护；现代世界被视为由工业、都市、交通和环境破坏构成的、正在衰落的世界，而这一运动通过对自然的浪漫化和理想化，即通过虚构出一种"未腐化的乡村生活"和对工业文明、对城市化和贫困化的批判，强化乡村建设和保护，强化地区和民族同一性。生活变革运动除了批判现代化和工业化的负面后果外，还批判了人在健康和风俗层面的衰落。青年运动则尝试建构出一种充满人性和热情的共同体生活，用以取代冰冷的、缺少个人感情的社会生活。①

这些运动产生的社会背景和关联虽然很明确，但是，它们在政治层面却包含了某种危险：这类文明批判和社会诊断，必然会导致反自由主义和反议会民主的政治文化的出现。事实上，第二帝国时期的一些文明批判者也认为，自由主义和议会民主制代表着社会的平庸化和肤浅化趋势，应该被扬弃。② 这一信仰也会使"政治公民性"遭到禁止，而且禁止的理由即文化价值的追求显得远高于政治理由。

同时，由于西方国家（法国、英国、美国等）更多地代表着现代文明，所以，第二帝国时期德国的文明批判也具有反西方的色彩。通过这种文明批判，在德国早已存在的"特殊意识"趋向激进化，一系列与西方国家的差别被强调——文化对文明、思想对政治、灵魂对社会、思想自由对选举权、艺术对文学，等等。德国人的存在等同于文化、思想、灵魂、自由和艺术的存在③，而西方社会则被视为现代的错误发展的典型例证，被当作德国的特殊道路的负面背景或反面教材。西

---

① Wolfgang Krabbe, *Gesellschaftsveränderung durch Lebensreform*, Göttingen: Vandenhoeck & Ruprecht, 1974; Wolfgang Krabbe, *Die gescheiterte Zukunft der Ersten Republik. Jugendorganisationen bürgerlicher Parteien im Weimarer Staat (1918-1933)*, Opladen: Westdeutscher Verlag, 1995, S. 37f; Heinrich Pleticha, *Deutsche Geschichte*, Band II, Gütersloh: Bertelsmann Lexikonverlag, 1993, S. 101; URL: https://de.wikipedia.org/wiki/Heimatbewegung, 访问日期：2019年5月28日。

② 〔美〕弗里茨·斯特恩：《非自由主义的失败——论现代德国政治文化》，第27页。

③ Heinrich August Winkler, *Der lange Weg nach Westen. Deutsche Geschichte I. Vom Ende des Alten Reiches bis zum Untergang der Weimarer Republik*, S. 57-64;〔美〕弗里茨·斯特恩：《非自由主义的失败——论现代德国政治文化》，第53页；Christian Schwaabe, *Die deutsche Modernitätskrise. Politische Kultur und Mentalität von der Reichsgründung bis zur Wiedervereinigung*, S. 176.

方的政治文化要素如民主、议会主义、1789 年的理念（自由、平等、博爱）等被视为这种错误发展的原因和后果，因而遭到拒斥。

这样，可以说文明批判具有反政治自由、反西方和反现代的特征，它因此影响和促进了德国的民族凝聚和团结，促进了德国整合性的民族主义的形成和固化。

三、结 语

本文开篇已论及，学界关于第二帝国时期德国的政治社会实践和政治文化的评价褒贬兼具。通过对这一时期德国的政治文化特征的描写和分析，我们可以认为，第二帝国时期以认同极权统治的臣民文化、部族意义上的民族主义、对共同体的崇尚和追求、反多元主义、军国主义、反文明等为特征的政治文化构成了德国"特殊道路"的重要组成部分。德国道路的特殊性在于，与英、法等西方国家相比，拒绝接受西方的政治理念和政治文化，按照德意志独特的政治理念和政治文化建立民族国家，这样就导致其民族国家的建立和民主制度的确立都要晚得多。德国独特的政治理念和政治文化的形成可以追溯到神圣罗马帝国，并至少影响德国的政治实践至第二次世界大战。在这个漫长的过程中，第二帝国的政治文化无疑十分重要，原因既在于第二帝国是德意志人的第一个民族国家，也在于这一时期的政治文化是德意志"民族的"政治文化。

作者简介：秦明瑞，德国图宾根大学社会学博士，北京大学社会学系教授，北京大学德国研究中心成员，研究方向为社会学理论、环境社会学等，代表作有《关于现代西方管理体制的起源》（论著）、《论德国的政治文化》（论文）等。

作为法律共同体的神圣罗马帝国

〔德〕马丁·黑格（李睿 译）

内容提要：神圣罗马帝国并不是一个民族国家，而是一个超越性架构——它对西欧具有帝国宗主权，并与教皇平起平坐。帝国基本宪制架构的起点是1356年的《金玺诏书》，它确立了七位选侯的身份地位，对他们在形式上和礼仪上的任务以及选举国王的规则都予以规范。它最终确定了选侯范围，选侯的身份直到1806年帝国灭亡都有法律效力。随着近代的开始，这个帝国在很大程度上失去了内在的正当性，且宗教改革之后皇帝也不再与教皇平行，封建宪法在很大程度上只是个空壳。自15世纪末以来，这个帝国也日渐成为一个法律联合体。法国人让·博丹的主权学说在帝国内导致了关于"谁是君主"的讨论，这场讨论最终进一步加强了领主的法律地位，这些统治者越来越被认为是其领土的唯一统治者。因此，帝国只是一个日益强大的领主诸侯们的联合体。

关键词：神圣罗马帝国 德意志 宪法 刑法 罗马法

一、罗马帝国在中世纪的重生

历史上，罗马帝国在中世纪的重生拥有一个明确的日期。在那一年的圣诞节①，法兰克国王查理，即查理大帝，在罗马由教皇加冕为罗马帝国皇帝。但此时他的帝国还不是"德意志民族的神圣罗马帝国"，德意志民族的神圣罗马帝国将成为我们接下来论述的重点。在这里首先要关注两点：第一，查理大帝的帝国在当时欧洲人眼中并不是一个疆域帝国，不能与业已存在的那些国家相提并论，它应被理解为一个超越性架构。作为法兰克王国的统治者，皇帝拥有广袤的世袭领地，但是，与当时的教会相对应，王国领土也与其教会领土相等同，因此，不管有没有具体可执行的统治要求，王国的疆域甚至可以说包括整个欧洲。第二，查理大帝统治下的法兰克王国绝不是民族国家，地理上它不仅包括今天德国和法国的主要地区，还包括位于德法之间的土地——荷比卢以及意大利北部地区。可以说，法兰克王国不是一个疆域意义上的王国，同时，作为法兰克人，他们也要依据其部落法律——即法兰克法——来生活。而这片国土之三分——其中西部即今天法国的主要部分，东部构成今天德国的主要部分——直到查理大帝之后才生成。在这片国土上也通行着不同的语言——法语或中古高地德语，这也是在部分国土上发生的民族化萌芽的标志。

二、(德意志民族的)神圣罗马帝国

公元919年，在曾经的法兰克王国的东部②，萨克森公爵亨利一世首次作为一个"非法兰克人"即位③。其子奥托一世在962年加冕称帝④。其帝国此时仍然包括意大利和法国的部分地区；然而，作为德意志王国，它的疆域涵盖今天的德国、瑞士、荷比卢、阿尔萨斯-洛林、奥地利的部分地区和南蒂罗尔地区。这些

---

① 公元800年冬，为使法兰克国王查理成为罗马教会的保护者，当查理在罗马圣彼得大教堂作圣诞弥撒之时，罗马主教利奥突然将他加冕为"罗马人的皇帝"，同一天罗马主教利奥也成为教皇，是为利奥三世。通过这一加冕，罗马教皇不仅使查理成为世俗世界最高统治者"查理大帝"，法兰克王国成为"罗马帝国"，也使自己成功地摆脱了拜占庭的控制而成为基督教会的首领。——译者注
② 即东法兰克王国。——译者注
③ 萨克森公爵亨利一世的即位开启了萨克森王朝的统治，亨利一世即位第二年就将东法兰克王国改名为德意志王国(Regnum Teutonicum)，创立了德意志王权。——译者注
④ 公元962年2月2日，教皇在罗马圣彼得大教堂为奥托加冕，把"罗马皇帝"称号加给德意志国王。——译者注

地区广泛使用德语,这就是为什么从 1070 年开始,神圣罗马帝国前面还加上了"德意志民族的"(Deutscher Nation),或曰"德意志王国"(Regnum Teutonicum)。当然,它绝不是一个民族国家,不仅因为它的疆域涵盖意大利和勃艮第等非德意志民族的地区,更因为在中世纪,接管罗马帝国的想法从一开始就不是为了建立一个特别强大的德意志君主制国家,而更多是为了展现一个超越疆域意义之上的超越性架构,这一统治架构对西欧具有帝国宗主权,且与教皇平起平坐。皇帝获得统治地位的第一步是他首先要当选德意志国王;作为德意志国王,他之后会在罗马之行中由教皇加冕为帝①。如此这般去博洛尼亚进行加冕的意大利之行,最后一次是由查理五世完成的。在最初的几个世纪,教皇与皇帝之间关系紧张,教权与皇权以"双剑论"②为基础在斗争中相互依存。在德国,直到今天,德皇亨利四世向教皇格里高利七世行忏悔的所谓"卡诺莎之行"(1077)也是一个众所周知的典故③。

三、西欧的民族化

在中世纪,民族疆域国家的形成主要在西欧取得了突破。比如西班牙人从摩尔人手里夺回伊比利亚半岛之后完成了西班牙统一,英法百年战争之后法国人把英国人驱逐出去,英国都铎王朝巩固了王权。当然,在神圣罗马帝国东南部,我们也可以看到哈布斯堡家族巩固王权的努力——虽然这主要是王朝意义上的——除了从奥地利祖先继承下来的领地之外,他们还取得了对邻国波希米亚王国的实际世袭统治权,以及因此而在帝国内部拥有的皇室尊严。

尽管哈布斯堡家族的统治专注于帝国的德语区,但此时的神圣罗马帝国还说不上具有民族化倾向。这与以下事实有关:在西班牙、法国和英国,统治者对

---

① 皇帝的头衔并不是世袭的,德意志国王为了得到皇帝称号和皇位,必须去罗马由教皇加冕为帝。——译者注
② 教权与王权的二元统一,相互依存相互利用的关系。——译者注
③ 参见 Johannes Fried, *Canossa: Entlarvung einer Legende*, Berlin: Akademie Verlag, 2012.

领土的统一旨在将整体民族凝聚起来,并建立一个民族国家教会架构——从法国的高卢主义到英国的国教都是如此。而神圣罗马帝国则向相反方向发展,因为在中世纪晚期,帝国内部结构从真正的采邑制秩序,转变为相对强大的封建领地统治。而宗教改革之后,帝国内的教会团结也被摧毁了。

位于采邑金字塔顶端的是德意志国王,在君合国(Personalunion)中也就是帝国皇帝;仅次于德意志国王之后,位于采邑金字塔第二等级的是选侯,他们越来越成为这个帝国的真正主人,他们能在相对较大的地区范围内,不受干扰地巩固自己的权力地位,并使江山永固。这一点尤其适用于四个世俗选侯,其治下的波希米亚、萨克森、勃兰登堡和普法尔茨发展为强大的早期近代核心疆域。波希米亚成为哈布斯堡家族统治了长达几个世纪的帝国的一部分,勃兰登堡与普鲁士联合起来占据着德意志北部和西部的广阔领土。与此同时,萨克森与波兰组成了君合国,而普法尔茨则通过维特尔斯巴赫家族的统治助力巴伐利亚崛起为德国中部的最强势力。

采邑制度最初主要是为了确定臣属关系,厘清臣属和主人之间的责任和义务;到了中世纪晚期,它变得越来越具体化。封臣对于自己所获封土的统治权愈加重视,他也获得了物权方面的使用权。作为回报,封臣要对领主进谏并提供军事援助(consilium et auxilium)。到了中世纪晚期,这一切发生了改变,以往领主与封臣之间的个人效忠色彩日益减退,由于法律委员会的形成,封臣对领主应尽的雇佣军等服务义务,只要通过支付某些租税就可以抵消了。因此,封臣对领主的服务和尽忠主要限于一般义务。另一方面,从前与封臣本人捆绑的封地,本应在他死后归还给领主,如今却成为世袭领地,以至诸侯等封臣的继承人在其父去世之后能顺理成章地开始自己的统治。只要继承人不拒绝宣誓效忠,领主就必须继续承认这种关系。因此,帝国的高等级领主就能够建立起自己的王朝。近代伊始,原本以此为基础的封建采邑制已经沦为一个空壳,当然,这个空壳也一直存续到神圣罗马帝国末期,直到1806年哈布斯堡的弗朗茨二世摘下皇冠为止。在15世纪和16世纪之交,帝国的法律结构发生了根本性变化。从中世纪晚期的封建领主集团发展出一个由选侯贵族主导的、帝国各等级的法律共同体。

四、中世纪晚期的法律改革

帝国基本宪制架构的起点是 1356 年的《金玺诏书》(Goldene Bulle),它确立了七位选侯的身份地位,对他们在形式上和礼仪上的任务以及选举国王的规则都予以规范。它最终确定了选侯范围,且这些规定直到三十年战争(1618—1648)都具有法律效力,而选侯的身份则直到 1806 年帝国灭亡都有法律效力。对于国王和皇帝的选举,只要多数选侯投赞成票就生效,这打破了过去必须全票才能通过的传统。因此,在法律上,继任国王的产生其实就只需争夺大多数选票,而不再需要找到一个新的神授君主了。与此同时,这也打开了通往协商《选举让步协议》(Wahlkapitulation)①的大门,《选举让步协议》在经济和法律上对选举出来的国王有约束力。过去那个具有高度象征意义的"罗马加冕之行"的义务也就此终结,从 16 世纪中叶以后,帝国皇帝都是"通过选举产生的",因此也不必再由教皇在罗马为之举行加冕典礼。在宗教改革和帝国宗教分裂之后,四个世俗选侯②中有三个都是新教徒,因此,选侯前往罗马让教皇加冕的仪式就更令人难以想象了。在神圣罗马帝国的德国,由宗教分裂所导致的信仰二元化又进一步推动了宗教改革之前就已取得进展的帝国去神圣化。宗教分裂直接导致了宗教重要性的加强以及宗教战争,其在帝国层面造成的影响就是去神圣化。

《金玺诏书》还规定,作为选侯的美因茨大主教同时担任帝国宰相。由于他在选举中负责投出最为关键的最后一票,可以在僵持不下之时起到决定性作用,因此他也成为选侯中最有权势的一位。15 世纪末,法律化的发展也与这位有意掌权的帝国宰相、美因茨大主教贝特霍尔德·冯·亨内贝格(Berthold von Henneberg)相关,他不仅要在帝国上层关系中实现法律化,还要在整个帝国中实现

---

① 《选举让步协议》是新当选的德意志国王与选侯之间达成的协议,是未来的帝国皇帝对选侯和帝国各阶层的书面承诺。1519 年,通过向选侯行贿,查理五世当选为神圣罗马帝国皇帝,并签署《选举让步协议》,这是神圣罗马帝国历史上的第一份《选举让步协议》,他承诺保证选侯们的权力、地位和利益将不会受到侵犯。——译者注

② 据《金玺诏书》规定,在神圣罗马帝国的七位选侯中,有三位教会选侯,即美因茨大主教、特里尔大主教和科隆大主教,他们有自己的统治领地,并可在自己的领地范围内行使世俗权力。——译者注

法律化。在 1495 年的沃尔姆斯帝国议会上,过去还有可能进行的"骑士争论"（Fehde von Rittern）也在领主的暴力独裁之下被取消了；在领土采邑系统中法律执行的等级可能性——其中包括皇帝作为最高领主进行上诉的可能性——也与领主身份合二为一了。与之相对应,领主则必须通过刑法提供法律秩序,并在其领土内设立裁判司法权,其顶端于是形成了为整个帝国而设立的帝国最高法院（Reichskammergericht,简称 RKG）。尽管在皇帝的宫廷中,帝国枢密院仍旧作为中央法院被保留下来,而且在选侯领地上,"禁止上诉特权"（Privilegium de non appellando）又使得向帝国最高法院进行上诉的可能性也大大降低了；但帝国最高法院对于其他帝国阶层以及市民来说,还是一个成功的核心法律机构,因为它可以有效防止领主专制独裁,使法律保护成为可能——虽然这是很久以后才实现的事情。在沃尔姆斯还划分出十个帝国大区（Reichskreis）作为行政改革的核心,特别是作为小的帝国等级,即地方诸侯的改革核心。亨内贝格自己是帝国咨政院（Reichsregiment）的首脑,独立行使帝国的行政权力,最后通过在全国范围内征收公共芬尼引入了帝国税。帝国咨政院存在的时间并不太长①,而在帝国大区中,法律只能通过帝国执行令（Reichsexekution）才能针对领主得到贯彻。选侯不仅在帝国最高法院享有特权,而且由于其领地规模和权力,在其领地之内,选侯在很大程度上也不受帝国政策的影响。

五、继续发展到《威斯特伐利亚和约》

查理五世在《选举让步协议》中曾承诺,无人将再因被天主教会开除教籍而在毫无听证的情况下被剥夺法律保护权；在查理五世当选为德意志国王和帝国皇帝不久后,刚刚开始的宗教改革就向帝国与天主教会的神圣联盟提出了挑战。马丁·路德于 1520 年公开烧毁了教皇将他逐出教会的诏书。根据查理五世的《选举让步协议》,在公布对路德实施剥夺法律保护令之前,路德被允许出现在

---

① 虽然帝国咨政院在形式上建立起来,但由于受到皇帝反对,同时也缺乏执行机构和财政基础,而最终在两年后便宣告解散了。——译者注

1521年的沃尔姆斯帝国议会上,并为自己辩护。其结果就是,在帝国层面上形成了两个诸侯集团——天主教与新教集团;此外,还形成了用来抵御对方攻击的军事保护联盟。

此后,帝国各阶层关系进一步去神圣化和法律化。帝国虽然按其名称来说是"神圣的",但它却是建立在双教派主义(Bikonfessionalität)基础之上的。在1530年的奥格斯堡帝国议会上,抗罗宗作为独立宗教团体得到了承认;1555年《奥格斯堡宗教和约》以及1648年在明斯特和奥斯纳布吕克签署的宣告三十年战争结束的《威斯特伐利亚和约》,凡此帝国文书不仅对于帝国领土上两个主要教派之间的关系发展至关重要,而且还创建了法律机构,从此诉讼规则取代了宗教规则。宗教改革法又进一步加强了"教随国定"(cuius regio eius religio)的原则,即属地臣民必须跟从诸侯本人的信仰①。当然,与这个原则相关的是对"迁出权"(ius emigrandi)的承认,这意味着不愿接受君主信仰的臣民可以从所在诸侯国迁出。在诸如帝国议会这样的双教派国家机构处理宗教问题时,少数派可以通过"自行商决权"(itio in partes)——即宗教团体分离——而获胜,这就使某些基本问题可以融洽地得到解决。后来,诸侯的改革权事实上被废除了。即使"强力王"腓特烈·奥古斯都一世通过回归天主教而获得了波兰王冠,但在其帝国内部,萨克森选侯依旧是新教的领袖,在宗教问题上,选侯由他的新教顾问们来代表。直到三十年战争,选侯队伍始终保持不变。虽然两个教派集团势均力敌,但天主教方面有四个代表,占多数,所以鉴于《金玺诏书》规定的多数原则②,皇室和帝国的选举往往还是天主教胜出。三十年战争的导火索是普法尔茨选侯被推举为波希米亚国王,这不仅使哈布斯堡王朝失去了选侯资格,也使新教一方终于赢得了选侯集团中的多数席位。不久之后,这位"冬王"就被推翻了③。奥地利方面试图通过这次暂时的胜利改变多数比例,为自己赢得有利条件,于是将普法尔茨的选帝权转交给了巴伐利亚。然而,最重要的是,哈布斯堡王朝试图在

---

① 《奥格斯堡宗教和约》(1555)的主要内容为:天主教和新教路德派享有平等的权利和地位;诸侯可以决定信仰何种宗教,其属地臣民必须跟从,信仰其他宗教者必须迁出等。——译者注

② 《金玺诏书》规定,德意志国王由七位选侯中的多数(即四位或四位以上意见相同者)选出。——译者注

③ 即腓特烈五世,1619年11月在布拉格加冕为波希米亚国王,1620年11月在白山战役中败给皇帝—天主教联盟军,结束了他短暂的帝王生涯。——译者注

帝国成为统治王朝。事实上,除了 18 世纪一个短暂的特殊时期之外,整个近代早期的国王或皇帝都出自哈布斯堡家族,但这不是一个形式上的王朝更迭过程,而是一个选举过程。哈布斯堡王朝对一个世袭帝国——以及帝国王朝——的渴求没能成功,不仅因为军事挫折,例如瑞典和法国的宣战,而且更多在于天主教的帝国各等级也不愿将他们自己的权力置于奥地利的世袭皇帝之下。权力利益、宗教结盟和传统法律形式最终阻碍了 17 世纪帝国的现代化转向,神圣罗马帝国没能转向真正的君主专制——如路易十四当时在法国建立的君主专制那样(这也是英国国王所追求的)。

对于市民阶层来说,虽然有领地的存在,但帝国也逐渐发展为一个法律空间。在中世纪晚期,作为普通法和封建法的延续,罗马法构成了民法和国家法的首要基础。另外还有查理五世的刑法(1532)——《卡洛林那法典》(*Constitutio Criminalis Carolina*),这是帝国第一个全国有效的刑法典。与罗马民法一样,它也只是辅助性的,其结果是,地方法可以在各个领地享有优先权①。然而,这些全国性的律法是帝国所有大学法学院的主要教材,在行政和司法领域任职的学识渊博的法学家们都接受过以之为基础的教育,因此他们在很大程度上会忽视地方法。同时,这也与法规阐释相结合。每当有疑问的时候,应以普通法为依据来诠释地方法,因此在许多情况下,地方法律制度往往被视为与罗马法相似但又不完全相同的法规。在帝国最高法院,罗马普通法也因此占据了首要地位。

从 15 世纪末开始,法律世界的变革不只源于整个帝国的立法举措;在相对发达的城市,如纽伦堡和法兰克福,在 15 世纪末和 16 世纪初就产生了基于罗马法的城市地方法。其中保留下来的旧的德意志法在 16 世纪又在罗马法意义上得以诠释。这一过程加强了上层阶层的利益,因为罗马法明确划分了所有权与单纯的租赁权,而德国旧有的法律思想往往旨在更多地将土地使用权进行分层。如果根据罗马法解释这些旧权利,那么首先对农民不利。按照罗马法,农民对土地的共同所有权仅被理解为佃租,因此可以在不另行通知的情况下终止关系(比如当租户由于收成不好而无法支付租约之时)。罗马法的定位对于自由农或其他与土地捆绑的农奴来说则更加严厉,因为罗马法并无有关农奴的明确规定,只

---

① 《卡洛林那法典》并不像现在德国的联邦法般优先于地方法规。——译者注

能用罗马奴隶法对待他们。因此,在农民战争中农民的要求之一,就是从自身的角度恢复旧法,这不是没有理由的。众所周知,这并没有实现。相反,帝国中的罗马普通法一直保持到基本法被废除。直到18世纪下半叶,地方法才渐渐从与罗马法的事实联系中逐渐失去效力。

从今天的角度来看,某些历史误解也是以法律形式进行传播的。比如以刑事审判为幌子的女巫迫害并不像今天经常听到的那样是中世纪迷信的结果。相反,女巫迫害直到15世纪末才以所谓"女巫之锤"(Hexenhammer)的名义展开①,并在接下来的两个世纪中在整个欧洲达到高潮。与此同时,新教领土也不能幸免于这种"迷信"。刑法条例将普通罪行与魔法罪行区别对待;鉴于"魔鬼"的力量,酷刑等所有限制性惩罚都可以针对女巫使用。连法学院也作为法官卷入此类诉讼程序。"女巫臆想"直到17世纪晚期才被打破。可以确定的是,对巫婆的判决完全是有意识地使用了那些限制性的惩罚,魔法罪与女巫罪都是以某些臆想出来的论据作为特征(如魔鬼契约、魔鬼的依附等)。法学家以及那个时代的大多数公民都没有意识到,他们只是用想象力来证明那些根本不可能发生的事。

法国人让·博丹(Jean Bodin)的主权学说在帝国内导致了一个关于"谁是君主"的讨论,因为根据博丹的说法,君权是不能分享的。这场讨论最终进一步加强了领主的法律地位,这些统治者越来越被认为是其领土的唯一统治者。因此,帝国只是一个日益强大的领主诸侯们的联合体,他们在事实上逐渐摆脱了来自封建宪法的那些一直都有效的法律义务,而且可以不必担心受到来自其他帝国等级的制裁。《威斯特伐利亚和约》关注到了这一点,它承认了帝国各等级的联盟权利,国与国之间可以结盟,只是不能针对皇帝和帝国结盟。② 因此,腓特烈大王(Friedrich der Große)尽管是刚刚死去的皇帝查理六世的封臣,仍旧可以进攻并且占领西里西亚,因为那只是查理六世传给其女玛丽亚·特蕾西亚的土地。

---

① 《女巫之锤》(*Malleus Maleficarum*)是一部为猎巫合法化而作的有关女巫的集子,涵盖了所有关于女巫的知识,是一部"猎巫手册"。第一版于1486年在Speyer出版,作者是天主教宗教裁判官。——译者注

② 《威斯特伐利亚和约》规定各邦国获得完全的自治,拥有立法、审判、收税、武装及结盟权,可以相互间或与外国缔结联盟,但不能针对皇帝和帝国。——译者注

六、结　　论

　　在中世纪建立的德意志民族的神圣罗马帝国基于这样的观念：罗马帝国在德意志帝国的转移(translatio imperii)。与当时欧洲的其他王国(如英、法等国)不同,神圣罗马帝国不是一个民族国家,而是一个超越性架构——它对西欧具有帝国宗主权,并与教皇平起平坐。

　　选侯主导的选举君主制建立在封建采邑制度的基础之上。随着近代的开始,这个帝国在很大程度上失去了内在的正当性,因为主要出于对德意志的限制,帝国权力本身也受到了限制,且宗教改革之后,皇帝也不再与教皇平行。封建宪法在很大程度上只是个空壳。让·博丹的主权学说让这个帝国最终成为赛缪尔·普芬多夫的著名论断——"如怪物一般的奇特政体"(irregulare aliquod corpus et monstro simile)。此外,自15世纪末以来,这个帝国也日渐成为一个法律联合体,包括全帝国性的、辅助性的法律文本,例如被普遍接受的罗马法(共同法,ius commune)和查理五世颁布的刑法《卡洛林那法典》,由此确立了帝国的最高司法裁判权(即帝国最高法院)。此外,作为宗教分裂的结果,帝国内部还出现了新的规则,例如"迁出权"和"自行商决权"等。这就是今天有人将神圣罗马帝国与欧盟作比的原因,欧盟也被视为一个法律共同体。

作者简介：马丁·黑格(Martin Heger),柏林洪堡大学法学院教授,研究领域包括刑法、现代德国和欧洲法律史、经济和环境刑法等,代表作有《德国环境刑法的欧洲化》等。
译者简介：李睿,北京大学外国语学院德语系助理教授,主要研究领域为德语话语语言学以及德语语言史,代表作有《全球化框架中的德国与中国——经济危机史背景下的宏观经济政治行为:关于中德著名媒体中经济危机报道的语言学话语分析》等。

向"现代国家性"的突破

——回顾19世纪欧洲的(后)奥斯曼空间

〔德〕汉内斯·格兰迪茨(张为杰 译)

内容提要:长期以来,史学界始终将19世纪发生于东南欧奥斯曼帝国境内和(后)奥斯曼民族国家的现代化进程区别对待。针对这一做法,本文首先点明相关历史书写的主观性,随后以精英阶层的(非)连续性和农村地区的文明化使命为例,指出奥斯曼和后奥斯曼空间在现代国家建设过程中的大同小异。本文的观点为东南欧近代史研究提供了崭新的思路。

关键词:现代化 奥斯曼帝国 国家行为 精英阶层 农村

在19世纪上半叶向下半叶过渡的数十年中,欧洲东部的几个帝国(哈布斯堡帝国、俄罗斯帝国、奥斯曼帝国)以几乎前所未有的规模在新的基础上构建了国家性。彼时,行政管理的迅速官僚化同开启新进程的倡议并行不悖(这一进程可以归入"去封建化"的范畴进行讨论)。宗教信仰解放成为一句战斗口号。在政治领域中,人们谋求更多政治参与的愿望,以及对民主化进程取得实质进展的期望,前所未有地高涨。以令人向往的"现代"的国家性观念取代"旧"的国家性观念,这一进程无疑极其复杂。在"现代化"道路上,民族观念问题是重中之重。在这篇报告中,我将带着质疑的目光,以欧洲的(后)奥斯曼空间为例探讨如下问题:我们是否应当认同那种时至今日仍流行于史学界的观点,即把民族国家秩序取代帝国国家框架的进程设想为"合乎逻辑"或"合乎时宜"的?如果我们考虑一下,在"旧"帝国和"新"民族国家两种框架下,国家的任务和职能分野在本质上究竟区别几何,那么我们就会发现,尽管二者有所差异,但整体来看占据上风的是二者在结构上的共性。我要探讨的(后)奥斯曼空间恰好为此类比较提供了合适的样本,因为在19世纪,数个"新"的(后)奥斯曼民族国家相继建立,与此同时,幅员依旧十分辽阔的"旧"奥斯曼帝国尚未瓦解。

一、"现代化"挑战何以阐释?

那种声称只有通过"改革"才能使国家功能"更现代"或"更合时宜"的诉求,无疑是19世纪下半叶东南欧国家统治和国家性发展的核心特征。在历史书写中,这一地区国家结构的转型长期以来被阐释为一种"欧洲化"进程,或者说一种持续推进的对现代"西方"的理念、处理方式和实践的吸收过程。这样的阐述造成一种假象,仿佛这一地区游离于同一时期广义的欧洲发展进程之外。与此紧密相关的还有19世纪东南欧—东欧地区的经济、文化和学术日益融入全欧的现象。狄安娜·米什柯娃(D. Mishkova)和鲁门·达斯卡洛夫(R. Daskalov)在描述西方对奥斯曼帝国治下东南欧的输入时写道:

> "西方"的舶来品从物质领域到精神领域无所不包:服装、家具和形形色色的产品;知识、理念和技术设备;不同形式的社会行为、态度和价值观。这种影响通过各式各样的渠道传播,包括来自巴尔干地区和殖民地的商人、在国外受教育的学者、外交人员、游客、天主教和新教传教士,侵略军和奥斯曼帝国的改革者。[①]

实际上,在19世纪的一百年间,这一地区同欧洲其他地区(时人口中的"西方")的联系日益密切。若以奥斯曼帝国的情形为例,那么这一趋势无疑在克里米亚战争爆发的那几年达到了顶峰。从1853年到1856年,西方盟国将数十万

---

① Diana Mishkova and Roumen Daskalov, "'Forms without Substance': Debates on the Transfer of Western Models to the Balkans," in: Roumen Daskalov and Diana Mishkova (eds.), *Entangled Histories of the Balkans*, Volume Two: *Transfers of Political Ideologies and Institutions*, Leiden, Boston: Brill, 2013, p. 1.

士兵运往奥斯曼帝国。士兵、指挥官、外交人员以及陪同而来的各行各业的从业者来到奥斯曼帝国，并在此地居留了数年。数千人被安置在伊斯坦布尔，有的甚至定居于此。几个世纪以来，伊斯坦布尔从未有过如此众多的"西方"来客。①

毫无疑问，这一时期奥斯曼帝国同欧洲其他地区的联系显著增强。但是将这一过程解读为先进的"西方"文明与落后的"东方"文明之间的两极分化的思路真的可取吗？究竟存不存在一个统一的、与"东方"相对的"西欧"（包括发展迅速的西班牙、葡萄牙、爱尔兰三国和法国的农村地区）？普遍的结构转型非要描述成"西方文明"的"输入"不可吗？

这种将19世纪巴尔干地区乃至整个东欧—东南欧地区的社会和国家结构转型的历史武断地阐释为滞后的、不完整的或失败的"西化起步"的做法在过去一段时间受到了越来越多的质疑。玛利亚·托多洛娃（M. Todorova）新近发表的《落后性陷阱》从一个有趣的视角切入了这一问题。她把"时间性"作为促成（时至今日仍然存在于史学界的）西方优势话语的决定性因素推到台前。② 她的观点指向一种早在19世纪就已出现的历史书写模式。在这一模式下，19世纪巴尔干地区尤其是奥斯曼帝国的社会突然之间被描绘成已然（远）"落后"于时代的样貌。对于这些地区而言，想要迈入现代，除了"奋起直追"似乎别无他法。

对19世纪下半叶东欧—东南欧国家改革进程的史学定位始终依附于一副核心框架，这一框架的要义是把奥斯曼帝国和东欧地区设想为停留在"另一个时代"的社会。关于这一框架的建构我在报告中将不再详述。尽管欧洲乃至全球范围内的经济、社会或文化联系日益紧密，并且南欧—东南欧地区也参与其中——这一参与在19世纪下半叶发展尤为迅速——那种西—东两极分化的框架建构支撑起的阐释模型的适用范围仍太过狭隘。这一模型意味着"转变"过程中的持续赤字：它将"西方"理想化，勾勒出相应的"文明"图景，尽管这一图景从

---

① 参见 Candan Badem, *The Ottoman Crimean War 1853-1856*, Leiden and Boston: Brill, 2010; Winfried Baumgart (ed.), *Akten zur Geschichte des Krimkriegs*, Munich, Vienna: Oldenbourg, 1979-2006; Winfried Baumgart, *The Crimean War, 1853-1856*, London: Hodder Arnold, 1999; Orlando Figes, *The Crimean War: A History*, New York: Picador, 2012.

② Maria Todorova, "The Trap of Backwardness: Modernity, Temporality, and the Study of Eastern European Nationalism," *Slavic Review* 64, no. 1 (2005), pp. 140-164.

未"真正"实现。于是,东方"落后于时代"的图景也相应而生。即便落后的东方追赶上来,"西方"在此期间早已又"前进了一步"。如此一来,出于"失败的现代化"这一基本动机的历史书写总有新的话题可谈。

娜塔莉亚·克莱尔(N. Clayer)和塔索斯·阿纳斯塔夏迪斯(T. Anastassiadis)[①]强调,有必要把关于东南欧—东欧地区的改革或统治转型的历史书写从那种言必称"文明落后"、文化持续滞后或社会赤字的陈词滥调中解放出来。事实上这项任务迫在眉睫:必须把这些地区的改革和统治转型置于更宏大的语境中进行阐述;必须认识到,只有通过与冲突和困难不懈斗争,才能促成一种"现代的""官僚体制的"或者说"更合理的"国家性在政治、社会和经济领域的运作,而面临这一挑战的不仅有东南欧—东地区,欧洲其他部分及欧洲以外的地区亦是如此。对此,盖尔·斯多克斯(Gale Stokes)指出:

> 当今时代,每个社会都必须设法应对一系列挑战,它们来自诸多方面:工业产出的巨额能源、资本主义的整合和支配力量、激进的平等理想和国家体系的组织性要求等。面对这些挑战,迄今为止还没有任何一个社会找到过最佳解决方案。[②]

此类案例比比皆是:"曼彻斯特资本主义"支配下的英国,底层人民生活困苦,阶级矛盾尖锐;19世纪60年代,斯堪的纳维亚地区的饥荒导致大规模的人口外流;19世纪和20世纪之交,意大利南部地区社会内部矛盾激化等。此外还有很多案例可以说明引文中的论断,即全欧洲(欧洲之外同理)没有任何一个社会能找到一个"最佳解决方案"以应对来自"现代"的巨大挑战。这一情形无疑同样适用于我们所关注的19世纪下半叶和20世纪初的东南欧—东欧社会。它在国家、社会和经济领域的改革也面临着严峻的挑战。但是在这一时期,没有哪个社会以"最理想"的方式走完了经济、社会和国家领域漫长的现代化之路,也就是

---

① 参见 Nathalie Clayer, Tassos Anastassiadis, "Beyond the Incomplete or Failed Modernization Paradigm," in: T. Anastassiadis, N. Clayer (eds.), *Society, Politics and State Formation in Southeastern Europe during the 19th Century*, Athens: Alpha Bank, 2011, pp. 11-32.

② 参见 Gale Stokes, *Three Eras of Political Change in Eastern Europe*, Oxford, New York: Oxford University Press, 1997, pp. 74-75.

说,没有哪个社会中途不必疲于应付日益尖锐的社会矛盾。据此,我们可以归结出另一种基本的阐释思路:除东南欧—东欧社会之外,欧洲其他地区乃至整个世界都同样面临着来自"现代"的巨大挑战。这一现象并非在不同地区"相继"出现,而是在所有地区"同时"出现,只不过不同地区在应对挑战的过程中取得的成就高下不一,面临的问题和矛盾轻重有别,具备的初始条件也有所差异。这种视角转换是不可或缺的前提。只有在这一前提下,我们才能重新审视我们所关注的这些地区独特的初始状态、品质及其在实际中所面临的极大困难,重新审视它们为了应对来自"现代"的多方面挑战而采取的真正的、或成功或失败的策略。

二、奥斯曼/后奥斯曼空间国家建设中国家行为的强化

正如前文所言,19世纪下半叶改革进程显著加快。这些改革大多同发生在经济、文化和部分政治领域的急剧的甚至是极端的转型密切相关。毋庸置疑的是,国家对民众日常生活的直接干预显著增强。如何理解这一进程中国家行为的强化呢?关于这一点我将在接下来的报告中进一步阐述。在此之前,我将先对相关研究中存在的将发生在奥斯曼和后奥斯曼两个空间内的国家建设过度"二分"的做法进行批判性反思。然后我将以转变中的"国家性品质"的两个方面为例,探讨精英阶层的(非)连续性和"农村地区的文明化使命"。

反对过度"二分":从19世纪最后的二十五年直到世纪之交,分属奥斯曼和后奥斯曼空间的巴尔干地区的"国家建设"在经历了由持续三年(1875—1878)的戏剧性战争造成的短暂停顿之后持续推进,并呈现出两种基本模式:继续在奥斯曼空间的帝国框架下推进或在后奥斯曼空间民族国家的框架下推进。在以往的东南欧研究和民族史书写中,研究者的注意力主要集中后一种模式上,而鲜有顾及奥斯曼帝国末期帝国内部的"国家建设"。但是无论哪一种情形,国家的存在感无疑都迅速增强。不管是在"帝国"内部,还是在新的"民族国家"内部,都出现了围绕某一统治中心运转的行政机关迅速扩张的现象。各地持续扩充的(更高级的)教育系统培养出大量文化市民,他们组成了一个新兴的社会阶层并进入国

家机关参与国家治理。这一转变主要发生在奥斯曼帝国迅速扩张的首都和新建立的巴尔干民族国家的首都,也逐渐波及首都之外的其他新兴城市。无论在帝国内部,还是在"民族国家"内部,国家机关都极力寻求对更多的职能部门行使管辖权。因此,我们无疑必须把1878年至1908年这三十年(甚至更长一段时间)看作东南欧奥斯曼和后奥斯曼空间现代国家性发展历程中的一个极为重要的阶段。

在对这一时期进行研究时,那种将发生在奥斯曼和后奥斯曼两个空间内的国家建设过度"二分"的做法有失偏颇。此外,相关研究中还有一种观点具有很强的误导性:那些"年轻的"巴尔干民族国家在"摆脱了奥斯曼帝国的桎梏"之后才真正"走上现代化的正轨",与此相对,"旧"帝国内部的国家性发展依旧停滞不前。事实恰恰相反,民族国家和帝国经历了极其相似的转型,它们所遭遇的困难也极具可比性。

精英阶层的(非)连续性:当然,一些差异同样不容忽视。一个显著的差异体现在作为国家中流砥柱的精英阶层的连续性上:苏丹阿卜杜勒·哈米德(1876—1909年在位)治下的奥斯曼帝国,供职于国家机关的精英阶层的连续性对帝国发展产生的影响巨大。尽管期间也涌现出一批"新贵",但这一现象直到1908年土耳其青年党人革命后才发生根本改变。而新建立的民族国家则在争取自治和独立的过程中先后同奥斯曼帝国的旧"体系"决裂。这种决裂在保加利亚尤为显著,其规模之大、程度之深,实属罕见:1878年之后的数年间,此前长期掌控保加利亚国家行政的、奥斯曼—穆斯林背景的官员迅速倒台,取而代之的则是新的东正教背景的精英(正如亚历山大·维岑科夫(Alexander Vezenkov)所指出的那样,他们当中的一部分此前已在国家职能部门如一些委员会任职),这些精英肩负起了建设新国家的使命。[①] 驱逐穆斯林精英(有相同遭遇的穆斯林民众数倍于

[①] 参见 Alexander Vezenkov, "In the Service of the Sultan, in the Service of the Revolution: Local Bulgarian Notables in the 1870s," in: H. Grandits, N. Clayer, R. Pichler (eds.), *Conflicting Loyalties in the Balkans: The Great Powers, the Ottoman Empire and Nation-Building*, London: I. B. Tauris, 2011, pp. 135-154; Andreas Lyberatos, "Privileged Scapegoats: Nation-State Formation and Civil Officialdom in Bulgaria, 1878-1912," in: T. Anastassiadis, N. Clayer (eds.), *Society, Politics and State Formation in Southeastern Europe during the 19th Century*, Athens: Alpha Bank, 2011, pp. 66-98。

此)的现象在后奥斯曼空间的很多地区十分典型,它贯穿几乎所有"解放战争"的始末,且多少带着些野蛮作风(即便如此,此后保留了穆斯林烙印的地区仍不在少数)。① 但是在19世纪的后几十年中,在那些此前已部分实现自治的国家(如多瑙河地区的摩尔多瓦公国和瓦拉几亚公国、塞尔维亚、黑山以及较早独立的希腊(核心)地区),精英阶层已经形成并得以延续。这一现象在罗马尼亚尤为显著:该国(19世纪以前就已形成的)波维尔特权阶层权势很大,罗马尼亚独立之后,它在推进民族国家发展方面扮演了重要的角色。② 塞尔维亚的情况大同小异:虽然该国没有类似的特权阶层,但在早年的反抗运动时期及后来的自治时期,其国内已有一批上流人士身居要职,其中一部分人的影响力持续了数代之久。但正如斯·帕夫洛维奇(S. Pavlowitch)所指出的那样,这一过程伴随着一些结构性转变:

> 父辈,即那些身居高位而文化水平却不高的名流们,已经建立了一套国家管理体制并希望人们遵守它、尊重它。他们的子弟,也就是那些在国外获得学位的低级官员或高中教师,则深受1848年席卷欧洲的革命运动的影响。③

但总体而言,我们也不能将这种"政治"新生代取代老一代的现象看得太过绝对。在一些国家,"保守"的政治立场和"自由"的政治立场或多或少处于一种明显亦敌亦友的关系中,这也是其国家性扩张过程中的显著特征。制定大政方针的权力一度掌握在"保守派"手中。在奥斯曼帝国,这种状况一直持续到土耳其青年党人革命。在此前的三十余年中,帝国内部专制的、以保皇/保守的官僚

---

① 参见 Nicole Immig, *Zwischen Partizipation und Emigration. Muslime in Griechenland 1878-1897*, Wiesbaden: Harrassowitz, 2015; Isa Blumi, *Ottoman Refugees, 1878-1939*; *Migration in a Post-Imperial World*, London: Bloomsbury, 2013; Justin McCarthy, *Death and Exile, The Ethnic Cleansing of Ottoman Muslims 1821-1922*, Princeton: Darwin Press, 1996; Alexandre Toumarkine, *Les migrations des populations musulmanes balkaniques en Anatolie(1876-1913)*, Istanbul: Isis, 1995. 有关这一时期的社会政治发展状况尤其是穆斯林群体的生存状况的研究参见: Nathalie Clayer, Xavier Bougarel, *Les musulmanes de l'Europe du Sud-Est: Des Empires aux États balkaniques*, Paris: Karthala, 2013。

② 参见 Kenneth Jowitt (ed.), *Social Change in Rumania, 1860-1940: A Debate on Development in a European Nation*, Berkeley: Inst. of International Studies, 1978。

③ Stefvan K. Pavlowitch, *Serbia. The History behind the Name*, London: Hurst, 2002, p. 43.

集团为基础的阿卜杜勒·哈米德体制不遗余力地对(太过)"自由"的政治主张进行系统性的镇压。① 即便是在 1830 年就已独立的希腊,数十年来的政治形势与奥斯曼帝国相比也大同小异。②

农村地区的文明化使命:但精英阶层内部的分歧并非影响新的国家性发展进程的唯一因素。在 19 世纪向 20 世纪过渡的数十年里,一种观点在居于统治地位的精英阶层内部(前所未有地)风行:只有把被公认落后的农村人口也纳入到国家层面的努力中,才能在"现代""与时俱进"地推动国家性的建设。巴尔干地区的各个社会总体而言处于农业时代,地区差异不大。尽管许多城市(尤其是各大首都)发展迅速,这一地区直到 20 世纪仍未走出农业时代。自我标榜为"现代"的精英阶层将目光投向"传统"的农业世界,把这一矛盾视作严峻的问题,而矛盾本身也因旷日持久而愈发尖锐。在精英们看来,把这个农业世界引入"现代"势在必行,为此必须把国家建构及其扩张同针对广大群众的现代化及内在"文明化"使命紧密结合。在许多精英眼中,这一使命甚至成为至关重要的国家任务。在东南欧后奥斯曼空间上新建立的民族国家内部,它与"民族建构"日益融为一体,密不可分。③关于巴尔干地区民族国家内部国家建构与民族建构的紧密联系,赫尔姆·孙特豪森(Holm Sundhausen)指出:

> 民族和民族国家的形成、赋予民族国家实力和威望的一系列行动的得以实施,统统有赖于新建立的国家机器的帮助,并伴随着克服偏见的斗争——大多数民众一开始对民族这一概念无动于衷,人们始终把国家看作潜在的对手,把资本主义萌芽看作对自成一体的传统的冲击,把罗马法看作对其秉持的正义观的歪曲。于是,寻求建立"全职型"国家的尝试就同保留

---

① 参见 Şükrü Hanioğlu, *A Brief History of the Late Ottoman Empire*, Princeton: Princeton University Press, 2008; Abdulhamit Kırmızı, *Abdülhamid'in Valileri. Osmanlı Vilayet İdaresi 1895-1908*, İstanbul: Klasik, 2007.

② 参见 Kostas Kostis, "The Formation of the State in Greece," in: Marco Dogo, Guido Franzetti (eds.), *Disrupting and Reshaping, Early Stages of Nation-Building in the Balkans*, Ravenna: Longo Editore, 2002, pp. 47-64; Gunnar Hering, *Die politischen Parteien in Griechenland 1821-1936*, Munich: Oldenbourg, 1992.

③ 事实上这一时期的改革并非完全自上而下,参见 Andreas Kosmas Lyberatos, "Through Nation and State: Reform and Nationalism 'From Below' in the Late Ottoman Balkans," *Turkish Historical Review* 7 (2016), pp. 121-133.

地方自治和传统机制的诉求发生了冲突,在这场横跨数十年、涉及所有巴尔干国家的冲突中,局势的天平时而向左、时而向右倾斜。被领导阶层奉为圭臬、捧为发展的造物者的中央集权制民族国家与农民们世代因循的规范和价值体系水火不容,斗争激烈。①

然而,与中央政府主导的农村和边远地区"文明化"和"一体化"使命密不可分的不只有民族观念。奥斯曼帝国内部也出现了类似的现象——国家和信仰的联系、国家和帝国历史的联系统统被强化了。例如,苏丹阿卜杜勒·哈米德领导的帝国中央不遗余力地向边远地区推广正统的逊尼-哈乃斐派信仰,并且一改此前对多种多样的穆斯林信仰生活的宽容态度,力图从形式上将其"现代"化,使其成为足以支撑国家的伊斯兰教信仰(这一举措也出于对日益频繁的基督教传教活动的畏惧。因为自1856年帝国对此类活动持宽容态度之后,传教活动便如雨后春笋般在帝国各地涌现)。②得益于基础教育系统的强力扩张,所有这些政策都产生了更为广泛的社会影响,而非仅仅局限于某些中心城市和城市精英阶层内部。③

在巴尔干地区国家建设的语境下,宗教信仰和民族主义并非两种截然对立的"国家工程"。对于东南欧后奥斯曼空间的基督教国家而言,这一时期宗教信仰和民族主义的并行不悖无疑对国家发展至关重要。"教派主义"的存在感显著增强,它直观地体现为宗教建筑物数量的急剧增长,同时以日益稠密的教派机构网络和迅速壮大的教士阶层为依托。④

---

① Sundhaussen, Holm, "Südosteuropäische Gesellschaft und Kultur vom Beginn des 19. bis zur Mitte des 20. Jahrhunderts," in: Konrad Clewing, Oliver Jens Schmitt (eds.), *Geschichte Südosteuropas. Vom frühen Mittelalter bis zur Gegenwart*, Regensburg: Friedrich Pustet, 2011, p. 359.

② 参见 Selim Deringil, *The Well-Protected Domains: Ideology and the Legitimation of Power in the Ottoman Empire 1878-1909*, London: I. B. Tauris, 1998.

③ 参见 Benjamin Fortna, *Imperial Classroom: Islam, the State, and Education in the Late Ottoman Empire*, Oxford: Oxford University Press, 2002; Norbert Reiter, Holm Sundhaussen (eds.), *Allgemeinbildung als Modernisierungsfaktor: Zur Geschichte der Elementarbildung in Südosteuropa von der Aufklärung bis zum Zweiten Weltkrieg*, Wiesbaden: Harrassowitz, 1994.

④ 参见 Maria Todorova, *Bones of Contention. The Living Archive of Vasil Levski and the Making of Bulgaria's National Hero*, Budapest: CEU Press, 2009; Paschalis Kitromilides, *Orthodox Commonwealth. Symbolic Legacies and Cultural Encounters in Southeastern Europe*, Aldershot: Routledge, 2007; Nenad Makuljević, *Crkvena umetnost u kraljevini Srbiji, 1882-1914*, Beograd: Filozofski Fakultet Beograd, 2007; Vasilios Makrides (ed.), *Religion, Staat und Konfliktkonstellationen im orthodoxen Ost- und Südosteuropa. Vergleichende Perspektiven*, Bern: Peter Lang, 2005; Klaus Buchenau, *Auf russischen Spuren: Orthodoxe Antiwestler in Serbien, 1850-1945*, Wiesbaden: Harrassowitz, 2011.

三、结　　论

　　本篇报告从不同角度探讨了东南欧奥斯曼和后奥斯曼空间"向现代国家性突破"过程中的几大社会动力。具体而言,报告首先批判地将"向现代过渡"的问题当作时代挑战推到台前。那时,"所有"类型的国家都面临这一挑战,都要应对各自特有的问题。我们要反对的是那种长期主宰东南欧(也适用于广义的"非西方"语境)研究领域的"落后性范式"。在东南欧语境下,向"国家性新品质"迈进的过程要么在帝国框架下完成,要么在那些摆脱帝国统治的新兴国家内完成。其中,后者多被贴上"民族"标签。尽管此过程在不同地区、不同领域呈现出一些差异——例如前文提及的精英阶层的(非)连续性问题——但"国家性"的结构性发展总体而言如此相近,以至于我们似乎更应将其归结为大同小异。此外,农村地区的"文明化使命"作为一项不可回避的国家任务无论在帝国还是民族国家语境下都前所未有地紧迫。同样为我们所关注的还有国家结构的"教派化"过程。此外,在扬弃旧事物的过程中,藕断丝连的情形随处可见。许多被标榜为"新秩序"的事物,要么难以推行,要么推行的进度极慢。因此,"向现代突破"并不意味着"传统"陆续消亡。所有相关的国家工程和新的法律框架的施行状况,都始终应置于由愿景和现实构成的张力场中予以观察。

作者简介:汉内斯·格兰迪茨(Hannes Grandits),洪堡大学历史系教授,研究领域为东南欧地区及奥斯曼帝国近代史。代表作:《奥斯曼帝国晚期社会的统治与忠诚:以教派信仰多元的黑塞哥维那为例》(德文版),维也纳/科隆/魏玛,2008年。
译者简介:张为杰,北京大学德语系硕士研究生。

奥匈帝国的乌托邦

——约瑟夫·罗特的帝国

〔德〕迈克尔·坎普-范德博加特（陈瑞芝 译）

内容提要：本文以奥地利作家约瑟夫·罗特笔下的奥匈帝国为研究对象，首先分析了罗特文本中的矛盾叙事手法和不符合史实的理想化皇帝形象，其次联系作者生平探讨了其作品中常见的、不明确的自我描写。此外，本文还将罗特的"故乡"解读为随时间变化的概念，而非固定的地理概念。本文指出罗特并非君主制拥护者，罗特作品中的奥匈帝国是一种美学构建，不能从政治乌托邦的角度进行解读。

关键词：约瑟夫·罗特 奥匈帝国 乌托邦 故乡

在政治话语中讨论历史文献、演讲、论文和诗作是不可避免的，即使这种讨论与它们创作的出发点相去甚远。在法国大革命十年之后，诺瓦利斯曾发表一次演说，随后它在1826年以《基督世界或欧洲》为题发表。上述讨论在这篇演说中也多有提及。许多与诺瓦利斯同时代的人并不清楚他想将自己的文章归入哪一种范畴。从许多方面来看，他们的疑惑并不奇怪。这篇文章应该被归入诗学、政治话语还是史学史的范畴？它是否构建了一个以历史类比为基础的乌托邦？人们是否可以批驳诺瓦利斯在时间标注上的谬误，或者以此为由质疑报告中富有诗意的、虚构的内容？如果故意冒着缺乏逻辑的风险、按照个人喜恶来选取引文的行为看似合法，人们就会对应行事。因此，诺瓦利斯言论中一些据说能体现"欧洲统一梦"的句子总是会被引用。此类援引十分吸引人，因为诺瓦利斯"回归完美中世纪"的观点体现了对一个美好帝国的幻想和向往，这个帝国可以促进世界和平。而由于受教育水平低下、思想尚不成熟，与诺瓦利斯同时代的欧洲人还不能理解这种回归。不久之前，古罗马研究者安德烈亚斯·卡布利茨（Andreas Kablitz）再次指出，这种乌托邦的构建在政治上是站不住脚的：

> 因为一方面，诺瓦利斯将某段历史作为了前提。这段历史将回归过往视为一种理所当然的、随时可以实现的可能。另一方面，他不得不将中世纪显著地理想化了。在这种理想化的名义之下，诺瓦利斯一厢情愿地将基督教伦理的先决条件和历史世界中的实际情况相提并论了。①

我在报告中分析的对象是约瑟夫·罗特（Joseph Roth）的奥匈帝国乌托邦。它与笔名为诺瓦利斯的哈登贝格那种基督教浪漫主义的帝国乌托邦在某种程度上十分相似。罗特同样描绘了一个与实际历史进程相反的帝国，它以文化多样性为标志，并以此保证了和平与包容。正如同浪漫主义者诺瓦利斯和他"真实"的天主教中世纪引发了争论一样，我们也可以就罗特的作品进行如下讨论：在多大程度上联系实际情况来分析罗特对历史的回归才是合适的呢？在多大程度上将罗特虚构故事中的童话因素从他的政治诉求中排除才是合适的呢？

就此而言，罗特散文作品的可信度并不高。这一点已经在他的《奥匈帝国的使徒陛下》中得到了证明，这篇文章于1928年发表在《法兰克福报》上。② 人们臆测这篇文章是罗特随手写就的，并将它归入罗特的新闻作品中。《奥匈帝国的使徒陛下》以一句优美的童话般的句子开篇："从前有一个皇帝……"有趣的是，这篇文章从第三句开始就变得难以理解了："我认为我们两个人，即皇帝和我，都是对的——但这并不意味着我就是对的。"③之后，文章中又出现了这样的表述：

---

① Andreas Kablitz, „Lasst uns die Gründung Europas feiern", *Die Welt*, 20. 02. 2017, URL：https://www. welt. de/print/die_welt/kultur/article162215172/Lasst-uns-die-Gruendung-Europas-feiern. html, 访问日期：2019年5月28日。

② 《奥匈帝国的使徒陛下》主要内容为：作为士兵的"我"参加了弗朗茨·约瑟夫一世的葬礼。随后，"我"回忆起皇帝生前在出宫疗养的途中停下驾辇，向路边的民众致意的场景。Joseph Roth, „Seine K. u. K. Apostolische Majestät", in: *Klaus Westermann（Hrsg.）, Joseph Roth Werke 2*, Frankfurt am Main und Wien: Büchergilde Gutenberg Verlag, 1994, S. 910-915. 在之后的脚注中，"Joseph Roth Werke"统一缩写为"RW"。——译者注

③ 罗特原文前四句为："从前有一个皇帝。他威严的光芒常显得无情，而我童年和青年时代的大部分时间都是在这种光芒下度过的。我今天有权来谈论这种威严，因为我那时曾如此强烈地反对过它。我认为我们两个人，即皇帝和我，都是对的——但这并不意味着我就是对的。他被安葬在先王冢中，躺在他王冠的废墟之下，而活着的我还在废墟下四处奔走。"——译者注

"哈布斯堡冰冷的太阳熄灭了,但它毕竟曾是太阳。"① 毫无疑问,这是一句充满感伤的箴言。然而人们也应注意到罗特故意错用语法的精妙之处。"这里出现了连词'但'与定语'冰冷的',它们之间有着隐藏的联系。"② 罗特用童话式句子引出的文本意味着一种叙事,意味着对某一事件的描绘,这样的写作方式更有启发意义。实际上,在这篇散文中出现了许多时间提示,如"突然""终于""最后""已经"和"正当此时"。就连对钟声的描写也体现了叙事的张力。然而,文中营造的"突发感"和"落幕感"都是假象。③ 因为正如钟声每天七点和八点都会敲响,叙事者所描绘的也并非某一特定的夏日早晨,相反,他曾在诸多这样的早晨目睹过皇帝的驾辇从出现到消失的全过程:

> 在那些夏日的早晨里,原则上是不会下雨的。随之而来的通常是晴朗的周日。④

关于"美泉宫晨间举行的小型奥地利仪式"⑤的这一类描写表明,此处的叙述人物身上融合了一个叙事者的天真,如"最不可思议的事情发生了"⑥,以及一个居高临下的观察者的冷峻。如果说前者参与到那种"每个人都"⑦恭顺执行的幻想仪式中,那么后者已经洞悉了"皇帝向臣民致意"这一场景

---

① Joseph Roth,„Seine K. und K. Apostolische Majestät", S. 911.
② 参见 Reinhard Baumgart, *Auferstehung und Tod des Joseph Roth*: *Drei Ansichten*, München/Wien: Hanser Verlag, 1991, S. 22.
③ 在罗特的原文中,皇帝的驾辇在钟敲七点时出现("突发感"),在钟敲八点时离去("落幕感")。——译者注
④ 德语原句双关,"Sonntag"(周日)既指皇帝出行的时间,又指当天通常有太阳。Joseph Roth, *RW 2*, S. 911. ——译者注
⑤ 此处上下文为:"[皇帝不习惯大排场,不想在众多仆人的簇拥中出行,所以在马车停下的期间,他身边就只有换上了低调的服装的车夫一人。马车是敞开的,车背后也没有多余的侍从的座位。]这不是哈布斯堡家族西班牙系如正午太阳一般炫目的仪式。这是美泉宫晨间举行的小型奥地利仪式。"此处或有讽刺意味。同上书,第 913 页。——译者注
⑥ 此处上下文为:"[皇帝的车刚停下时,马匹安静站立,连耳朵都不会往后动一下——摇耳朵的动作在车夫看来是不适宜的。车夫也静坐不动。而当皇帝即将下车时,马匹开始甩蹄子刨地,就算是最训练有素的马也将两耳往后折。]最不可思议的事情发生了;车夫自己也噘起了双唇,就像一个吮着糖果的孩子一样。鉴于自己的行为,车夫也不会苛求马儿们像人们一样举止得当了。"同上。——译者注
⑦ 此处上下文为:"他[皇帝]从政务中脱出身来驱车度假。每个鞋匠都可以幻想是自己批准了皇帝的假期。当子民们将身子弯到极致去行礼的时候,他们还被允许去设想'我同意让主人去做一些事'。正因如此,这天早上他们最为恭顺。因为皇帝并未因为一场仪式而显得疏远人民,所以人们各自设想出了一种仪式。每个人都可以将皇帝和自己纳入这个仪式中。"同上。——译者注

背后隐藏的"严厉下达的命令"①,以及"课本中的某张插图"②和世俗的"世界的喧嚣"③之间的差别。这样的矛盾叙事打破了常见的阅读传统:一方面,读者对趣味叙事的期望落空了;另一方面,在发现真相后,读者所期待的作品对现实的批判也没有出现,以至于他无从分辨用天真幻想构建起来的现实和用理性构建起来的现实究竟哪一个占了上风。

莱因哈特·鲍姆加特(Reinhard Baumgart)有过这样精彩的表述:"罗特的悲伤最终也感染了读者。"④鲍姆加特用这句话称赞了罗特作品的感染力,但他似乎又在批评罗特多愁善感。类似地,作者罗特自身的形象同样显示出了一种矛盾性。我指的是作为政治人物的罗特的形象,以及他的作品、私生活和批评家们眼中病态的保皇主义流亡策略三者之间的联系。在德语语言文学界,通过分析罗特的生平来评论其作品的倾向十分明显,而我们之前提到的联系可能正是导致这种倾向的主要原因。⑤ 我们可以从瓦尔特·本雅明《莫斯科日记》里一段

---

① 此处上下文为:"……之前穿着制服的执勤警察突然悄无声息地消失了。老皇帝曾严厉下达命令,不希望看到武装人员在他的身侧和周边戍卫。所以为了不被皇帝认出来,秘密警察将绿色小帽换成了灰色。"Joseph Roth, *RW 2*, S. 912. ——译者注

② 此处上下文为:"[皇帝]车轮上细细的辐条使人联想到发光的指挥棒、一种儿童游戏和课本中的某张插图。"这里应指"天真的叙事者"的联想。同上。——译者注

③ 此处上下文为:"[皇帝的马车离去了,钟楼敲响了八点。人们之前乘电车赴往美泉宫前围观皇帝出行,现在以同样的方式离开。]电车的铃声纷纷响起,世界的喧嚣苏醒了。"同上书,第915页。——译者注

④ Reinhard Baumgart, „Totentanz und Tingeltangel", in: Marcel Reich-Ranicki (Hrsg.), *Romane von gestern-heute gelesen. Bd. 3: 1933-1945*, Frankfurt am Main: S. Fischer Taschenbuch Verlag, 1990, S. 226. 参见 Margarete Willerich-Tocha, „Bezugsfelder der Roth Rezeption", in: Michael Kessler und Fritz Hackert(Hrsg.), *Joseph Roth. Interpretation-Rezeption-Kritik*, Tübingen: Stauffenburg Verlag, 1990, S. 407-416。

⑤ 在这个意义上的类似批评观点参见 Eckhard Heftrich, „Finis Austriae", in: M. Reich-Ranicki (Hrsg.), *Romane von gestern: heute gelesen. Bd. 3: 1933-1945*, Frankfurt am Main: S. Fischer Taschenbuch Press, 1990, S. 188-189。着眼于"罗特研究矛盾趋势总览",汉斯·理查德·布列特马赫(Hans Richard Brittmacher)和维克·阿姆托(Wiebke Amthor)阐明:对罗特作品的学术接受主要受"作为中欧吟游诗人的约瑟夫·罗特"的论点影响。此论点由戴维·布朗森(David Bronsen)在他的罗特传记中提出,由克劳迪欧·马格里斯(Claudio Magris)丰富发展。Hans Richard Brittnacher und Wiebke Amthor, „Wunder der Zeichen: Zur Einführung", in: Hans Richard Brittnacher und Wiebke Amthor (Hrsg.), *Joseph Roth: Zur Modernität des melancholischen Blicks*, Berlin/Boston: De Gruyter Verlag, 2012, S. 5. 下面这本最新的学术著作为上述论点提供了佐证: Daniel Romuald Bitouh, *Ästhetik der Marginalität im Werk von Joseph Roth. Ein postkolonialer Blick auf die Verschränkung von Binnen- und Außenkolonialismus*, Tübingen: Narr Francke Attempto Verlag, 2016。另可参见这部合集中的数篇文章: Johann Georg Lughofer und Mira M. Zalaznik (Hrsg.), *Joseph Roth. Europäisch-jüdischer Schriftsteller und österreichischer Universalist*, Berlin/Boston: De Gruyter Verlag, 2011。

情绪不佳的记述中看出，在1933年之前，罗特就已经因其作风高调，在知识分子圈内明显激起了愤怒和不满。1926年，本雅明由于感情纠葛和经济困窘滞留在莫斯科，当时约瑟夫·罗特受《法兰克福报》委托，也以旅行记者的身份暂驻于此：

> 罗特显然过着铺张的生活，旅馆房间的装饰和酒店一样欧洲化——这一定花了不少钱。他卓越的考察之旅深入西伯利亚、高加索和克里米亚，也一定花了不少钱。他朗读完毕后①，我们开始聊天，我随即劝请他畅谈感想。他的回答可以用一句概括：他来俄罗斯时（几乎）是一个信仰坚定的布尔什维克，离开时却成了保皇党人。……他的脸上刻满了皱纹。他看上去像是在嗅探些什么，这可令人不适。②

七年之后，本雅明和罗特同时流亡到了巴黎。③ 即便身处异国他乡，即便流亡作家之间竞争激烈，罗特仍然维持了自己的形象。克劳斯·曼的自传《转折点》中的一章可以说明这一点：

> 只有哈布斯堡王朝——按照约瑟夫·罗特的观点——才能拯救欧洲，除此之外别无他法。只有当那位受膏的陛下再次坐上维也纳霍夫堡宫的宝座时，反基督教的统治才会结束，一切才会变好。诗人罗特一边阐述如上观点，一边痛饮烈酒，酒量大得惊人。在我的记忆中，我们的朋友罗特用小杯啜饮。大部分酒都带有一种深得不正常的浑浊棕褐色，而且酒劲极大。他在巴黎、维也纳、阿姆斯特丹和其他大城市的咖啡馆里醉眼蒙眬地、但又以一向庄严的姿态接见来访者。只要他一落座，他的桌子就会成为焦点，情况总是这样。……当他一口接一口地用小杯喝着深色酒水，并用一种令人不安的、也许可以被认为是绝望和戏谑的激情来高谈他的帝制思想时，总是被同僚和追随者们环绕。那些罗特用以恢复精神的混合酒水看上去像是药

---

① 这里指罗特于访问苏联期间创作的、于1927年1月18—19日发表在《法兰克福报》上的《学校与青少年》。——译者注
② Walter Benjamin, *Moskauer Tagebuch*, Frankfurt am Main: Suhrkamp Verlag, 1980, S. 43-44. 参见 Hartmut Scheible, „Josephs Roths Reise durch Geschichte und Revolution", in: *Joseph Roth. Interpretation-Rezeption-Kritik*, S. 327-329。
③ 奥地利人罗特在1933年流亡过程中的境遇与德国人不同。本文对此不进行展开。

物,但它们却有着可怕的毒性:诗人罗特在慢慢地自杀,也就是说,他在追随者和同僚中间酗酒至死。①

克劳斯·曼这段不无同情的描述与关于罗特的老生常谈的所有特征相吻合,因此它无疑十分真实。福尔克尔·魏德曼(Volker Weidemann)的《奥斯坦德1936,友情之夏》也是如此。这是一部基于历史的、关于罗特、伊姆加德·科恩和茨威格的虚构作品,于2014年在科隆出版,十分畅销。在瘾君子克劳斯·曼眼中,酒鬼约瑟夫·罗特是一个怪人,他无疑是值得尊敬并且才华横溢的,但是最终却变得癫狂了。无论如何,克劳斯·曼在下断语评论罗特的时候还是十分审慎的。罗特对君主制的热忱令他不安;"也许"罗特所有的行为都被"认为是绝望和戏谑"的……我们同样可以从索玛·摩根斯坦(Soma Morgenstern)②的回忆中看出,人们对罗特充满疑惑,甚至因此不再思考他行为的深意和他的死亡。令人疑惑的是,在罗特的葬礼上同时出现了共产党人和君主制拥护者;更令人疑惑的是,天主教会和犹太教会为葬礼的主办权争论不休——我们的朋友海涅的情况也是如此。犹太人罗特是天主教徒,人们应该用天主教还是犹太教的祷告送他最后一程呢?谁要是像罗特一样在身份上有如此多的疑团,那么即便是最亲密的朋友也会不知其然。此外,我再次援引了摩根斯坦的回忆来证明罗特身处热情的朋友之间。为了防止他的朋友被天主教会利用,摩根斯坦有意记录下了罗特死于酗酒前的几天时光:

> 他还没有到45岁。他只是太多次提到自己不需要医生,而需要一个神父。

摩根斯坦又写道:

> 但是,他只会对身边阿谀奉承的女人们和其他的听众那样说。这番话

---

① Klaus Mann, *Der Wendepunkt. Ein Lebensbericht*, Reinbek: Hamburg Rowohlt Verlag, 1993, S. 310-311.
② Soma Morgenstern, *Joseph Roths Flucht und Ende: Erinnerungen*, Lüneburg: zu Klampen Verlag, 1994.

令他们大为触动。①

当人们读到在巴黎图尔农大街的咖啡厅里,罗特是如何令他的传奇般的小圈子时而兴味盎然,时而群情激奋的时候,会联想到 E. T. A. 霍夫曼在路德酒馆中的纵情欢乐,以至于人们实际上并不清楚罗特的酒后之言是否只为图一时之快。② 众所周知,通过他自己编造的诸多身份和他自证为基于真实经历的虚构故事,罗特把他的朋友们连同不熟悉他的人们都给弄糊涂了。③ 尽管如此,有一些事情仍是毋庸置疑的:1938 年 2 月,罗特动身前往维也纳,意在阻止德奥合并,并通过政变将奥托·冯·哈布斯堡(Otto von Habsburg)推上帝位。④ 当然,他的旅程以失败告终。当时的奥地利总理库尔特·许士尼格(Kurt Schuschnigg)并不想将总理一职让给这个哈布斯堡家族的人——他也许根本没有兴趣和罗特一谈。1938 年 3 月 11 日,许士尼格颁布命令,要求奥地利民众不要抵抗德国军队进驻。随即,他被迫辞职,把权力移交给纳粹主义的阿图尔·赛斯-英夸特(Arthur Seyß-Inquart)政府。3 月 12 日,德国军队已经开入了维也纳城。3 月 13 日,德奥合并。3 月 14 日,维也纳已经在为元首希特勒欢呼了。而在四天前,罗特就离开了这座城市。罗特的悲伤和愤恨反映在他的评论性新闻作品里。在他为奥地利而作的悼词《安魂曲》中,罗特这样写道:

> 一个世界故去了,而那个存活下来的世界甚至连一场体面的丧事都不让办。没有任何一场为奥地利而做的弥撒或者犹太祝祷得到了批准。⑤

---

① Soma Morgenstern, *Joseph Roths Flucht und Ende: Erinnerungen*, S. 276. 这段表述另外在伊姆加德·科恩对罗特的回忆中得到了证实。科恩曾在流亡中与罗特有过短暂交集。关于罗特的天主教信仰也可以参见戴维·布朗森的罗特传记。David Bronsen, *Joseph Roth. Eine Biographie*, Köln: Kiepenheuer & Witsch Verlag, 1993, S. 270.

② 参见 Reinhard Baumgart, *Auferstehung und Tod des Joseph Roth*, S. 72-74.

③ 参见罗特的朋友赫尔曼·凯斯滕最早于 1956 年出版的回忆。Hermann Kesten, „Joseph Roth", in: Hans Mayer(Hrsg.), *Deutsche Literaturkritik. Bd. 4. Vom Dritten Reich bis zur Gegenwart*, Frankfurt am Main: Fischer Taschenbuch Verlag, 1978, S. 420-445. 另参见 Dagmar Barnouw, „Die richtige Wahrheit", in: *Joseph Roth. Interpretation-Rezeption-Kritik*. S. 19-28. (另可参见刘炜,"总序",〔奥地利〕约瑟夫·罗特:《罗特小说集 1:百日》,吴慎译,漓江出版社,2018 年,第 12 页:"其实,神话与现实在罗特的生活中从来都纠缠不清。就连自己的身世,罗特在不同时期对不同的人也有不同的讲述。有时他说自己是波兰贵族与犹太人的私生子,有时又称自己一战时曾经当过俄国人的俘虏。"——译者注)

④ 参见 Klaus Westermann, *Joseph Roth, Journalist. Eine Karriere 1915-1939*, Bonn: Bouvier Verlag, 1987, S. 201.

⑤ Joseph Roth, *RW 3*, S. 795. (《安魂曲》写于 1938 年 3 月 19 日。——译者注)

他接着写道：

> 在这片和煦的天空下，在穹顶下和云层间，贝多芬、莫扎特和布鲁克纳的旋律犹在耳畔。但是从现在开始，天空下呼啸着德意志的钢铁之鸟，这些普鲁士猎鹰。在位于嘉布遣会教堂的先王冢上空，黑—白—红三色的凤敌正在飘扬。①

八天之后，罗特——通过自由虚构——化身为一名前奥匈帝国少尉，他曾因在第一次世界大战中勇敢作战而受到表彰。他给希特勒的总督赛斯-英夸特写了一封公开信，拒绝服从为傀儡政府和德国打仗的命令。这名所谓的预备役少尉②声称要和他的老战友们一起转而为法国而战，这令人哭笑不得。③ 实际上，罗特因为酗酒而双腿浮肿，甚至连作短程的漫步都十分吃力，他怎么可能上得了战场呢？我们不必为此困惑，而应该将目光投向罗特在他生命的最后几个月里写下的新闻作品。《关于老皇帝的谈话》④很好地展现出了罗特的渴望。在这篇文章中，弗朗茨·约瑟夫一世被描绘成了一个在面对资本主义现代世界时犹豫不决的人。民族主义和自由主义是资本主义现代世界的政治体现，它们摧毁了这名哈布斯堡皇帝所遵循的礼法。留给弗朗茨·约瑟夫的选择只剩下退让、隔绝和刻意疏远——他同样与教权主义和无政府主义保持距离。在罗特看来，在这个由八部分组成的广袤帝国中，皇帝具有象征意义的权力并不在维也纳，而在多语言的边疆地区，即的里雅斯特、萨拉热窝、莫斯塔尔、布达佩斯、布拉格、克拉科夫、切尔诺夫策。因为：

> 皇帝和一个卖烤栗子的波斯尼亚人或者和一个加利西亚的塔木德犹太人之间的距离，要比他和维也纳大学一名苏台德德国的历史学家的距

---

① Joseph Roth，*RW 3*，S. 795.
② 参见 David Bronsen，*Joseph Roth. Eine Biographie*，S. 95-96.
③ 坎普在这里引用的是罗特创作于 1938 年 3 月 26 日的《给一位总督的信》(Joseph Roth，*RW 3*，S. 803)。这篇书信体作品以"约瑟夫·罗特，前奥匈帝国少尉"署名，然而罗特本人只作为一年期志愿兵参加了第一次世界大战，并未成为少尉。按照布朗森的观点，这里也体现了罗特对自己生平的虚构加工。——译者注
④ Joseph Roth，*RW 3*，S. 938-945.

离更近。①

第一次世界大战爆发时,弗朗茨·约瑟夫曾经说过:"我本不想这样!"②罗特引用了皇帝的这句话。"这次战争听上去像是降临在老皇帝头上的一场灾难。弗朗茨·约瑟夫预先性地发动战争,是为了打压如火如荼的塞尔维亚民族主义运动,这与罗特笔下的皇帝形象不相符合。"③就算真如之前的某条历史评论所言,"没有任何一个参战国希望大战爆发",那也不过是说明了"政治精英们显然无能,因为他们无法通过调整政策来避免军事冲突的升级"④。换句话说:对于罗特而言,第一次世界大战的爆发犹如一场自然灾害,它至少也是由一种高度僵化的政治思想导致的。而罗特恰恰被这种僵化的观念所吸引,并将它投射在了老皇帝的人物形象上。在罗特笔下,受到个人悲剧打击的皇帝察觉了时代的变化,可他装作仿佛什么都没有改变的样子。为此,他必须远离那些呈现出变革的地方,如同逃避首府慕尼黑的巴伐利亚国王路德维希二世。在罗特笔下,皇帝看上去还有短暂失神的迹象,这样的状态已经离精神错乱不远。罗特崇敬地写道:"到了生命的最后,皇帝成了他的军队中唯一将规章奉为神圣的军官。"⑤在罗特笔下,皇帝知道人们在嘲笑他滑稽古怪的行为,和每个"有着军人气质"的人一样,他热爱军演和检阅,却反对战争。罗特带着赞美之情记录下了弗朗茨·约瑟夫对威廉普鲁士传统的反感态度:

> 他如此憎恨这名霍亨索伦家族之人的粗俗的自大,以至于他甚至拒绝

---

① Joseph Roth, *RW 3*, S. 940.[《关于老皇帝的谈话》写于1939年8月。1938年,罗特已完成了小说《先王冢》的创作。这里"卖烤栗子的人"和"塔木德犹太人"应分别代指《先王冢》中的人物约瑟夫·布兰科和马内斯·赖西格。奥匈帝国的诸多传统和特征都可以体现在这两个身处边疆的底层人物身上。在《关于老皇帝的谈话》中,罗特针对"苏台德德国的历史学家"有如下表述:"那些来自德意志帝国的头发金黄、戴着眼镜的教授可以说是怀着诸多使命涌入了奥地利的大学。他们的任务是直言告知讲德语的奥地利人:我们的斯拉夫兄弟其实是多么卑贱。在我们的苏台德德国教授暗自酝酿针对捷克人的民族傲慢之前,奥地利的大学就已经日耳曼化了。"(同上书,第942页)——译者注]
② Ebd.
③ 参见 Theodor Schieder, „Europa im Zeitalter der Nationalstaaten", in: Theodor Schieder (Hrsg.), *Handbuch der europäischen Geschichte Bd. 6*, Stuttgart: Union Verlag, 1968, S.156。
④ 参见 Christopher Clark, *Die Schlafwandler. Wie Europa in den Ersten Weltkrieg zog*, München: Deutsche Verlags-Anstalt, 2013; Herfried Münkler, *Der große Krieg. Die Welt 1914-1918*, Berlin: Rowohlt Verlag, 2013。
⑤ Joseph Roth, *RW 3*, S.941.

浏览德国剪报。这是他的错误之一。①

"这是他的错误之一"是罗特典型的结束语,它更多地表达出了罗特的同情而非批评。弗朗茨·约瑟夫无视德国报纸,并且只是用一种挑衅的冷漠和文雅的迟钝,来回应维也纳政界和知识界对德国精神的过分吹捧。虽然他的这些行为显得轻率且不理智,但恰恰也是他的消极被动使罗特在作品中对他赞美有加。克劳斯·曼于1937年发表了一部关于路德维希二世的中篇小说,这位离经叛道的巴伐利亚国王身上散发出相似的魅力。② 亨利希·曼的《亨利四世》也是如此。③ 他于1948年以不可遏止的激情写下的随笔《普鲁士国王》,有异曲同工之效:

他破碎的王国——消逝了。留下来的——是普鲁士的国王。④

我单独拿出这个例子,就是为了清楚地证明约瑟夫·罗特对伟大君主形象的偏爱并不是个例。显而易见的是,向往伟大君主的人自己并不一定要是君主制的拥护者。我们有充分的理由认为:在处理罗特笔下的奥地利时,至少也要将它与一种美学设计联系起来。虽然这种美学设计看上去与复古反动的观点类似,但它仍旧可以被划入现代派的范畴。结合我们工作坊的"帝国"主题,在此必须指出:与诺瓦利斯对贤明宗教首脑的呼唤类似,罗特对美好帝国的认同是与君主的完美品德相吻合的。进一步说,帝国、皇帝和超民族的奥地利人在作品和现实中都是不可分割的。

罗特于1935年发表的中篇小说《皇帝的胸像》⑤可以很好地将我们引入他的"皇帝"主题中。在书中,罗特首先设置了一个全知的叙事者,他有力地支配了

---

① Joseph Roth, *RW 3*, S. 943. (联系前文,"这名霍亨索伦家族之人"指威廉二世。——译者注)

② 参见 Klaus Mann, *Speed. Die Erzählungen aus dem Exil*, Reinbek: Rowohlt Taschenbuch Verlag, 1990, S. 45-98. (此处提到的中篇小说为《栅栏窗》。——译者注)

③ 《亨利四世》于1938年出版的第二卷以人们对逝去的国王的呼唤和国王乘云而降的场景结束。这位和蔼可亲的国王说道:"我等得太久了,革命来得总不是时候。……我犹豫过,这既是因为人性的弱点,也是因为我从很高的地方俯视你们,人们,我的朋友们。" Heinrich Mann, *Die Vollendung des Königs Henri Quatre*, Frankfurt am Main: Fischer Taschenbuch Verlag, 1991, S. 944.

④ Heinrich Mann, *Die traurige Geschichte von Friedrich dem Großen*, Hamburg: Claassen Verlag, 1986, S. 159.

⑤ Joseph Roth, *RW 5*, S. 655-676.

小说第一部分的叙事。这名叙事者表达的东西也常见于罗特的新闻作品中：民族问题的提出被刻画成了末日的开端和法西斯兽行的雏形。与之相对应的则是多民族的奥匈帝国，它为和平的沟通谅解提供了庇荫。它不是熔炉，反而保证了宗教和文化的多样性。① 奥匈帝国的原则在小说人物——好人莫施丁伯爵的身上得到了体现，这样的人物形象多次出现在罗特的叙事世界里。与罗特强调的哈布斯堡家族的西班牙血统类似，莫施丁伯爵定居在波兰，却出身于一个古老的意大利家族，这一点显得别有深意。小说的叙事者是这样评价莫施丁伯爵的：

> 与许多身居奥匈帝国故地的同等身份的人一样，他简直是最高贵、最纯粹的奥地利人之一，即：一个超民族的人，一个真正的贵族。……他几乎将所有的欧洲语言说得一样好，他几乎在所有的欧洲国家里都像本国人一样，他的朋友们遍布在这个广阔而多彩的世界里。奥匈帝国是这个多彩世界的一小幅缩影，因此帝国是伯爵唯一的故乡。②

如果说罗特对这个好贵族的角色钟爱有加，以上述方式使他免受民族狭隘的伤害，那么还有一点同样体现了他对自己笔下的角色和传说的喜爱。根据小说叙事者的设想，很久之前，乐于助人和担当责任就已经成为了这个高贵家族的心愿。几个世纪以来，对弱者的救济关怀已然冻结和凝固③成了一种义务观念。在这种义务观念之下，家族的这名后代通过善行使人们承认他的权力和身份。我选出这个"凝固"的比喻，并不是全无背景的。伯爵无法通过改变自身的处事方式来适应外部环境的变化，这一点和罗特笔下的皇帝形象一样。第一次世界大战的失败对莫施丁而言宛若当头一棒，使他从一个文质彬彬的伯爵变成了怪人。虽然他仍旧受到底层民众的尊敬，但是在新的统治阶层的眼中，他就是一名

---

① 宗教性和多文化帝制的关联问题可以参见 Dieter Kessler, „Überdauern im ewigen Untergang. Die gottgegebene Auflösung der Habsburgermonarchie in Joseph Roths Utopie ,Radetzkymarsch'", *Zeitschrift für Germanistik*, volume 5, no. 3（1995）, S. 636-646; Wolfgang Martens, „Die Habsburgische Monarchie als sakrale Instanz bei Joseph Roth", *Sprachkunst*, half-volume 1, no. 22 (1991), S. 231-242。
② Joseph Roth, *RW 5*, S. 655-656.
③ Ebd., S. 658.

疯子,一个充满了讽刺意味的堂吉诃德。① 在罗特的许多主人公那里,旧环境的遗落很少以闹剧和解脱式的滑稽收场,这一点同样体现在《皇帝的胸像》中:虽然莫施丁的怪诞在罗特笔下表露无遗,但叙事者对他的叙述对象并没有丝毫嘲笑。作为小说中心人物的伯爵为人正直,相信人性本善。叙事者事先发掘出了他的这些品质,所以过于紧密、过于同情地站在了莫施丁伯爵这边。在大多数情况下,罗特笔下的那些与社会脱节的主人公们最终并不会沦落到像莫施丁这样不知如何自处的地步。他们还有处可去,比如俄国移民们的蓝色海岸。② 只不过,他们得先排队等候。

在这里,我必须引入这个话题:除了奥地利之外,罗特也将故乡与民族主义——即对民族国家的发现——对立起来。"故乡"这个词③以它忧郁的失落感贯穿了罗特的散文和小说创作。对于罗特而言,这个故乡究竟是什么呢?当人们知道自己要做什么的时候,就身在故乡了。故乡随着时间的推移同步变化。因此,地理分隔并不会使人产生无家可归的感觉,更不可能使人确信他已失去了故乡。在罗特这里,情况几乎相反:所有战后回家的主人公都感到自己失去了故乡。像《无尽的逃亡》和之后的《先王冢》中描述的那样,不少被俘虏到西伯利亚的主人公在战俘营中产生了思乡之情,而地理上的故乡对他们而言只是过去的一种呈现。罗特有时似乎又克服了这种思乡情结,比如他在午夜后巴黎小酒馆的场景中营造出一种"归家感"——当然,这种"归家感"首先意味着包容,它并不像绅士聚会一样狭隘和孤高。④

---

① 奥匈帝国灭亡后,伯爵仍将弗朗兹·约瑟夫的胸像安放在自己城堡的入口处,他对胸像行礼如旧,整天穿着奥匈帝国的骑兵军官制服。这样的行为被波兰共和国的地方官员理解为对新政权的讽刺。——译者注

② 1917年十月革命后,许多俄国贵族流亡至南法地区。——译者注

③ 作为神话的家乡的构建过程可参见 Stefan Kaszyński, „Die Mythisierung der Wirklichkeit im Erzählwerk von Joseph Roth", *Literatur und Kritik*, no. 25 (1990), S. 137-143.

④ Joseph Roth, „Im Bistro nach Mitternacht", in: *RW 3*, S. 823-827. (这篇作品的大致内容为:"我"回忆一群小酒馆的新客人在某天夜里的聚会谈话。文中有这样一段描写:"我们这些本地人用不信任的眼光打量着他们[新酒客]。多年以来,我们每天夜里都会聚集在这个吧台前。我们仿佛是在经年的旅途中身处同一节火车车厢的亲密旅伴,突然,素不相识的旅客们上车了。尽管如此,他们仍然成功博得了我们的好感。……我们突然意识到,这个来自陌生城区的闯入者只不过是来买烟而已。其实,就算他住在我们这片区域,或许也是合适的。没有什么能比这样的发现更鼓舞人了。"——译者注)

罗特于1932年出版的巨著《拉德茨基进行曲》①描述了特罗塔家族的男性成员在三代间逐步没落的过程，这种没落与奥匈帝国的解体交织在一起。小说中有这样一个关键的场景：驻扎在边疆的第三代的小特罗塔少尉对服役产生了质疑——一如他救过皇帝性命的祖父。在驻地里，小特罗塔流连于军官的娱乐场所。作为军人，他也曾被卷入女人、赌博游戏和债务的丑闻中。尽管如此，小特罗塔生活的环境却逐渐与外界隔绝开来，并保持了高度的惯性。皇帝的画像随处可见，他和僵化的传统一起构成了小特罗塔作为军官的存在意义，这一点与贵族莫施丁的情况类似。接着，形势突变，僵化的传统被打破，小特罗塔的行为也丧失了意义：少尉率领着士兵镇压罢工的工人，血腥的屠杀一触即发。充满恨意的工人们在抗议的阵列中沉默着。② 被小特罗塔召集起来的士兵们同样沉默着。这时，大自然的声音响起——鸟鸣、蛐蛐声和蚊子的嗡嗡声。世界是如此寂静，少尉甚至能听见"他的士兵们死亡一般的沉默"③。但这里并不是一处社会主义成长小说式的转折点。在随后与工人的对峙中，少尉没有离开队伍前列，他下令士兵开枪，自己也被工人砸伤。直到小特罗塔听见同伴们不敬地谈论王储裴迪南遇刺的消息时——对在场的匈牙利军官来说，这是一个好消息——才离开了军队。年轻的小特罗塔坚信随后爆发的战争是没有意义的：帝国已经衰亡了。然而令他高兴的是，他在辞掉军职几周之后又被召回了部队。罗特用他典型的叙事口吻描写了小特罗塔穿上制服的场景：

> 特罗塔又穿回了他的军装，又回到了他的故乡。④

不久之后，小特罗塔牺牲在带队找水的路上……弥留之际的父亲仍在等待

---

① Joseph Roth，*RW 3*，S. 137-455.
② 小说中"工人沉默"的场景发生在小特罗塔召集部队之前。相关情节的顺序为：小特罗塔少尉接到了镇压罢工工人的命令，在召集部队之前，他穿着军装走进了一家酒馆，不料众多酒客正好是即将上街游行的工人。工人们看到他后，用沉默表达他们的恨意。小特罗塔"从死一般的寂静中逃出了酒馆"。(Joseph Roth，*RW 5*，S. 334.)他回营后集结了部队，他的士兵们同样沉默着。——译者注
③ Joseph Roth，*RW 5*，S. 335.
④ Ebd.，S. 440.

着他，直到皇帝也驾崩了。奥匈帝国成为了过去①。②

但这真的只与奥地利有关吗？对于这一问题，罗特的另外一篇新闻作品值得参考：

> 无论老少，每个人血液里都带着五个种族的特征。每个个体都是一个由五大洲联结而成的世界。每个人都理解他人，这个共同体是自由的，它不会强迫任何人按照某种特定的方式来行为处事。最高级的同化就是：如果一个人想融入当地，那么他必须保留自身原有的陌生性。③

这番话并没有怎么涉及奥匈帝国，罗特在这里更多地指向了南法城市阿维尼翁。上述引文来自 1925 年发表的文章《阿维尼翁》，它是罗特关于法国之行的文集《白色诸城》的一部分。"如果一个人想融入当地，那么他必须保留自身原有的陌生性。"——阿维尼翁的包容性十分吸引人，罗特对这种包容性的评价明显带有赞美性质。我们需要认识到，对罗特而言，阿维尼翁的文化多元性同样是有其上限的。在罗特的阐述中，天主教就是这个上限——因为阿维尼翁是教皇之城。罗特这样写道，同时也致敬了诺瓦利斯：

---

① 坎普在此处使用了法语词"passé"（过去的）。——译者注
② 另外，"死亡作为解脱"的母题，并不是直到罗特 20 世纪 30 年代心灰意冷的时候才反映在他作品的主人公身上的。在罗特所谓的新写实主义小说《无尽的逃亡》(1927) 中，孤独的主人公佟达也将死亡幻想成了回家。佟达是原奥匈帝国的中尉，他在弗朗茨皇帝逝世的那一年被俄军俘虏。之后，他逃到波兰的泰加林中，并和一名俄国女革命者坠入爱河。为了寻找未婚妻依蕾妮，他随后回到了奥地利。然后，出于浪漫的渴望，佟达循着失踪的未婚妻的足迹从维也纳一路向西，寻到巴黎。最终，佟达看见了身处巴黎上流社会的依蕾妮，她既美丽又富裕。当时，依蕾妮并没有认出他。因此，佟达一路上都没有寻到结果，而且失去了目标。在找到依蕾妮之前，佟达的钱就用完了，因此他必须确保自己能够获得一名资助人的救济。在他成功登门拜访了资助人之后，小说中出现了这样的句子："佟达穿过一条条生机勃勃的街道，心中空落落的。这种失落就像一个被释放的囚犯在踏出自由的第一步时所感受到的那样。他知道，就算主席给他提供了获得饮食和购买套装的机会，他也是无法帮助自己的。被从监狱中释放的囚犯得到的自由是很少的。被孤儿院收容的没有父母的孩子得到的幸福是很少的。在这个世界上，他找不到家的感觉。他的家哪里？在集体公墓中。"作为主体的叙事者在这里并不明确，这是罗特典型的叙事方法。我们或许可以从引文中读出佟达的朋友罗特的评论。这里的罗特是小说的叙事者，同时也是小说中的人物。在接下来的一段中，佟达突然在一名无名战士的墓前停住了脚步。直到这里，小说才清楚地表明出佟达将公墓幻象成了自己的家乡。小说描写道："佟达有时候会有这样的感受，仿佛躺在那下面的是他自己，仿佛躺在那下面的是我们所有人。我们离开家乡，倒在战场上、被埋葬，或者又回来了，但不是回家——因为对我们来说，被埋葬或是健康地生活已经没什么两样了。我们在这个世界里就如同陌生人一样，我们来自黄泉。"我们在这里再次看到了陌生感的普遍性，这种陌生感的主体是黄泉的成员，是活着的死人。罗特使用了"我们"来代指所有不能回家的人，而不是将叙事者和被叙述的人物分开。至少在这种特征之下，这两者之间的所有差别都被消除了。"我们"指的是失去了祖国的人们，只有跨民族的奥匈帝国才是"我们"的家乡。
③ Joseph Roth, *RW 2*, S. 481.

> 它是一座天主教城市。正如同这种宗教环抱着所有民族,正如同这种宗教是世界主义的一样,阿维尼翁成为了天主教会的堡垒。阿维尼翁是世界主义的,它实现了所有传统和风格的有机融合。①

上述言论并不涉及时政。在一定程度上,引文更多关注的是一个具有王朝性特征的主体——中世纪的教皇们,他们在阿维尼翁经历了有史以来最有趣的流亡。② 罗特的思绪停留在此,直到他的目光被一个普罗旺斯警察所吸引。他从这名警察的脸上看出了地球上所有种族的特征。

事实上,白色诸城的天堂与奥匈帝国之间的本质区别在于:白色诸城更明显是罗特想象的产物,这种想象将一段已经被神话化了的、从古希腊到马赛曲的历史和罗特的所见融为一体。与之相反,奥匈帝国是第一次世界大战前直接存在的事物。过去它还在那里,现在它确实消亡③了。另一方面,在这种区别的背后也隐藏着一种共性。奥匈帝国是罗特的童年,而这些白色的城市也是罗特童年的一部分。在《白色诸城》的导言中有着这样的描述:

> 我重新找到了这些白色的城市,就好像我之前梦见过它们一样。一个人只要找到童年时的梦,他就再次变成了孩子。④

这句话让人另外想起了恩斯特·布洛赫(Ernst Bloch)的故乡概念:"只在童年时代出现且尚无人到达的地方:故乡。"⑤ 这句话是布洛赫的反忧郁之作《希望

---

① Joseph Roth, *RW 2*, S. 474. [罗特在前文中解释了"堡垒"(Festung)一词:"我们总将'堡垒'的概念和这样一幅图画联系起来:在一座长满苔藓的、陡峭的灰色城墙后面,耸立着一座气势逼人的、锯齿形的城堡。看吧:这里是一处友善的、近乎邀请的堡垒。如果能包围它,那一定会是一种享受。出于对它的赞美,人们会忘记去攻打它。如果人们想要占领阿维尼翁,就必须去追求它。这里没有流血,这里没有残忍的死亡。"(同上书,第473页)——译者注]
② 罗特在文中引用了法国作家阿尔封斯·都德(Alphonse Daudet)的故事《教皇的驴子》。故事中的教皇在阿维尼翁民众中极受拥戴,他饮酒跳舞,与民同乐。罗特写道:"……因为教皇们得到了休假。[都德的]故事将他们在阿维尼翁的停留描绘得十分具有节日气息;教皇的巴比伦之囚——但这却是有史以来最有趣的流亡了。"(同上书,第475页)——译者注
③ 坎普在此处使用了法语词"perdu"(消亡的)。——译者注
④ Joseph Roth, *RW 2*, S. 454.
⑤ Ernst Bloch, *Das Prinzip Hoffnung. 3 Bde.*, Frankfurt am Main: Suhrkamp Verlag, 1978, S. 1628.

的原理》第三卷的结尾。①

此处,一向抵制文化工业风气的文学批评家罗特一反常态,把作家的私人生活当成了文本。② 如果罗特虚构这些故事是为了反映自我的话,这也可以被视为他的美学观念。在这种观念之下,传记和小说相互交织。自我描写是罗特作品显示出的总体特征。借用他的一条文学理论格言:只有当对现实的描写无损于真相的构建时,才可以有这么多真实的、也就是记录性的自我描写。③

"虚构"也是"观察",是更高级的"发现"。④

上面这句话是罗特于1929年为反对纪实主义而写的。他的结论并非通过诗学分析而得出。但这句话还是让罗特的读者感到难以理解。此外,罗特于1927年在《无尽的逃亡》的前言中写道:

> 我没有虚构什么,也没有编造什么。这里与"创作"无关。最重要的是观察到的事物。⑤

这几句话听起来似乎与他稍晚的一些论述相矛盾。无论如何,我们都没有理由认为《无尽的逃亡》不是编造的,反而应该在读到署名"约瑟夫·罗特"的前言时就开始意识到小说的虚构性。

在1930年的论战文章《停止"新写实主义"!》中,罗特再次提出了"叙事者是观察者"的观点。他有些隐秘地写道:

> 他[叙事者]的作品从未脱离于现实,而是通过语言手段,由现实转化成了真实。⑥

---

① 参见 Joseph Roth, „Heute kam ein Brief...", in: *RW 4*, S. 1037. 布罗德(罗特的出生地,位于原奥匈帝国东加利西亚的伦贝格,今属乌克兰利沃夫——译者注)现今的状况可以参见 Ronald Bos, „Erdbeeren pflücken in Body", in: *Joseph Roth. Interpretation-Rezeption-Kritik*, S. 47-63. 鉴于罗特的情况,布洛赫关于故乡的观点不能被解读为"对自己童年的幸福回忆"。在罗特的童年回忆中,精妙的虚构占据了主导地位。戴维·布朗森在他的罗特传记中收集了诸多传说,这些主要是罗特对从未谋面的父亲以及对布罗德的叙述。罗特在这里编织起来的东西与其说是回忆,不如说是虚构。罗特曾多次描绘布罗德在战争中被夷为平地的景象,这同样更像是虚构。

② Joseph Roth, „Die Autoren sind mir persönlich bekannt", in: *RW 2*, S. 765-767.; Joseph Roth, „Das Privatleben", in: *RW 3*, S. 141-143.

③ Joseph Roth, „Kein rasender Reporter", in: *RW 3*, S. 675.

④ Joseph Roth, „Es lebe der Dichter!", in: *RW 3*, S. 46.

⑤ Joseph Roth, *RW 4*, S. 391.

⑥ Joseph Roth, „Schluß mit der ‚Neuen Sachlichkeit'!", in: *RW 3*, S. 157.

当罗特提到"通过语言转化现实"的时候,这句话就呈现出了唯美主义的倾向。在英格博格·巴赫曼(Ingeborg Bachmann)的作品《通向湖的三条道路》中,1972年又出现了一个名叫特罗塔的人。① 他是罗特《先王冢》中的那个特罗塔被送往巴黎的儿子。在德奥合并时,他的父亲于先王冢前潦倒失意。

"我早已发现了复杂之处,但是我之前头脑过于简单,以至于无法应付它。"巴赫曼笔下的特罗塔如是说。这也许很符合罗特散文的整体特征。罗特笔下的叙事者和主人公们的处世方式确实显得头脑简单甚至天真。也就是说,他们以孩童的眼光观察四周。他们虚构出了美丽的童年,并将其凝结为思乡之情。这种虚构的童年成为他们的负担,使得他们——和他们的老皇帝一样——变得迟钝。尽管罗特的许多主人公都在不断地努力,但这种努力最后总是以放弃告终。他们是忧郁的人,他们笨拙缓慢地拖拽着自己所思念的事物。②

1922年,齐格弗里德·克拉考尔(Siegfried Kracauer)写了一篇题为《等待者们》的随笔。这个标题描述了一代知识分子,他们虽然丧失了信仰能力,却仍旧渴求信仰。这些有着共同命运的人们零落四散,关于他们,与罗特同为报纸专栏撰稿人的克拉考尔这样写道:

> 他们有意或无意地追求重建已经化为废墟的世界,并给它赋予了一种臆想中的重大意义。他们希望摆脱糟糕的个体性,唤醒一种他们能置身其中的更高级的秩序。③

这样的句子对于罗特来说似乎过于矫揉造作、过于德国式了。然而,这段话表现出了人们对秩序和故乡的渴望。在故乡中,人们知道自己要去做什么。罗特自己和他笔下的人物也怀有这种渴望,而克拉考尔则从中看到了种种不断变大的诱惑:一种上升为嘲弄挖苦的怀疑主义或者它的对立面——迷醉地逃入原教旨主义。克拉考尔主张以一种等待的伦理对抗这两种诱惑。他将这种伦理描

---

① Ingeborg Bachmann, „Drei Wege zum See", in: *Werke Bd. 2*, Christine Koschel (Hrsg.), München/Zürich: Piper Taschenbuch Verlag, 1993, S. 394-486. 参见 Almut Dippel, *Österreich, das ist etwas, das immer weitergeht für mich: zur Fortschreibung der „Trotta"-Romane Joseph Roths in Ingeborg Bachmanns „Simultan"*, St. Ingbert: Röhrig Universitätsverlag, 1995。(巴赫曼小说中的特罗塔的身份可参见下页注③。——译者注)

② 参见 Thomas Düllo, *Zufall und Melancholie: Untersuchungen zur Kontingenzsemantik in Texten von Joseph Roth* (Diss. Münster), Münster u. a.: LIT Press, 1995.

③ Siegfried Kracauer, „Die Wartenden", in: *Das Ornament der Masse. Essays*, Siegfried Kracauer (Hrsg.), Frankfurt am Main: Suhrkamp Taschenbuch Verlag, 1977, S. 109. 参见 Michael Rutschky, *Wartezeit*, Köln: Kiepenheuer & Witsch Verlag, 1983。

述成一种"犹豫的开放"的态度。

> 为了不使自己因为宗教需求而受到欺骗,这些等待者们会尽可能地将自己的处境变得艰难。他们宁愿失去灵魂的拯救,也不愿屈服于当下的迷醉或者陷入狂热和幻想的冒险中。①

从这个意义上来说,罗特的主人公们自己选择了艰难的道路。他们的天真是保护他们不受各种时代风潮欺骗的盔甲。显而易见的是,恰恰是这股孩子气使他们看上去如此老态沧桑。当同时代的其他人野心勃勃地投身于商业、政治和艺术的时候,活成了老人的佟达们和特罗塔们却掉了队,他们再也不能理解任何事物。② 正如被巴赫曼化用过的小说《先王冢》在结尾所描述的那样,这些人用摇头,通常也用带有偏见的克制来回应同时代之人的狂热。③

---

① Siegfried Kracauer, *Das Ornament der Masse. Essays*, S. 117.
② 参见 Joseph Roth, *RW 6*, S. 342。
③ 《先王冢》讲述了《拉德茨基进行曲》中的特罗塔家族另外两支的成员的故事。主人公弗朗茨·裴迪南·特罗塔在第一次世界大战中参军被俘,随后回到奥地利。——译者注)特罗塔在妻子离开、母亲去世之后,将儿子送往巴黎的朋友处寄养。在一天晚上——此处的时间应为1938年3月11日——他坐在林德哈默咖啡馆中。周围的朋友们激动地谈论着自己事情,而特罗塔什么也没有听进去。他已经有几周没有阅读报纸了。他不能、也不想听懂谈话的内容。特罗塔觉得自己与世隔绝,觉得自己被剥夺了所有的私人兴趣,剩下来的只有那些与他的关系不大的、也在一生中一直避免的东西。突然,人们骚动起来。疲惫的特罗塔看到一个衣着奇特的年轻人(纳粹分子——译者注)闯入了咖啡馆。自从特罗塔从战场回到维也纳,他就丧失了辨别衣饰的兴趣。因此,他以为这个引人注目的人刚从厕所出来,并会对大家宣布"所有的位置都被占用了"。结果那名男子宣布的却是:"政府垮台了,一个新的德意志人民政府成立了!"特罗塔的父亲之前一直希望通过改革来拯救哈布斯堡王朝,但是拒绝新事物的特罗塔是如此背离父亲的期望,以至于他连纳粹制服都没有认出来。特罗塔听着纳粹的宣言,当他发觉朋友们都仓促离去的时候,显得像孩子一样惊慌失措。连侍者都离开了,咖啡馆的犹太老板阿道夫·费尔德曼走到特罗塔桌前与他永别,并留给他两根蜡烛、一瓶酒和一个以防万一的铅"卐"字。特罗塔呆坐在黑暗中,四周空无一人,只有一条惹人厌的、名为弗朗茨的看门狗跑过来向他示好。特罗塔不喜欢狗,也不喜欢爱狗的人。特罗塔想摆脱狗对他的亲昵,但是它一直尾随。特罗塔带着老狗穿过维也纳空荡荡的街道。"它已经决定跟着我了。去哪儿呢?——我和它一样不清楚。"在这里,小说结尾中电影般的场景被"我"插入的反思打破了,这种反思的整体性和其他的所有东西重叠在一起。特罗塔带着狗离开咖啡馆时已经是破晓了,这一点读者可以接受。但是小说中是这样描写的:"在完全陌生的十字形记号上方,天色破晓。微风拂过,晃动着年迈的路灯。在今夜,它们还没有熄灭。""十字形记号"自然指的是"卐"。这里的路灯代表着特罗塔的弟兄们——无用的路灯。在小说结尾的前几页中出现过这句话:"是的,它们总是很累,这些年迈的路灯。它们想要拥有清晨,盼望可以安然入睡。"当读者看到"年迈的路灯"这样引人注意的表述时,必须联想起前面这句话才能解读它。罗特的作品给读者带来了诸多疑惑,在这里,我们已经分析到了这种疑惑的最后一个方面。罗特几乎所有的故事都是由直线情节构成的。如果一名读者时常觉得自己身处作品中的被叙述时间,并对人物产生同情,那么他就可以很快浏览完罗特的小说。与阅读罗伯特·穆齐尔和赫尔曼·布洛赫的作品不同,读者在阅读罗特的作品时不会被交叉出现的散文式的小插曲和主体情节打断。从表面上看,罗特的叙事方式似乎是最简单的:传说、报道、童话、以各种形式展现的历史、故事。如果一个读者十分熟悉小说的背景环境,那么罗特的文本给他带来的阅读障碍看上去就会如此之小,就像消遣小说易于理解一般。直到下面例子中,情况才可能会有明显的不同:当读物在情节层面上涉及了陌生领域的时候,当读者受限于历史知识储备,不能理解诸如"弗朗兹·约瑟夫"和"先王冢"之类的词语的时候,这时读者必须更加贴近文本字符,才能够想象出一些东西。这样放缓了速度的阅读是不适用于消遣小说的,它对应的是其他的文本。与"谁在叙述?叙述了什么时间?"相似的问题是那些老练的快速阅读者根本就不会提出的。而当这种缓慢的阅读取得成功的时候,读者就能找到这类问题的答案。

罗特用发人深思的模棱两可来武装自己的作品，通常只有缓慢的阅读才可以发现这些模棱两可之处。伟大的东西也总是可笑的；质朴的东西却包含着智慧。我们开头提过的文章《奥匈帝国的使徒陛下》也因其固有的矛盾而熠熠生辉。鉴于文本中的谜团，读者只有在阅读中联系政治背景或移情其中，才可以发现这些矛盾。以这样的方式被回忆起来的皇帝为何会成为人们向往的对象？这个问题也可以被视为矛盾之一。我们难道不能从文本中读出，当叙事者看出皇帝用缓慢的、老者的小步行走时，当时的报纸却还在不厌其烦地报道着皇帝年轻的活力吗？我们甚至不是可以说，这个老人已经有些不知所措了吗？[①] 事实上：所有这些都取决于约瑟夫·罗特。文中关于皇帝离宫的表述也是如此："在这些夏日的早晨里，原则上是不会下雨的。"随后，罗特用图画般的语言描述了太阳是如何升起的，以及到了皇帝七点整离宫的时候，天空是浅蓝和"紧绷"的。[②] 这些都不是尊敬的表述，最多算是善意的讽刺。皇帝受到人们的尊敬和爱戴是因为他离宫出行，对此还有讽刺之外的其他解读吗？以上都是人们针对罗特的这篇短文可以提出的问题，而面对这些问题，人们肯定会注意到罗特的一处表述——它的主题我们也已探讨过了：

"我深知他(皇帝)的晚年是如何了无意义"，叙事者如是说并接着补充："但是不可否认的是，这种了无意义恰恰意味着我童年的一部分。"[③]

作者简介：迈克尔·坎普-范德博加特（Michael Kämper-van den Boogaart），柏林洪堡大学德语语文学系教授，代表作：《失败美学：博托·施特劳斯、于尔根·特奥巴尔迪及乌韦·蒂姆等人的叙事文本研究》。

译者简介：陈瑞芝，北京大学外国语学院德语系硕士研究生。

[①] 此处对应的罗特原文为："他(皇帝)年迈且佝偻，……清晨时分，他就已经被臣民们的忠诚弄得不知所措了。……之后，报刊新闻会用'君主年轻的活力'作为标题来描述这时的场景。他用缓慢的老人的步伐……几乎是小步走来……"(Joseph Roth, *RW 2*, S. 914)——译者注

[②] 罗特原文相关段落的大意为：清早的太阳还未升高，所以天空还是浅蓝的。坎普在论文中转述"太阳升起"时，使用了拟人化的动词"竖起/起立"(aufrichten)（该词并未出现在罗特的原文中），结合上下文，该词让人联想到军人的动作特征；罗特用拟人的手法将天空描述成"紧绷"(straff gespannt)的样子，或指"无云"。"紧绷"同样营造出了一种紧张和纪律严明的氛围。这些词具有讽刺色彩：皇帝的出行看上去低调亲民，实际上气氛依然十分严肃紧张。——译者注

[③] Joseph Roth, *RW 2*, S. 911.

黄金时代与千年帝国

——兼评欧洲思想史

〔德〕霍尔夫-彼得·扬茨（江唯 译）

内容提要：自古希腊罗马神话中的构建至德国早期浪漫派的主张，"黄金时代"和"千年帝国"一直是西学中神学、哲学领域至关重要的乌托邦构想。本文梳理了这一乌托邦的构建历史，并着重以康德、诺瓦利斯、莱辛的理论为例，结合当代政治，阐释了"黄金时代"和"千年帝国"这一乌托邦构想的历史内涵的流变，及其在现实政治中的接受状况；并批判性地指出，历史阐释往往为政治目的的实现做嫁衣，"黄金时代"与"千年帝国"的构想亦是如此。

关键词：黄金时代　千年帝国　乌托邦　历史阐释

古希腊罗马关于黄金时代的古老神话，描绘了一幅幅人类在文明诞生之前和平相处的理想图景。这种理想图景在很多民族的传说中历历可见，这些民族以此表达他们对历史救赎的期待①。这些图景与历史的变迁息息相关，一直到欧洲文艺复兴时期，历史阐释、哲学、文学尤其是造型艺术中都蕴含着它们的魅力。这种理想的构建最后终结于德国早期浪漫主义时期。荷兰人将17世纪称为他们国家的"黄金时代"，指的是荷兰当时是世界贸易强国，也是殖民贸易强国，同时也是世界的经济中心，造型艺术中心。

荷兰画家老卢卡斯·克拉纳赫（Lucas Cranach, der Ältere, 1472—1553）于

---

① 参见 Hans-Joachim Mähl, *Die Idee des goldenen Zeitalters im Werk des Novalis*, Tübingen: Max Niemeyer, 1994, S. 1-8.

1530年前后创作的画作就传达出一种震撼人心的愿景。图上的男人女人满怀爱意地彼此拥抱,他们赤身裸体,兴致勃勃地绕着一棵结满果实的树木跳舞。自然和人类,人类和动物,甚至食肉猛兽,都在这个世界中和平共处。

克拉纳赫描绘了一幅人间天堂的图景,这是没有蛇的天堂,为高墙所封闭的天堂,在这堵高墙之后,两座城堡隆起到高高的岩石上方,显然这是世俗权力的象征。显然,克拉纳赫认为,黄金时代从未成为过历史的真实。

这种千年帝国的理念从犹太教和基督教的传统中发展而来,被称作"千禧年主义"。《新约》的《约翰启示录》中称,耶稣基督在末日审判之前重返尘世,在和平的世上统治了一段时间,达千年之久。由于"黄金时代"和"千禧年主义"传达的都是人类和平共处的理想,所以这两个概念甚至可以相互转化(尤其在18世纪)就不足为奇了[①]。

接下来我简要介绍一下18世纪晚期的三篇文献,它们均以"黄金时代"和"千禧年"为主题,设计的是宗教王国乃至政治王国的图景:一篇是康德的《纯然理性界限内的宗教》(1793/1794),一篇是莱辛的《论人类的教育》(1780),一篇是

---

① Hans-Joachim Mähl, *Die Idee des goldenen Zeitalters im Werk des Novalis*, S. 251.

弗里德里希·哈登贝格(诺瓦利斯)的《基督世界或欧洲》(1799)。

先从康德开始:宗教层面的千禧年主义表达的是对上帝在尘世的统治的盼望,就是连作为启蒙思想家的伊曼努尔·康德所阐发的哲学层面的千禧年主义,也提出了"在人间建起神的国"的说法。毫无疑问,康德的这种表达借鉴了《圣经》中广为流传的说法,即"神的国"。《圣经》英译本称之为"上帝的王国"(kingdom of God)或"天国"(kingdom of Heaven)。

耶稣在福音书中宣称(我在这里采用了路德的译法):"日期满了,神的国近了。你们当悔改,信福音!"(《马可福音》第 1 章 15 节)神的国是否已经开始成为现实,或者说神的国是否已经来到人间,或者说信众是否在死后才有希望进入神的国,对于这个问题,直到今天神学家仍在寻求答案。我在此不作深入探讨。

康德所说的"在人间建起神的国"①,指的是建立于道德基础上的一个共同体,一个国家。他也称之为"美德的国度"②,一个仅仅用于促进人类理性的国度。但这违背只有上帝才有资格担任国家的"最高立法者"、尘世的道德统治者的命题。康德解决了这个矛盾,他的回答是,人只有依靠自己的理性才能认识上帝的意志。这种理性的概念断然排除了"迷信的蠢笨和狂热的臆想"③。即使康德坚信《圣经》中对"人间的神之国"的想象,但很显然,他还是将宗教层面的千禧年主义转换成了哲学层面的千禧年主义。即便如此,康德的观点也未能逃脱遭受普鲁士审查的命运——在国王的力促下,康德的著作遭到了一段时间的查禁。

以下来看诺瓦利斯和莱辛:康德所提出的"神的国"的概念,愈来愈退向内心世界,其政治意味也显而易见——服从实践理性的人均为"臣仆"。而诺瓦利斯满怀宗教热情所提出的新欧洲的理念,以及他对新的世界秩序的企盼,毫无疑问针对的是法国大革命时期的欧洲政治时局。这也不足为奇,因为众所周知,每一种乌托邦设想针对的都是所处时代的现实积弊。④

---

① Immanuel Kant, *Die Religion innerhalb der Grenzen der bloßen Vernunft*, in: ders., *Werke in zwölf Bänden*, hrsg. von Wilhelm Weischedel, Wiesbaden: Insel, 1956, Bd. VIII, S. 751.
② Ebd., S. 753.
③ Ebd., S. 761.
④ Hans-Joachim Mähl, *Der poetische Staat. Utopie und Utopiereflexion bei den Frühromantikern*, in: Wilhelm Voßkamp (Hrsg.), *Utopieforschung. Interdisziplinäre Studien zur neuzeitlichen Utopie*, 3 Bde., Stuttgart: Metzler, 1982, Bd. 3, S. 273-302, S. 281.

诺瓦利斯的解释遵循了传统的三段论模式。理想化的中世纪是第一阶段，现实是第二阶段，"一个新的耶路撒冷"是未来的第三阶段。在双重意义上，诺瓦利斯采用了莱辛的《论人类的教育》的表述，他在文末也予以援引。莱辛同样选择了三段论作为阐释历史的模式（第88节），莱辛坚定地宣称，第三阶段毫无疑问值得期待。他写道："那个时代，那个在新约的福音书中已经向我们允诺过的永恒的新的福音时代，一定会到来。"（第86节）①然而，莱辛却并没有提供更为细致的设想。与莱辛不同的是，诺瓦利斯看到一个崭新的时代正在到来。

诺瓦利斯在其历史神学的发端，也就是在他对历史预言性的虚构中，构建了一个中世纪的统一的欧洲，教皇是这个欧洲的领袖："罗马变成了耶路撒冷，神的统治在人间的神圣府邸。"②这意味着，中世纪的罗马是《圣经》中耶路撒冷的继承者。结合当下欧洲的种种冲突，诺瓦利斯祈求的是，中世纪的教会再度发挥促进和平的作用。对中世纪的理想化再也无出其右了。

值得注意的是，中世纪教皇的神圣统治并不仅仅局限于宗教事务，局限于和平秩序的缔结，它还以"精神和世俗产品"促进了贸易的发展；贸易不止在欧洲范围内展开，而是"一直延伸到最遥远的印度"③。耶稣会以教会的名义在全世界传教——活动范围甚至遍及美洲和中国——堪称理想化的中世纪的杰出贡献。这是耶稣会，操控"教皇之国"④的修会。中世纪晚期耶稣会士的"征服世界"甚至胜过了罗马帝国的政治征服。在神学领域被合法化为"新耶路撒冷"的罗马不仅统治了欧洲，而且看起来还是"世界主义"⑤的奉行者。

历史第二阶段的特征是，宗教改革和启蒙运动摧毁了基督教世界。知识引发了对宗教和《圣经》的仇恨，毁灭了信仰。诺瓦利斯走得如此之远，以至他其至将法国大革命以及随之而来的战争所带来的毁坏都归咎于世俗化。

---

① Gotthold Ephraim Lessing, *Die Erziehung des Menschengeschlechts*, in: ders., *Lessings Werke*, hrsg. von Kurt Wölfel, 3 Bde., Frankfurt a. M.: Insel, 1967, Bd. 3, S. 561.
② Novalis, *Die Christenheit oder Europa*, in: ders., *Schriften*, 4 Bde, Darmstadt: Wissenschaftliche Buchgesellschaft, 1960 ff., Bd. 3, S. 509.
③ Ebd.
④ Ebd., S. 513.
⑤ Ebd., S. 512.

然而在当代，诺瓦利斯诗意的幻想却迎来了"复活的时代"①。使用这样的表述绝非偶然：根据基督教的传统，耶稣复活后，一个新的时代将会开始，现在第三个时代应当已经开始了。在诺瓦利斯的时代，占统治地位的是"混乱"，一种既无权利也无法律的状态，但这种混乱却恰好为某些新事物的诞生提供了最好的前提，一个由宗教建起新秩序的世界："真正的混乱是宗教的催生素。从一切正面的东西毁灭的废墟中，宗教作为新的创世者抬起了她那光荣的头颅。"②

至于采用"混乱"一词，诺瓦利斯选用的是一种政治概念，这是对法国大革命及其在欧洲所造成后果的谴责，与《圣经》里创世之前的混沌状态相联系。一如上帝从一片混沌中创造了世界，从当下的"混乱"中也必须有一个新世界诞生，就好像第二次创世。诺瓦利斯称之为"新的黄金时代"③。如果说为战争所损毁的欧洲仍能向善发展，那么，它所需的力量则并非某种世俗的力量，而是一种"宗教的力量"。基督教应当再次承担起"赐予平安的古老职权"④，但这里就不是教皇的权力所能插手的地方了。新的世界秩序的诗学幻想以欧洲为目标，在这一点上它是欧洲中心主义的。尽管如此，若涉及向拉丁美洲、印度和中国的扩展时，它却也流露出了一种全球化的倾向，一种经济全球化和文化全球化的倾向，人们可称之为帝国主义。文中以拿破仑的埃及之征（1798—1809）作为这种扩张的例证，称之为"向东方的推近"⑤。

这种对历史的虚构带有明显的复辟倾向，这种倾向含有某种劝诫人们相信末日来临的布道文的意味，我们不必拘泥于此。这种讲述导演着人们的激情，目的为唤起读者的宗教觉醒。我认为此处的关键在于显示出某种普遍的话语模式，借助该模式能够看清，"历史阐释策略"⑥是如何从对历史的阐释中生发而来的。

把当下描绘为混乱不堪、灾难频仍的时代，有助于把人们的目光引向一个主观想象中更好的过去，一个被美化了的过去。提出"黄金时代"或"千年帝国"的

---

① Novalis, *Die Christenheit oder Europa*, S. 517.
② Ebd.
③ Ebd., S. 519.
④ Ebd., S. 523.
⑤ Ebd., S. 518.
⑥ 历史阐释策略（Geschichtspolitik），指为实现某种政治目的对历史进行的阐释。——译者注

不止诺瓦利斯一人。拿破仑曾使人们相信,他的统治是作为典范的罗马帝国的延续,"巴黎是第二个罗马"。在当下,土耳其总统也宣告光荣的奥斯曼帝国再度回归。老帝国很容易让人心生对新帝国的幻想,对自家历史的自我解释往往是对过去的新解和美化。这种阐释提供了批判性地审视当下政治时局的机会。同时对过去的回望能够回应那广为流传、让人倍感欣慰的政治信念:"过去的一切都更好"。此外,对黄金时代的回望还有个重要功能,即它一方面可以满足我们对未来期待的迫切需求,我们都想知道未来发展的走向——回望过去能增强我们对未来的信心;但另一方面,那种希望经过主观美化的过去能够回归于当下的历史阐释,却很容易为人所利用。为了国家事务而有意阻挠当下亟需的进步和革新,往往是这种历史阐释的目的。大家可以看到,从历史阐释到反动的历史阐释策略之间的距离,有时候并不遥远。

最后,在当下,难道不是很多地方都有迹象表明,乌托邦的时代已成过去?弗里德里希·施莱格尔早在1800年便已提醒世人,黄金时代仅适用于"为哀悼黄金时代已逝而作的哀歌"①。现在很多事件都表明,"继续这样下去"的说辞在很多国家比政治乌托邦更受欢迎。前西德总理赫尔穆特·施密特曾说:"谁相信乌托邦,谁就该去看病。"他反对"没有乌托邦,就没有进步"的说法。但只要战争的纷乱、社会的不公、权力的滥用还在主宰人的生命,政治乌托邦和社会乌托邦就还会存在。

作者简介:霍尔夫-彼得·扬茨(Rolf-Peter Janz),柏林自由大学荣休教授,研究领域为古典文学、浪漫派、20/21世纪德语文学。代表作:《阿图尔·施尼茨勒:世纪末维也纳市民阶层的诊断者》,斯图加特:梅茨勒出版社,1977年。

译者简介:江唯,北京大学德语系硕士研究生。

---

① Friedrich Schlegel, *Athenäums-Fragment 243*, in: ders.: *Kritische Schriften*, hrsg. von Wolfdietrich Rasch, München: Hanser, 1971, S. 67.

"德意志第四帝国"是否成功?

连玉如

内容提要:"德意志第四帝国"的概念由美国记者埃德温·哈特里奇提出,在学术上指1949年成立的联邦德国或战后的欧洲联盟。本文从"国际体系的结构性压力"角度出发,将"第四帝国"的概念转化为"欧洲的德国"和"德国的欧洲"概念,重新审视西德的建立和发展,探讨欧洲一体化进程是否成功,并在当下新的历史条件下剖析了德国和欧洲面临的国际局势和自身的困境,指出"德意志第四帝国"能否续写成功,取决于欧洲的整合事业和对华关系的塑造。

关键词:德国与欧洲 世界格局 欧洲主权 对华关系

"德意志第四帝国"发展是否成功;即使成功,能持久吗? 这是本文拟探讨的主要问题。

一

"德意志第四帝国"是否成功,是一个敏感话题。从政治上看,"德意志第四帝国"的称谓在德国属于禁区。人们对它,或是唯恐受其"牵连"而根本否定,或是表示"闻所未闻"。① 从学术上论,"德意志第四帝国"的指涉存有歧见。有说

---

① 2018 年 9 月 22 日北京大学德国研究中心举办题为"新帝国与老帝国"的工作坊,前来参会的诸多德国学者如是表示。

是指1949年成立的德意志联邦共和国,更有一种普遍看法是指第二次世界大战以后首先在西欧产生并发展至今的欧洲一体化的载体欧洲联盟。

本文"德意志第四帝国"的概念源自美国记者埃德温·哈特里奇(Edwin Hartrich)1980年出版的介绍西德战后重建的专著。① 哈特里奇1932年至1933年曾客居德国,目睹了魏玛共和国末期的乱象;第二次世界大战期间,他在欧洲战地采访,为美国多家报刊和电台工作;20世纪50年代,他担任《华尔街日报》驻西德首席记者。他在前言中阐述写作动因时说:"我看到过现代德国许多不同的面貌。这个在欧洲现代史上起过支配作用的民族是静不下来的,有时简直像得了精神分裂症似的;它的这些形象多种多样,彼此形成鲜明对比,使我不禁神迷技痒,终于写了本书。"②

针对俾斯麦"第二帝国"(1871—1918)和希特勒"第三帝国"(1933—1945)的兴亡,哈特里奇认为,作为"一项临时安排"的西德"第四帝国",不仅持续时间更长,而且是"最富有的一个帝国";"明确可靠地成为欧洲的主要国家,现在正带头进入国际经济政治理论的黎明时代"。③ 关于西德取得经济奇迹的原因,哈特里奇从理论或哲学的角度进行了阐释,指出:西德用经济政治理论取代了地缘政治理论;其所创造的经济实力与资产,已经取代军队和武器成为国家命运的最后主宰,是西德在国际舞台上具有分量和影响的根本原因。④

这位美国记者的阐释不无道理。他从"伟人创造政治"即重视国际关系"行为体"的角度出发,描述了西德政治精英阿登纳、艾哈德、施密特等人对西德重建并创造经济奇迹的贡献,特别强调施密特的突出地位,认为他是"战后一代信奉经济政治理论政治家中的第一人。这些人抓住了战后欧洲的一个现实情况,即经济力量是国际关系中的决定性因素"⑤。哈特里奇揭示的这个决定性因素固然重要,然而远远不够。

---

① 〔美〕埃德温·哈特里奇:《第四帝国》,国甫、培根译,刘炳章校,新华出版社,1982年(该书原名为《第四个,也是最富的一个帝国》,美国麦克米伦公司1980年出版)。
② 同上书,前言第1页。
③ 同上书,第437—438页。
④ 同上书,第437页。
⑤ 同上书,第426页。

1949年成立的西德是美苏为首的"冷战"的产物,因此不能不从另一个角度,即"国际体系的结构性压力"来进一步审视其重建与发展问题;这时就不能不提到第二次世界大战以后生发的欧洲一体化及其对于西德重新崛起为欧洲大国的决定性作用了。从此意义上讲,将"德意志第四帝国"看作欧洲一体化的载体欧洲联盟,可以理解。欧盟发展本身,深深蕴含着德国在欧洲一体化中地位与作用的命题。德国与欧洲,难以分割。有鉴于此,可以将敏感与歧义的"德意志第四帝国"概念转换成"德国的欧洲"还是"欧洲的德国"概念。①

　　历史地看,"德国的欧洲"在第二次世界大战以后已被唾弃。西德首位总理阿登纳从西德成立以后没有主权、仍然被美、英、法三个西方战胜国占领和管制的现实出发,坚决奉行皈依西方的西欧一体化政策,认为:欧洲的未来在于西欧联合;德国问题的解决在于西欧联合;美国支持是西欧联合的根本依托;法德和解是西欧联合的基础与核心。② 阿登纳以及后来历届德国联邦政府,都积极致力于欧洲整合事业,视其为重要支柱之一。

　　从欧洲整合的层面来看,"欧洲的德国"是第二次世界大战以后出现的解决德国问题的新思维。英国保守党领袖丘吉尔1946年9月19日在瑞士苏黎世大学的著名演讲被誉为第二次世界大战以后欧洲一体化的开端;法国外长舒曼1950年5月9日发表的《舒曼宣言》则是当今欧盟成就的滥觞。他们倡导的解决德国问题的路径,是"接纳德国与框住德国",是不同于第一次世界大战以后处置战败德国的新的指导思想,即建设"欧洲的德国"。

　　欧盟兼有"超国家性"和"政府间合作"两种性质,是奉行"辅助性原则"(Subsidiarität)的国家联盟(Staatenverbund)。其中,超国家性为欧盟所独有,同"德国问题"的解决紧密相连。欧洲一体化根本的原始动因就是解决德国问题。第二次世界大战以后,如何持久管制战败国德国的战略物资煤和钢,是欧洲面临的棘手问题。法国经济学家让·莫内天才构想、大胆创新,提出将德国煤钢产业从"外来的管制"转成"共同的管制",为此建立的"高级机构"(即欧盟委员会前

---

① 参见连玉如:《再论"德国的欧洲"与"欧洲的德国"》,《国际政治研究》(双月刊)2014年第6期。
② 参见连玉如:《新世界政治与德国外交政策——"新德国问题"探索》,北京大学出版社,2003年,第169—172页。

身)一开始就具有超国家性。这一将国家某一领域职权"共同体化"的程序成为先例,为后人所效仿,并且进一步衍生开来、发扬光大,最终作为约束性条款在条约中得以确定。欧洲煤钢联营的超国家一体化胚胎从此发育成长起来。

可以说,欧盟的一体化事业是成功的;"德国的欧洲"还是"欧洲的德国"问题得到较好解决。2012年欧盟获得诺贝尔和平奖,实至名归。欧洲从1618—1648年的三十年战争直至1945年第二次世界大战结束,几乎每七年就爆发一次战争。然而,20世纪下半叶至今,欧盟成员国之间打仗已几无可能。2017年3月25日,欧盟庆祝《罗马条约》签订60周年。时任德国外长加布里埃尔(Sigmar Gabriel)在第53届慕尼黑安全会议发言时不无感慨地说道:"欧洲成就了20世纪最伟大的人类文明工程";"世界上没有哪个地区像欧盟这样能在和平、民主和社会安定中生活"。①

然而,近几年来,欧盟深陷困境,各种危机不仅接踵而至且扎堆蔓延。2018年,欧盟正面临未来发展道路上的一个划时代转折点。哈特里奇眼中的"德意志第四帝国"的成功能否存续呢?

二

2018年是国际关系的一个划时代转折点。欧洲特别是德国人对2018年很敏感。400年前(1618),三十年战争爆发;100年前(1918),第一次世界大战结束。有说第一次世界大战是德国与欧洲一切灾难的发端。人们吸取历史教训了吗?显然没有。德国资深外交官、前驻美大使伊兴格(Wolfgang Ischinger)2018年撰文称当前世界局势是苏联解体以后最为危险的。② 他的描绘是:"6500万难民在世界范围迁徙;叙利亚经年不息的战争夺去几十万人性命;遭遇可怕战火的

---

① 参见2017年2月18日德国外长锡格默·加布里埃尔于第53届慕尼黑安全会议上的发言,URL: https://www.auswaertiges-amt.de/de/newsroom/170218-rede-bm-gabriel-muesiko/287944,访问日期:2019年5月5日。

② Wolfgang Ischinger, „Wir befinden uns in einem historischen Umbruch", DER SPIEGEL, Nr. 36, 1. September 2018, S. 82.

还有世界许多国家和地区,如利比亚、马里、苏丹、也门、中非、尼日利亚;核恐怖威胁没有消失,4000多枚核弹头的摧毁能力无可想象……"①世界秩序的根基出现动摇,然而阻止或平息冲突的机制却不再起效。世界政治呈现一幅"叙利亚化"的图景。② 加之美国总统特朗普上台以后政策对世界秩序的摧毁效应,欧洲特别是德国感受到了极大的冲击。德国前外交部长费舍尔(Joschka Fischer)在2018年7月31日发表的文章③突出反映了这一点。

  费舍尔是当前欧洲少有的像德国已故总理施密特那样具有战略眼光的战略家。他先从历史说开去,指出19世纪是"欧洲的世纪",法国大革命与工业革命影响是主导因素。20世纪是"美国的世纪",主导因素是两次世界大战、冷战与核武器技术发展。21世纪将会出现世界范围"大国博弈的多极体系",这一体系可能没有霸主,或多或少也没有秩序,顶多只有一种麻烦不断的糟糕的秩序。具体到当前国际形势,费舍尔以"特朗普正毫不留情摧毁西方"为题,警示世人:特朗普及其团队想做的,已经无须怀疑,就是要摧毁1945年以后美国创建和维护的国际秩序和世界自由贸易;"这是在革全球秩序的命"和瓦解西方,是第二次世界大战和冷战结束以后划时代的历史转折点! 费舍尔认为,特朗普并不代表整个美国,但身为美国总统,是世界上最有权势之人。他的言行无论多么可笑,都将带来严重后果,首当其冲的便是美国最亲密的伙伴欧洲。

  关于欧洲的处境,费舍尔以"欧洲主权"为关键词进行阐述:第二次世界大战结束以后,欧洲与德国丧失主权,被美、苏两国一分为二,只有法国与英国作为战胜国还保有一点主权。冷战结束以后,欧洲的主权情况有变,整个欧洲形成欧美大西洋联盟主导的格局,这一时期欧洲的主权状况是:在安全和一部分技术领域,欧洲仍然依靠美国,但在经济和大部分技术领域已经赢回主权。费舍尔认为,这是一种分工,由北约与欧盟这两大机制承载与体现。但是,这种分工已被

---

① Frank Herold, „Diplomatie wäre jetzt gefragt", *DER TAGESSPIEGEL*, 6. September 2018, S. 24.
② Kristin Helberg, „Die ‚Syrienisierung' der Welt", *DER TAGESSPIEGEL*, 16. September 2018, S. 7, MEINUNG.
③ Joschka Fischer, „Trump macht bitteren Ernst mit der Zerstörung des Westens", *Süddeutsche Zeitung*, 31. Juli, 2018. URL: https://www.sueddeutsche.de/politik/donald-trump-eu-joschka-Fischer-1.4076743? reduced=true,访问日期:2019年5月5日。

2017年上台执政的美国总统特朗普质疑。那么,欧洲向何处去?

费舍尔指出,欧洲正处于历史发展的关键时刻,又恰逢三重变化正在拷问着欧洲的决策者:一是美国质疑对欧洲安全的保障,北约受到影响;二是世界自由贸易风雨飘摇,涉及世界贸易组织(WTO);三是数字化乃至人工智能发展,将根本动摇和改变全球技术领域的等级体系和力量对比格局。这三重演变,加上特朗普因素,迫使欧洲必须马上进行抉择。

这是欧洲历史发展的新纪元,不啻一大历史机遇,即赢回欧洲的主权。费舍尔在文中反复强调说,赢回欧洲的主权,只有依靠欧盟整体的努力,即使最大最强的英、法、德等国家也无力做到这一点。因此,欧盟及其成员国必须精诚团结、全力以赴。费舍尔最后不无嘲讽地写道:假如重建欧洲主权这一壮举成功实现,特朗普当属推动欧洲整合的一大功臣。[1]

德国作为政治上崛起的国家,感受到的冲击最大,远远超过其他欧洲大国英国和法国。为什么?因为涉及国家身份认同的根本问题。上已有述,联邦德国1949年在冷战的背景下成立;此后70年之久的发展历程无异于一场长征,目标所向是皈依西方、落户西方阵营,成为北约和欧盟的忠实成员国;这一目标已经形塑为新的国家归属与身份认同。现如今,眼见特朗普要摧毁西方秩序,德国陷入巨大的认同危机。2018年9月7日,德国《每日镜报》刊登《2018年德国人恐惧报告》。据此,德国三分之二的公民认为,特朗普政策正在使世界变得更危险,也就是说,德国人最感恐惧的对象是美国总统特朗普。[2]

那么,如何应对特朗普挑战?是"不作为"地静观其变、无为而治,是"大作为"地剪断同美国的大西洋联盟脐带,是"软作为"地同"侵略者"进行外交谈判,还是"亡羊补牢"地叙事性作为,即赶紧加大对驻美机构的人力和财力投入,加强正面公关,以使美国人了解勤勉的德国人是如何为美国创造众多就业岗位的,等等?最为普遍的反应还有,要做强欧洲,自己掌握自己的命运。

德国的举措将决定欧美关系发展根本格局。长期以来,对"大西洋主义"(亲

---

[1] Joschka Fischer, „Trump macht bitteren Ernst mit der Zerstörung des Westens".
[2] Malte Lehming, Christoph von Marschall, Paul Starzmann, „Wer hat Angst vor Donald Trump? ", *DER TAGESSPIEGEL*, 7. September 2018, S. 2.

美派)与"欧洲主义"(亲欧派)的博弈,德国的传统政策是"既要又要",而不是"二者必居其一"。一言以蔽之,英国可以坚持大西洋主义,退出欧盟;法国可以恪守欧洲主义(戴高乐主义),退出北约;德国却最难或根本不能进行选择!至少在可预见的将来,德国仍会奉行"既要又要"的政策,一如既往维系同美国的大西洋联盟的纽带。尽管如此,特朗普式挑战和德国式恐惧,已经产生两大影响,一是对欧盟,二是对中国。换言之,"德意志第四帝国"的成功故事能否续写,较大程度上取决于欧盟的整合事业与对华关系的塑造。

三

欧盟目前在世界舞台上的地位和作用,用法国总统马克龙的话说是"太软弱、太拖沓、太无效"①。因此,做强欧洲,抓住马克龙呼吁改革欧盟的巨大机遇,致力于建设欧洲防务与政治联盟,提高欧洲自身的行动能力和在世界政治中的地位作用,是德国总理默克尔在其最后一届任期面临的重要任务。

冷战结束以后,欧洲人曾将自己视为21世纪新世界秩序中的三极世界之一。②然而,欧洲能否起到"一极"的作用,还要看其如何驾驭所谓"失去的十年"中一系列接踵而来、扎堆蔓延的危机与挑战。关于"欧盟最困难时期"的表层原因,不难寻找,困难的是找到其深层因素。这里尝试提出两大方面。

第一个方面是欧盟的制度性质。上已有述,欧盟不是一个拥有主权的联邦国家或合众国,而是奉行"辅助性原则"的国家联盟,兼具超国家性(如欧盟的贸易与货币欧元)以及政府间合作(如外交与安全领域)的性质;归根结底还是欧盟成员国及其政府说了算。

---

① 参见法国总统马克龙于2017年9月26日在巴黎索邦大学提出"欧洲倡议"时的发言,URL: https://de.ambafrance.org/Initiative-fur-Europa-Die-Rede-von-Staatsprasident-Macron-im-Wortlaut,访问日期:2019年5月5日。
② 德国前驻华大使施明贤博士2012年6月2日在北京大学国际关系学院发表题为《德国和中国:21世纪的伙伴》讲话,指出世界新秩序包括美国、中国和欧盟三极。当然,他也指出,欧盟能否起到"一极"作用,还要看它能否克服危机。

第二个方面是所谓"德国困境"或曰"欧洲困境"。第二次世界大战以后开始的欧洲一体化一直是法国主导、德国跟进,已经形成一种常态、习惯甚至结构。然而,2010年欧债危机爆发以后,默克尔德国的作用凸显,打破了这种常态。对于德国的领导作用,欧洲人不买账;欧盟成员国一方面需要、另一方面又不情愿接受甚至排斥德国的领导。同样的默克尔德国的主导地位,在乌克兰危机中还被认可为"领导",在欧债危机中就是"霸主",在难民危机中又被讥讽为搞"道德帝国主义"的孤家寡人。依靠德国同时又要防范德国,这是欧洲整合的哲学,是德国处境的悖论。

这两点深层次原因,由于特朗普因素的刺激,2018年出现一定程度上的利好发展态势。马克龙2017年上台执政以后弱化了所谓"德国和欧洲困境"。法国领导大陆欧洲,具有深厚的历史传统和心理认知基础,戴高乐主义的核心内容就是法国主导欧洲。马克龙恢复了这种传统,当然本国实力不济,必须争取德国的支持。对此,马克龙心知肚明,竭尽全力做争取德国的工作。这在其2018年11月18日应邀在德国联邦议院所做的演讲中体现得淋漓尽致。马克龙在讲话中对德国一会褒扬,一会批评,一会慷慨激昂地理性说教,一会又诗情画意般地由衷求爱。① 对于马克龙来说,激情、诗情、爱情都属于政治的范畴。

对于法国领导欧洲整合事业,欧洲人是认可的;德国老一辈政治家如阿登纳、施密特、科尔等也深谙其道,注意在欧洲一体化方面把"在先权"让给法国人。只是施罗德、默克尔新生代人偏离了这一常规。不过,势之使然。以2017年9月24日德国联邦议院大选为界,"此"默克尔已非"彼"默克尔。默克尔囿于国内党派斗争而势衰,相对缓解了法德两国之间长久以来较为严重的结构失衡局面,一定程度上有利于法德"伴侣"②再行联手,推动欧洲整合事业发展。

欧盟制度改革在2018年也呈现突破进展之端倪,主要体现在欧盟外交与安

---

① 一般来说,德国人爱法国人,但不尊敬他们;法国人尊敬德国人,但不爱他们。马克龙2018年11月18日在德国联邦议院讲话的最后一句话是向德国人表示:"法国人爱你。"参见马克龙于2018年11月18日参加国民哀悼日时在柏林联邦议会的发言,URL: https://de.ambafrance.org/IMG/pdf/181118_rede_pr_volkstrauertag.pdf? 24391/44f717190ad2398cead2baeec8073d840f365911,访问日期:2019年5月5日。

② 对于法德关系,马克龙用"伴侣"(Paar),而非"搭档"(Gespann)一词来形容;因为前者有"诗"、有"情"、有"爱",后者没有。详见同上。

全政策方面。欧盟的共同外交与安全政策自《马斯特里赫特条约》确立以来,一直实行全体一致通过的决策制度,是典型的政府间主义合作方式。2018年9月1日,德国资深外交官伊兴格在一次访谈中表示,特朗普毒化西方的一系列言行,正在逼迫欧盟自立、自强;为此必须放弃欧洲外交与安全的决策制度,将"一致同意"改为"多数同意"原则。他还举例说:欧盟委员会主席容克能够在华盛顿同特朗普就贸易冲突问题进行有力谈判,是因为欧盟的贸易政策一体化使得容克有权代表五亿欧洲人民谈判。[1]

伊兴格当时还在怀疑默克尔能否在欧洲外交与安全领域留下能令后人记取的政治遗产。然而,默克尔11月13日在欧洲议会的讲话,已经明白无误地扫除了这种疑虑。她在重申一年多前说过的话("欧洲人可以倚赖别人的时代已然逝去,必须切实开始自己掌握自己的命运了"[2])后马上表示:"为使欧洲在外交政策上更有行动能力,必须反思我们的决策程序,放弃全体一致通过原则。"为此,默克尔提出了具体举措:设立欧洲安全理事会,继续加强军事领域"常设有组织合作",创建一支真正的欧洲军,等等。[3] 为了排除外界干扰,特别是回应美国疑虑或"特朗普愤怒",她还就成立欧洲军问题专门进行解释:"欧洲军不是要反对北约,而是对北约的良好补充",会使欧美的盟友合作更加简便易行、提高效率。[4]

欧洲理事会将进一步讨论和议决欧盟的改革问题。法国和德国也在利用《德法友好条约》(1963年1月22日)签订56周年之际,加强法德伴侣式合作,共同推动欧盟外交与安全进行超国家一体化方向的深度整合。这方面的努力假如取得一定成效,势将成为欧盟发展的划时代事件,具有深远的历史意义。

---

[1] Wolfgang Ischinger, „Wir befinden uns in einem historischen Umbruch", S. 84.
[2] 这是默克尔2017年5月28日周日在慕尼黑举行的一次政治集会上的讲话,URL:news.jstv.com/a/20170529/1496008669737.shtml,访问日期:2019年5月5日。
[3] 参见2018年11月13日默克尔在斯特拉斯堡欧洲议会会议前的讲话,URL:https://www.bundeskanzlerin.de/bkin-de/aktuelles/rede-von-bundeskanzlerin-merkel-vor-dem-europaeischen-parlament-am-13-november-2018-in-strassburg-1549538,访问日期:2019年5月5日。
[4] 同上。

四

关于德国与欧盟对华关系的塑造问题,涉及欧、美、中三角关系。在这方面,不能不正视德国和欧洲对中国负面看法的加强;它们似有"受美国气后拿中国撒气"的架势,欧美等西方国家求同存异地联手对冲/对抗所谓中国"威胁"的可能性并非完全不可能。

费舍尔在上面提到的文章中讨论了欧、美、中三角关系问题,认为:特朗普把欧盟作为主要敌手,并不意味着美欧之间将爆发根本冲突,这种冲突不存在;而是反映了全球力量对比另一重大变化,即世界权力与财富正在从西方转向东方,中国正在从地缘政治、经济和技术方面挑战美国。费舍尔认为,这种态势极为危险,并得出结论说"中美争夺全球主导地位将是 21 世纪地缘政治的主题"①。费舍尔强调建设欧洲主权的必要性与紧迫性,指出建设失败导致的严重后果,将是欧洲陷入可悲的境地,即:要么从属美国,走"大西洋主义"老路;要么转向欧亚大陆。②

马克龙 11 月 18 日在德国联邦议院的讲话基调,同费舍尔如出一辙。他说:欧洲必须强大起来,绝对不能沦落成为"大国的玩物",为此必须为自身安全与防务承担更多的责任。现在有太多的大国想排挤欧洲出局。为了免遭新的威胁,自己掌握自己的未来,欧洲必须获得更多主权。③

中国应该怎么办?我们仍然处在一个战略机遇期,但怎么用好机遇?我认为必须注重细节。魔鬼存在于细节之中,应该冷静下来仔细思索与考量。

我们看问题、做事情,切忌理想主义地一厢情愿。德国对美国特朗普的理念再有不满,也不能和不愿割断大西洋联盟的脐带;德国对中国的理念再有认同,也不能和不愿同中国完全站在一起。从一定程度上看,中国也面临着像上述德

---

① Joschka Fischer, „Trump macht bitteren Ernst mit der Zerstörung des Westens".
② Ebd.
③ 马克龙 2018 年 11 月 18 日在德国联邦议院讲话。前引文。

国一样的"德国或欧洲困境"。

　　一般来说,对于一国的又富又强,别国或邻国会很敏感,甚或出现某种焦虑和"压力";大国小国均如此。结果是,或是选择"搭便车"谋实惠,或是选择联合起来对冲/对抗强者势头。总之,世界历史一再表明:谋求"世界霸权"都不会有什么好的效果。这是一种历史的辩证法!

作者简介:连玉如,北京大学国际关系学院教授,博士生导师,研究领域为德国政治与外交、欧洲一体化的理论与实践、中德/欧关系。代表作有《国际政治与德国》等。

本 期 特 邀

后发建国与帝国意欲：
以德国为例

任剑涛

内容提要：德国是确凿无疑的后发国家。德国在后发处境中，民族国家的建构一波三折，强权帝国主义的理念一直压倒自由帝国主义的理念。这与德国绵长的帝国历史记忆具有直接关联，同时也与德国的帝国理论建构具有深沉关系。德国一直难以成为一个常态的民族国家。这与德国的现代国家建构畸形定势，也就是后发处境内在吻合：一个后发国家亟欲赶超先发国家，却又缺乏先发国家的历史与观念积累，因此必然生发一种一蹴而就的国家理念，并试图以此占据国家间竞争的先机。但因此造成德国这样的后发国家三次堕为殖民地或准殖民地的现代建国悲剧。一个深陷帝国思维与进路的国家，在被迫成为民族国家之后，存在着翻检帝国遗产引导国家建构的可能。

关键词：先发建国　后发建国　帝国意欲

在世界范围内，现代建国的先发与后发处境所注定的国家建构结局大不相同。现代国家的基本形态是民族国家（nation state）。但现代民族国家是脱胎于世界社会（world society）与帝国机制（empire）的，因此，民族国家时代的帝国依赖应当是人们意料之中的事情。民族国家率先出现在欧洲。这种现代国家处境引发的帝国依赖情形，更具有明显的历史张力和世界史的典范意义：只不过先发国家因为建基于自由民主的政体平台上，它便生成了所谓"自由帝国主义"

的现代政治意识形态与新型帝国行为模式。而一些后发国家因为受制于长久的帝国传统,难以建立自由民主的社会认同与国家机制,因此生成了极具侵略性的强权帝国主义意识形态与侵略扩张的政治行为模式。就后者而言,德国正是一个典型。在某种意义上讲,德国努力建构现代国家却掉入帝国陷阱之中。

一、两类国家与两种帝国

现代国家的建构并不是一个齐头并进的世界历史过程。相反,现代国家建构先后次序的时间落差异常之大。如果从限制君王权力这个特定的现代政制安排着眼,审视现代国家的兴起,13世纪现代国家便已经萌生;①如果从现代国家在经济发展上的表现上看,19世纪终于发生全球范围的大分流;②如果从现代国家落定较为规范的形态上看,17世纪就已经生成了完整意义的分权立宪国家;③如果从现代建国的政治理念之自觉性和系统性上看,18世纪的启蒙运动已经将现代国家理念充分展示出来;④如果从现代国家建构的世界进程上看,19世纪初期的拿破仑征服,便将欧洲那些尚在胎动状态的后发现代国家大力推向了现代国家快速发展的轨道;如果从现代国家建构成为不可逆的全球进程上看,20世纪成为后发国家全面启动现代国家建构的崭新时代。

将现代国家的世界建构进程开列一个简单的时间表,就可以看到现代先发与后发国家在建构现代国家的时间上的巨大落差。

---

① 以1215年英国贵族与约翰签订的《大宪章》为标志。
② 参见〔美〕彭慕兰:《大分流:欧洲、中国及现代世界经济的发展》,史建云译,江苏人民出版社,2003年,引言第1—24页。
③ 以约翰·洛克的《政府论》两篇为标志。
④ 法国大革命的口号"自由、平等、博爱"便是标志。

现代国家建构的世界进程①

	16世纪	17世纪	18世纪	19世纪	20世纪
第一波	英国	英国			
第二波			美国、法国		
第三波				德国、日本、俄国等	
第四波					亚非国家等

从现代国家的世界建构进程中不同国度建构现代国家收效的差异性上看，现代国家建构的收效落差就更是令人惊叹。就这一特定角度讲，先发国家，尤其是原创性现代国家英国，付出了最长久的时间代价，王权体制与宪政机制不断磨合，现代国家要素渐进积累，最终在17世纪成就了世界范围内第一个现代国家经典形态。1688年的光荣革命，将旧式王权虚化，以议会主权充实了现代国家内涵，建成了虚君共和的现代政体。过去"王在议会"的机制，成为王为议会的象征符号而议会行使国家主权的现代机制。立法权与行政权或执行权的分立，塑就了一个分权制衡的国家权力体制。而在政治理论上的分界线，就是约翰·洛克的《政府论》。无论人们认为此书是诱导1688年光荣革命的著作，或者是为之辩护的作品，它都具有政治理论上划分传统国家与现代国家的标志性意义。②自是传统国家与现代国家的分界线鲜明呈现给世人。与英国17世纪建成现代国家的晚近阶段交集，欧洲大陆也有国家（如荷兰）在现代建国方面有所突破，但尚不能作为完整意义上的现代国家对待，且其示范性也相当有限。

英国，更准确地说是英格兰，在建成现代国家以后，迅速蹿升为欧洲综合实力最强的国家。这对欧洲大陆国家，尤其是像法国那样最早建立绝对主义君主专制政制的民族国家而言，构成强大的挑战和直接的威胁。英法本是"世仇"，14世纪到15世纪持续百年的战争，促成了法国的统一与英国的岛国发展模式。这一结局，对称雄欧洲大陆的法国未必是好事，因为法国从此进入强力控制欧陆的君主专制时代，而英国反而在国内力量的此消彼长与欧洲势力有限介入的过程

---

① 此表是一个示意表，不同世纪的现代建国批次下面所胪列的国家也只是典型性或代表性国家。
② 剑桥学派的重要人物拉斯莱特所著的《洛克〈政府论〉导论》对之有所辨析。参见〔英〕彼得·拉斯莱特：《洛克〈政府论〉导论》，冯克利译，第三章"《政府论两篇》和1688年革命"，生活·读书·新知三联书店，2007年，第59—86页。

中,逐渐摸索出了一条限制君权、分权制衡的政制。而英国对欧洲采取的"大陆均势"政策,收到了抑制欧陆国家崛起的效果,保证了英国在欧洲的现代建国进程中的优势地位。直到18世纪法国启蒙运动之际,英国的政制与思想对法国显出了极大的吸引力,以至于启蒙运动的领袖如伏尔泰对英国礼赞有加。

> 在英国,内战的结果却成就了自由。英国是世界上抵抗君主达到节制君主权力的惟一的国家;他们由于不断的努力,终于建立了这样开明的政府:在这个政府里,君主有无限的权力去做好事,倘使想做坏事,那就双手被缚了;在这个政府里,老爷们高贵而不骄傲,且无家臣;在这个政府里,人民心安理得地参与国事。①

这与专制盛行的法国简直判若天渊。英国何以能够成就让法国人如此艳羡的现代建国成就呢?关键的一点,就是伏尔泰所指出的,英国成功地限制了之前肆意作为的王权,受限的权力必须开明,参与的权利自主展现。这是伏尔泰借助英国揭示出的现代国家的结构秘密。

不是说英国这样的国家一旦落定在现代国家的平台上,从此就成为温顺的绵羊,彻底改变了传统国家张牙舞爪、侵略成性的本质。只要看看英国自13世纪初贵族与国王签订《大宪章》以后,整个国家不断陷入权争和流血的事实,就可以知道,英国致力控制国家权力的进程是起伏波折的。而且即便是英国确立起了现代国家政制,它对内的保护功能尚且需要不断的国内斗争才能发挥,那么它对外御敌的功能演变为积极防敌、主动打击显在和潜在国外敌人的时候,就肯定会在外交政策上实施遏制别国的举措——前述对欧陆的均势政策堪为杰作;同时也会向外殖民,以保证国家的对外张力。英国是第一个真正建立起世界范围内的殖民帝国体系的现代国家。其"日不落帝国"的称号就非常形象地呈现出英国的侵略性。②

但值得注意的是,英国的海外殖民,虽然在殖民性质上与其他所有殖民国家没有两样,但英国的殖民,甚至是退出殖民地的方式,与其他殖民国家仅仅在意

---

① 〔法〕伏尔泰:《哲学通信》,高达观等译,上海世纪出版集团·上海人民出版社,2002年,第61页。
② 参见陈晓律:《忧患意识与"日不落帝国"的兴衰》,《探索与争鸣》2011年第1期。

掠夺殖民地资源的定位稍有不同。诚如论者将英国现代建国精神与殖民扩张行动关联起来时所揭示的,在"民族国家形成时期,英国人在恢复个人主义传统和海盗精神的基础上,不懈地追求民族国家利益,民间自发的海盗行为就成为他们寻求这种利益的重要补充手段"①。这是一种将现代精神融入传统掠夺的新殖民理念。同时,"以乡绅为代表的中等阶层,是一个正在形成中的农业资产阶级,他们积极参与圈地运动,投资工商业,热衷于从事海外冒险事业。由于乡绅'跻身于伦敦和宫廷上流社会,这些人在价值观念上迥然不同于在乡间过'平淡生活'的人'。所以,我们不难理解他们为什么在海外殖民扩张活动中扮演着积极参与者的角色"②。在这种颇显狂热的殖民行动中个人勇气与冒险精神灌注其中,促成了自由殖民运动浪潮。

正是在上述基础上,英国人建构起了"自由帝国主义"的政治理论。在英国建构现代国家的初期,存在两个支撑现代建国的政治理论集群,其中共和主义者是一个活跃的思想家群体,他们中有人论及英格兰与荷兰关系时指出:

> 我们英格兰民族确实相信有一种上帝的事业存在于我们两国中间,就是减轻负担,消除奴役,让正义公平分配给所有人,在人间树立起公正与理性:英格兰已在这方面做了很多,还将继续完善,此中存在着上帝的意志,英格兰将向其他民族宣布和传播上帝的意志,直到尚在国王和大人物——存在于君主制或类似国家——的荒唐邪恶中呻吟的天地造物获得自由为止。③

这是一个共和主义者极为典型的自由帝国主张。这是一种源自古罗马的共和主张。对他们来讲,共和抑或自由不能扩张,就意味着萎缩和死亡。另一个思想家群体即是今天称之为自由主义的思想家群体。他们同样主张一种类似帝国的理念。恰如论者所指出的:

---

① 姜守明:《民族国家形成时期英国殖民扩张特点探析》,《世界历史》2004 年第 2 期,第 83 页。
② 同上刊,第 85 页。
③ Marchamont Nedham, *The Case Stated between England and the United Provinces*, London, 1652, p. 53. 转引自左敏:《论近代早期英国共和主义之自由帝国观念》,《政治思想史》2017 年第 3 期,第 61 页。该文对英国现代建国初期共和主义者的类似主张进行了梳理,由于不是笔者关注的重心,因此不再赘述。

洛克原则上反对帝国主义,唯一的例外,是如果原始游牧民或其他只是轻微利用土地的人任土地处于未开发状态,那么富有生产力的人们有权分配和开发这种"废置"土地。洛克并非环保人士,认为尚未转化为人类利用的自然是没有价值的。洛克认为,此类相对空旷和未开发的领土在本质上仍旧是全球的公地,个人和联合体可以占为己有,加以利用。盎格鲁—美利坚人利用这个理论,为定居者在人口稀少的北美、澳大利亚和新西兰殖民提供正当性,其代价是牺牲原住民族。①

这可以说是一种有条件的帝国主义论断:假如人们面对的不是无主土地,那就失去了土地扩张的理由。就此而言,自由主义者的帝国论调比共和主义者的相关主张显得温和克制。

英国的现代建国理念及其蕴含的不同帝国主张,经法国启蒙运动的转介,成为欧洲大陆建构现代国家的政治主轴。但法国是在相对于英国的后发状态下接受英国现代建国理念的。因此,法国绵长的君主专制政治,以及在此基础上形成的强大的政治保守主义习性,完全无法像英国那样经历漫长的贵族与国王的斗而不破、破而不长、斗中合作的政治渐进过程,逐渐积累分权制衡的现代国家要素。法国试图诉诸一场政治权力与社会风俗的激烈革命,就收获英国那样的现代建国成果。这就深刻地划出一道现代国家建构的历史界限:法国以浪漫主义的精神对待现代建国事务的必然结果,就是一场血流成河的凯歌猛进;同时也就注定了在一场革命达不到预期目的的情况下,政治强人会出面收拾残局,将现代建国的革命变成一场依靠武力粗暴坐实的战争行动。拿破仑在法国国内恢复帝制,在欧洲以铁和血的传统帝国征服手段推进现代建国的跨国进程,堪为明证。如果说英国建构现代国家为帝国主义留下了文明辩护的政治理论的话,那么法国便以赤裸裸的帝国主义行径来推动相关进程。

法国是建构现代国家的世界进程的一个转折点。② 但法国因为深刻认同自

---

① Michael Lind,"Was John Locke Really a Liberal?"*National Interest*,2016,pp. 5-6. 转引自清时译文,URL: https://www.douban.com/note/574382779/,访问日期:2019 年 1 月 29 日。

② 在革命的特定维度研究不同国度的现代建国进程,论者明确指出法国从建国引发革命、由革命导出专政的演变过程。参见〔美〕西达·斯考切波:《国家与社会革命:对法国、俄国和中国的比较分析》,何俊志、王学东译,第五章"法国'现代国家大厦'的诞生",上海世纪出版集团·上海人民出版社,2007 年,第 216—238 页。

由、平等与博爱的现代价值,它并不是一个试图建立强权国家且称霸世界的国度。拿破仑帝国在某种意义上是一个粗糙版的自由帝国。到了德国人手里,由于缺乏对自由的信仰,德国人几乎不存在为自由建国的理念。如果说德国主流思想中有些微现代规范自由观念,那也是无法进入社会主流的书斋理念。大多数情况下,现代的个人自由已经变异为集体自由、民族自由、国家自由,而与公民个人自由相去甚远;德国人长期生活于帝国的政治环境之中,因此缺乏国家形态创制的经验与想象;也因为德国人的顺从民性,对国家权力具有的高度服从特性,因此国家变成一场权力方面自我塑造的自闭游戏;更因为英国的全球挤压和法国的直接压迫,让德国外部存在促使其走上强权帝国主义建国道路的强大诱导力量。这就不仅给德国国内带来非/反自由的高压政治,而且其强权的国际追求或世界野心,让德国的帝国主义理念与行动给人类带来深重的灾难。德国成为与英国相比而言显著不同的另一类国家:在国内实行强力控制的国家体制,在国际社会推行军事强权的帝国战略。由此将德国塑造成为后发国家极为典型的强权帝国主义国家。

二、德国的帝国继起史

由上可见,先发与后发国家不仅在建国结果上大不一样,而且行走在不同的帝国道路上。民族国家建构的结果竟然生成了两种类型的帝国主义:自由帝国主义与强权帝国主义。帝国主义本是一个声名狼藉的政治辞藻。因为在对帝国主义进行全面而深入批判的 20 世纪中,人们切中肯綮地指出了帝国主义不分具体类型所具有的征服、压迫与统治殖民国家的共同性质。[①] 指出这一点,让帝国主义的侵略行径在评价上无法获得任何翻身的理由。但也不能不看到,两种帝国主义对内对外的方略呈现出的异同,有助于人们具体理解和分析现代建国进

---

① 参见〔英〕哈帕·布拉尔:《统治而非自由:帝国主义的目标》,戚圆圆译,《中国社会科学报》2016年1月15日。

程中不同帝国主义形态所具有的悬殊历史差异。同者,两类帝国主义都是现代国家发展的谋划方式,但却促成了完全不同的国内秩序整合模式;同时,两类帝国主义都对外侵略,对后发国家,尤其是后发的亚非落后国家绝对是悲剧性的事件。异者,两类帝国主义秉持的政治理念与实际举措上的显著差异,有着掠夺的同时推动后发国家现代发展或完全限于强占其领土、掠夺其资源、实现其霸权的明显不同。德国在建构帝国的历史进程中,尤其是在第二、第三帝国的建构中,其理念与行动正正属于后一类型。

德国明显属于现代国家队伍中的后来者。对德国来讲,这种后发国家处境,在欧洲地缘政治中呈现出远高于法国的紧张感与冲击力。原因很简单,直到19世纪初拿破仑入侵德国,才真正促使德国人意识到建构现代民族国家的必要性与重要性。这一方面是因为法国人对德国人的高压造成的反弹,让德国人的民族意识在法国人占领的情况下受到极大激发;另一方面也是因为法国人在德国广泛传播了现代建国理念,《人权宣言》与《拿破仑法典》激励德国人建立相对开放的社会,追求社会平等,赋予个人更多权利,倡导自由贸易,实施宗教宽容。而且这些理念直接推动了德国的现代建国,不仅让人们认识到民族国家建构的紧迫性,而且促成了德国法律与管理上的现代化。[1] 这里不去讨论德国人由此确立的现代国家理念具有多高现代精准度,而是想强调德国建构现代国家的绝对后发性:不是法国人打上门来,以武力教导德国人洞开现代国家大门,德国的现代大门可能就一直处在半开半掩的状态。同时值得强调的是,德国人虽然在观念上接受了法国强行带给自己的现代国家理念与制度建构,但他们的接受方式既然是以抵抗法国人的侵略为前提条件的,那么也就意味着德国人建构现代国家既深刻体会到武力的重要性,也心怀极强的抗拒心。因此德国人种下的现代国家大树,很难结出正常的现代国家果实。

---

[1] 〔美〕史蒂文·奥茨门特:《德国史》,邢来顺等译,中国大百科全书出版社,2009年,第146—149页。

德国的国家形态与时长

国家名称	神圣罗马帝国	德意志联邦	德意志帝国	魏玛共和国	纳粹德国	德意志联邦共和国
国家形态	帝国	松散国家	帝国	民族国家	帝国	民族国家
时长	962—1806	1807—1871	1871—1918	1919—1933	1933—1945	1945—

由上表可见,一部德国史,从其发源延续到当代,可以被概括为由民族国家历史点缀的帝国史,或者说由自由民主点缀着的专制政制史。确实,从长程历史来看,除了中间阶段的"德意志联邦"这样的松散国家联盟,很难定位为德意志国家之外,这一断定确实不虚。神圣罗马帝国、德意志帝国、第三帝国(纳粹德国)的历史,占据了德国历史的大多时段,时长达 900 来年。而魏玛共和国、第二次世界大战后德意志联邦共和国的历史,似乎只是帝国史的两段插曲,时长接近90 年而已。这两个数据放置到一起,让人惊奇德国的帝国历史之绵长,而民族国家的时间之短暂。这是今天跻身发达国家行列的诸多国家中罕见的历史情形。

分析起来,德国的帝国历史,并不是今天意义上的帝国主义国家的历史。第一帝国虽名之曰"帝国",但判然分为两个段落,以 14 世纪近于中期划界,之前的帝国尚且算是帝国,之后的帝国实际上有名无实。正如法国著名思想家伏尔泰指出的:"这个国家过去称为神圣罗马帝国,现在还是这样称呼,但它既不是神圣的,也不是罗马的,更不是什么帝国。"① 试想,一个失去了对罗马教廷的控制权,皇权居于教宗之下的国家,选帝侯的权力明显强化,这个国家的神圣性由何而来?与罗马又有什么关系?它又如何成为名实相副的帝国?不过,在较长一个时期,神圣罗马帝国的基本构成要素,也就是君权神授、罗马传统和皇帝名衔,倒与这一国名是相符合的。② 在神圣罗马帝国内部,除开教权与皇权的长期争斗之外,它促成了新神学体系的建立、市民社会的成长、宗教改革的浮现、依法治国理念的自觉。这些因素对一个新欧洲的诞生发挥了积极作用,也对帝国内部形成新机制产生了催化作用。③ 但在三十年战争与拿破仑战争的影响下,帝国悲

---

① 〔法〕伏尔泰:《风俗论》(中册),梁守锵等译,商务印书馆,1997 年,第 150 页。
② 参见张平宇:《神圣罗马帝国》,《历史教学问题》1985 年第 6 期。
③ 参见〔美〕史蒂文·奥茨门特:《德国史》,第二编"德意志民族神圣罗马帝国",第三章"人与神:文艺复兴和宗教改革时期的德国",第 48—93 页。

壮谢幕。三十年战争始自神圣罗马帝国的内部权力之争,但宗教与政治势力的混杂,使战争变成了一场旷日持久的灾难,成为第二次世界大战以前"德国人的创伤"①。战争最后以《威斯特伐利亚和约》宣告终结,促成了欧洲大陆的民族国家体系。神圣罗马帝国在欧洲均势战略中勉强维持存在,但已经很难创造什么国家辉煌业绩。随着普鲁士崛起对帝国权威的瓦解,更因为拿破仑的直接入侵,神圣罗马帝国终告瓦解。

法国占领德国后,一方面让德国人感到屈辱,另一方面催生了德国人的民族意识,促使了德国的崛起。前者让德国人感受到法国《人权宣言》与《拿破仑法典》的重要;后者让德国人在屈辱中反抗法国人的教导,力图以自己民族的方式翻开国家建构新的一页。19世纪第二个十年,德国开始取得与法国竞争的一些胜利。与此同时,德国自身现代因素的积累有目共睹,尤其是寻求建构现代国家的中产阶级力量有了明显的增长。在1848年的革命中,民主建国的事业颇有推进。但随着德国在俾斯麦铁与血政策的强力推进下实现统一,挺立的并不是一个民族—民主国家的德国,而是德意志帝国,也就是第二帝国。

德意志帝国的建立,俾斯麦是一个关键人物。对俾斯麦的评价至今还是两极分化的:一些人认为他将现代化引入了德国,以其"小德意志"的建构,将德国安置到了现代民族国家的政治平台上,并且开启了德国通向强大国家的道路;另一些人认为俾斯麦阻碍了德国的政治现代化,强人作为与帝国建制构成德国完成政治现代化的两大障碍。而且德国这一时期的现代化成就主要依赖于科学、工业与民主的蓬勃发展而成就,因此俾斯麦的功绩也不像崇敬者所想象的那么巨大。② 不过不能否认,第二帝国的灵魂人物非俾斯麦莫属。他全力打造的第二帝国,一方面制定现代国家的标配——宪法,但他本人视宪法为妥协的产物,并不能有效避免冲突。而冲突是不可避免的,不过掌权者却可以按自己的意志控制冲突。这是一种典型的权力崇拜。另一方面,他为国家呕心沥血、披肝沥胆、纵横捭阖、施展权谋,将政治权术玩弄得出神入化。因此俾斯麦留给德国一

---

① 〔美〕史蒂文·奥兹门特:《德国史》,第二编"德意志民族神圣罗马帝国",第三章"人与神:文艺复兴和宗教改革时期的德国",第94页。
② 参见上书,第八章"革命的保守主义:俾斯麦时代",第201—224页。

笔复杂的政治遗产。

爱国的传记作者们对俾斯麦现实生活中令人不快的方方面面避而不提,文献的编辑们省却了那些内容,或者审查过滤了它们。一代保守派德国历史学家们为一位有头脑、知进退、有远见的政治家歌功颂德。宣传家们为这样一位强悍的人物欢呼,奉它为日耳曼之魂。而真正的俾斯麦脾气暴躁,放纵无度,厌恶女性,偏执而沉溺于臆想。但这样的形象只出现在20世纪末的传记中。作为一种公众现象,三种俾斯麦的遗产有一个共同点,他们都缺少我们视为人类美德的方面:善良、慷慨、怜悯、谦虚、节制、耐心、大度和容忍。①

由俾斯麦的复杂遗产推论此后德国的精神状态与行为模式是缺乏正当性的。但从中人们确实可以获知德国政治人物性格的一些共同信息,第三帝国一些著名政治人物的特性,与此有很多相似的地方。

德意志帝国发动的第一次世界大战摧毁了德意志帝国自身。这就像此前神圣罗马帝国发动三十年战争却让自己丢掉了帝国控制权一样。但对德意志民族来说,悲剧性的战争结果却收到了喜剧性的国家建构成果:一个现代共和国降临于德国。魏玛共和国仅仅延续了十几年时间,国运不昌。但魏玛共和国对立宪民主制的国家实践,却构成德国现代建国实践最动人心魄的篇章:它不仅激活了现代德国一直韧性存在的自由民主思想,而且将之付诸制度建构,制定了自由民主宪法,开启了各方政治力量合法博弈之门。② 可惜魏玛共和国根基未稳,外部压力过大,纳粹党崛起,让德国的自由民主政治时间好景不长。德国再次跌进帝国陷阱。

第三帝国为时不长,但相比于德国的前两个帝国来讲,第三帝国的内部整合力度完胜过往不说,在国家理论上也比以往更加系统深入,对外的军事扩张也更为嚣张迅速,引起的外部强烈反弹程度也明显超过既往。第三帝国依托不加修饰的种族民族主义理念进行国家政治动员。纳粹意识形态即国家社会主义(national socialism)的命名,在它的种族民族主义的意义上可以被译为民族社会主

---

① 〔美〕乔纳森·斯坦伯格:《俾斯麦的一生:尘封信札背后的真相》(下),王维丹译,安徽人民出版社,2014年,第518页。
② 参见〔美〕史蒂文·奥兹门特:《德国史》,第四编"现代德国",第九章"最后的帝国:从威廉二世时期到魏玛德国",尤其是该章第三节"魏玛共和国",第242—254页。

义,在它动员国家力量强推这一意识形态的意义上可以被译为国家社会主义。就前一含义讲,纳粹以种族灭绝的方式实现纯而又纯的日耳曼种族建构,并在此基础上建立绝对优越种族的国家形态。因此纳粹不惜采取大屠杀这种灭绝人性的方式,对犹太人进行灭种。与此同时,以种族优越为理由对外界进行军事侵略与征服,试图建构一个规模庞大的现代帝国。就后一含义讲,在纳粹掌权的前期,大搞国家资本主义,在国内采取底层的温和税收政策,对资产阶级采用强硬的税收措施,行走于军国主义的道路上,因此让德国人觉得作别了1918年的第一次世界大战失败阴影,为国家的崛起而极度兴奋;在纳粹掌权的中晚期,以战争的手段对外掠夺,加之抢掠犹太人的财富,在国内高速转动军国主义经济,留给德国人的印象似乎是一个超级强国的强势崛起。在对外关系上,以废除《凡尔赛和约》为标志,德国人的第一次世界大战屈辱似乎扫光;以"大德意志"的确立,让德国人曾经的建国梦想似乎兑现。而当纳粹在东西线同时开战,就预示了第三帝国走向覆灭的命运。1945年,德国的帝国机运明显到头了。①

1945年战败后的德国被分离成为两个国家。直到1990年,两德统一,德国再次成为欧洲首屈一指的强国。在欧盟由经济联盟迅速向政治联盟发展的进程中,德国发挥着"关键先生"的作用。到此时,人们又一次质疑,欧洲联盟是另一个"神圣罗马帝国"吗?② 事实上这个帝国的建制是不可能重建的了,但一个由德国主导的欧洲联邦国家会是一个什么性质的国家呢?德国人的国家理想,也许促人围绕帝国理念想入非非的揣度?!

三、德国的帝国理论构造

德国充分发展的帝国史,会投射到德国的国家理论建构上。从总体上讲,德国的国家理论是以帝国或准帝国的理论为主流的——所谓帝国理论,主要是指

---

① 参见〔美〕史蒂文·奥茨门特:《德国史》,第四编第十章"野蛮君王:民族社会主义的兴衰",第255—289页。
② 参见孙璐璐:《欧盟:二十一世纪的神圣罗马帝国?》,《读书》2017年第4期。

德国流行的国家主义理论及这一基础上生成的国家扩张理论;所谓准帝国理论,主要是指德国主导的民族主义—浪漫主义政治论说。前者直接体现出帝国理论的特质,后者为帝国理论和帝国行径鸣锣开道。

在德国,之所以是帝国和准帝国的政治理论占据主流地位,一方面是因为引导国家健康发展的自由主义国家理论的孱弱,另一方面则是因为建构强势国家的国家主义政治理论过早占据主流地位,因此扼制了自由主义国家理论的发育发展。就前者看,主导规范意义上的现代国家建构的主流理论,也就是自由主义的国家理论,一向不太发达,从未占据主流地位。其完全不具有引导德国国家发展路向的理论活力与政治能量。在德国自由主义建国最发达的19世纪初期,其演变线索可以说是颓变性的。

> 德国的国家思想历来被视为"德国灾难"的渊薮自然有它的理由。德国的自由主义者无论是温和的还是激进的对德国政治民主化的发展都曾做出过不懈的努力,但他们所追求的政治路线在1850年后的确是在逐渐衰落,因为民族统一问题最终压倒了需要解决而没有解决的宪法问题。在普鲁士"宪法冲突"以前,自由派国家理论的核心都是围绕着宪政理论体系展开的,但1862年后,特别是1871年帝国建立之后,情况则大不同了,君主的特权毋庸置疑得到了确认。国家的权力在现实中变得至高无上了,权力和统治的结合变成了所有政治的真理,成了德意志历史发展的关键。①

由于德国自由主义的国家理论不是本论题关注的重点,因此仅仅指出这一总体线索,已经足以说明,德国的现代国家建构进程中缺少真正健康的政治理论的指引,因之也缺乏消解国家主义或国家崇拜毒素的强有力对冲理论——以19世纪德国自由主义发展最兴盛的阶段划界,即便前有19世纪边际上德国伟大的自由主义思想家康德的引导,后有20世纪初期伟大的德国自由主义思想阐释者韦伯的接续,但都不足以与德国的国家主义理论洪流相抗衡。

从现代政治理论史的视角看,相对于先发的现代国家如英国、法国,甚至是

---

① 徐健:《19世纪初德国的自由主义国家理论及其实践》,《北京大学学报》(哲学社会科学版)2007年第2期,第50页。

美国等国来讲,德国关于国家建构的理论是比较晚熟的。如果说神圣罗马帝国缺乏自觉的政治理论建构,只是在建国意念上显现出某种政治念想的话,德意志联邦时期的松散国家联盟,出现了国家理论的第一次繁荣局面。到了德意志帝国阶段,德国的国家理论已经有了相当的自觉。而魏玛共和国所催生的建国理论及其反思,让德国的国家理论上升到主导型的社会政治理论地位。到第三帝国,其关于国家建构的政治理论已经可以说相当发达了,其中两个路向的理论建构特别引人瞩目:一是纳粹法政理论的系统建构,诱发动力之一正是魏玛共和国的政治理论与实践的失败;二是流亡海外的德国思想家对纳粹政治理论的批判,试图将德国引向一个健康的现代国家发展道路。

对德国来讲,国家主义中通向帝国冲动的政治理论建构,关键的理论环节有三:一是德国历史文化民族主义的排斥性理论也即浪漫主义理论,二是黑格尔式的国家主义理论,三是纳粹的国家社会主义理论。这三个环节之间并不存在一以贯之的理论发展脉络,但三种思潮逐渐强化的德国民族主义情绪、国家主义崇拜与强权帝国建构的递进关系则是明显可辨的。前两者在时间上是有交集的,黑格尔的哲学与浪漫主义看似相斥,实则相通。相斥在精神气质和表达方式上,相通在精神结构和政治意欲上。德国浪漫主义首先体现为文学创作和社会思潮,但在民族主义的意绪上,两者是内在相通的:浪漫主义着力张扬个性,因此它拒斥普遍性和崇尚差异性;浪漫主义崇尚过去的美丽,申斥现实的肮脏;浪漫主义拒斥理性,崇尚原始与粗野。在以赛亚·伯林看来,作为浪漫主义之父的赫尔德,因为主张艺术是表白的,循此将语言和土地作为民族的纽带。民族的共同特性就成为他们相互交往的依托。因此,一个特定的人类群体只会按照自己确定的方向前行。正是由于多样性和差异性展现了人类辉煌的创造力和无限的可能性。赫尔德颠覆了启蒙运动预设的整齐划一、社会和谐、理想相融。[①] 赫尔德不是一个后来意义上的典型民族主义者,但他的上述理念,确实开启了德国人的民族独特性与担负世界使命的想象空间——他对德意志民族的优越性想象发挥了极大的引导作用,间接诱发了以德国为模板建构理想社会的帝国理念。

---

① 参见〔英〕以赛亚·伯林:《浪漫主义的根源》,〔英〕亨利·哈仪编,吕梁等译,第三章"浪漫主义的真正父执",凤凰出版传媒集团·译林出版社,2008年,第51—71页。

与浪漫主义前后相伴的德国古典哲学,尤其是黑格尔的绝对精神的国家化,以及建立在这一基础上的国家主义理念,有力塑造了德国人的国家主义崇拜观念。这是一个两相扣合的结果:德国人本来就具有服从权力—权威的顺从习性,加以国家主义的政治理念塑造,这种复合结构显现出一种高度的纪律感面目,给人以民族整合有力、国家勠力同心的印象。黑格尔强调国家不是建立在契约上的,而是建立在道德与理性基础上的,因此是不能随意变更的。国家高于市民社会,市民社会仅仅是依靠法律维持市民个人需要的满足,而国家是绝对自在自为的东西。个人只有成为国家成员才具有客观性、真理性与伦理性。黑格尔高度肯定国家就是地上的精神,是神自身在地上的直接行进。君王对国家具有极端的重要性,君王具有任性的特质。他蔑视人民,认为:"人民就是不知道自己需要什么的那一部分人。知道别人需要什么,尤其是知道自在自为的意志即理性需要什么,则是深刻认识和判断的结果,这恰巧不是人民的事情。"[1]这是对法国再造过的、建立在社会契约、人民主权基点上的现代国家的颠倒。黑格尔将国家主权分为对内和对外两个部分。在以国家有机论对对内权力进行规定之后,他强调,一个国家的"独立自主是一个民族最基本的自由和最高的荣誉"。因此,为保卫国家而牺牲个人就是天经地义的事情。个人对国家"有义务接受危险和牺牲,无论是生命财产方面,或是意见和一切天然属于日常生活的方面,以保存这种实体性的个体性,即国家的独立和主权"[2]。国与国之间没有超国家的普遍意志规定其关系和权利,每一个国家就是一个特殊意志。循此,处理国际关系的两个原则凸现出来:一个富有于进取心的国家,具有向外拓殖的奋发有为精神,"零散的殖民事业尤其见之于德国。殖民者移民美国或俄国,而与祖国一直没有联系,这种殖民对本国并无益处。第二种殖民事业与前一种完全不同,它是有系统的。它由国家主持,国家有意识地用适当办法来加以推进和调整"[3]。同时,"如果特殊意志之间不能达成协议,国际争端只有通过战争来解决"[4]。这些话无须过多

---

[1] 〔德〕黑格尔:《法哲学原理》,范扬、张企泰译,商务印书馆,1961年,第319页。
[2] 同上书,第340页。
[3] 同上书,第247页。
[4] 同上书,第348页。

的阐释,它是对德国帝国品性的一种自觉阐述,甚至简直可以被认读为对纳粹的耳提面命。加之黑格尔在《历史哲学》一书中将日耳曼精神直接视为"新世界的精神"①,因此,日耳曼人的世界历史使命担当就是顺理成章的事情。这就似乎更为直接地激发着德国人的帝国情怀。

犹如前述,德国的帝国理论的真正成熟期是在纳粹德国时期。直接为纳粹德国服务的种族主义叫嚣,理论意义不大。像纳粹"桂冠法学家"施密特的政治法学、纳粹推崇的哲学家海德格尔的存在哲学,对人们理解纳粹的帝国狂热最具"价值"。像当时流行的地缘政治学,对德国人几乎是发自心底的帝国冲动,也是一个极佳的注脚。施密特对魏玛共和国的失败痛心疾首,这颇有点像一些人论定的,由于国家已经选择过自由民主但悲催失败,因之"证实"这一建国方案的绝对不可行。因此施密特以反自由民主的进路来为自由民主"补锅"。他的制宪权理论,乃是建立在抽象的、集约化的人民出场的政治前提条件下的,但这样的人民从来都不存在,也不可能有机会出场赋予一个立宪民主制度以合法性。他的政治神学建构,试图为国家建构提供神圣价值支持,但不过是拒绝面对现实政治态势和延续蔑视人民传统的虚构。他的领袖是为宪法守护者加以蔑视犹太人的主张,更是赤裸裸地为纳粹帝国张目。他对政治的界定,也就是政治乃敌友之分,"就是最激烈和最极端的对抗",将政治的敌对与合作全然分离。他的大地法建构,也不过是为德国谋求生存空间进行的学术谋划。而他吁求第一次世界大战战败后的德国应当重建本质上应当是富有侵略性的国家,就更是直接呈现出他的纳粹帝国法学家面目。②

海德格尔也是一个忠诚的纳粹分子。仅仅借助刚刚公布的海德格尔写给家人的书信,就足以表明他的狂热帝国立场。他在纳粹兴盛期写道:

> 每一天,我们都在见证着希特勒成为一个政治家。我们的民族和国家

---

① 〔德〕黑格尔:《历史哲学》,王造时译,生活·读书·新知三联书店,1956年,第387页。
② 由于此处无必要展开讨论施密特思想,有兴趣的读者可参考施密特《政治的概念》《政治的浪漫派》《大地法》《议会民主制的危机》等著作,另见朱晓峰编:《施密特的学术遗产》,朱晓峰等译,华东师范大学出版社,2015年。施密特当然对现代后发国家的立宪民主建构困境有深刻的揭示与原创的解释,但这并不能让人随意忘记他为纳粹在高层理论上出谋划策的"桂冠法学家"身份,否则是无法准确理解施密特政治法学的当时指向与深远图谋的。

将会发生改变,每双眼睛都能看见,每只耳朵都能听见,每一位都在鼓舞自己行动的人都会感受到真正而又深刻的兴奋,我们见证了伟大的历史,见证了压力之下将帝国精神和民族使命照进现实的时刻。①

如果说海德格尔的纳粹认同不足以呈现他的帝国理论谋划的话,他的德国中心论就直接呈现了帝国理论家的面目。他说,"我们的民族位于世界的中心,遭遇到了最为严峻的压力"②,因此,存在哲学的使命就是"唤醒精神,并由此是历史性生存之原初世界的一个本质条件和基本条件,若是要预先阻止世界陷入黑暗,若是我们民族在世界的中心承担起它的历史使命,这是不可或缺的"③。将海德格尔的存在哲学与其对纳粹忠诚相互印证,可以确证他作为纳粹帝国哲学家的"荣誉"。这与施密特之作为纳粹的"桂冠法学家"恰好相互写照。

德国的帝国理论建构,在政治理论上直接与当时流行的地缘政治学有关系。地缘政治学有其科学性,主观意愿上与第三帝国的崛起无关。但它在德国的出台与德国在第一次世界大战后的严峻处境有关,因此具有某种谋求德国生存的客观理由之外,也鼓励德国人思考生存空间问题。

> 针对战后德国青年进行的教学活动,似乎一开始最缺乏的就是思维的广博性(在各个大洲方面!),以及对其他民族,特别是对海洋民族生活情况的了解。不能再感受海洋令人振奋的呼吸,被剥夺了海外联系,战后德国青年被束缚在狭小的大陆上,也被束缚在他们的世界观里,他们变得目光短浅,迷失在大量的小摩擦中……④

这话相对于纳粹德国的帝国扩张来说,可以说是说者无意,听者有心:它对第一次世界大战后德国的狂热青年以及国家掌权者的帝国图谋无疑是一种刺激。地缘政治学对生存空间与地缘政治的致思,与当时德国有人吁求的超越建立在国家利益基础上的国际法,建构"帝国主义的世界法"⑤恰好形成共振。由

---

① 转引自若雨:《海德格尔:不用争了,事实上我就是"纳粹"!》,微信公众号"社会科学报"2017年1月9日,URL:https://mp.weixin.qq.com/s/Z_vz0dskx3f3X9MPlKDbMQ,访问日期:2019年1月30日。
② 海德格尔语。转引自〔美〕汉斯·斯鲁格:《海德格尔的危机——纳粹德国的哲学与政治》,赵剑等译,北京出版集团公司·北京出版社,2015年,第32页。
③ 同上书,第36页。
④ 〔德〕豪斯霍弗:《为德国"地缘政治学"申辩》,袁媛译,娄林主编:《地缘政治学的历史片段》,华夏出版社,2018年,第73页。
⑤ 〔德〕卡尔·施密特:《禁止外国势力干涉的国家法大空间秩序》,方旭等译,同上书,第135页。

此可以说,即便地缘政治学的阐释者无意提点纳粹德国的领导人使用其理论、谋划其行动,但这一学科确实客观上有利于纳粹的对外战争与帝国谋求:它催促德国人不去思考国内政治的正常化问题,转而向国际社会谋求被挤压的生存空间,从而以对外扩张来塑造一个让德国人狂热认同的强大国家形象。

德国不绝于缕的帝国与准帝国理论建构,当然与德国现代建国的内外处境具有密切关系,也与德国的社会文化发展紧密相关,同时还与德国的政治传统与政治习性相贯通。正是这些因素的相互贯通,塑造了德国现代国家理论的性格,反过来这些政治理论又对德国的国家建构发挥诱导力量,从而促成国家理论与国家建构之间的一种内在互动关系。

四、德国的帝国成就与局限

德国是一个富有雄心的国家。一个国家的雄心,指的是这个国家不甘于被别的国家领先或支配,因此心怀超越霸权国家的雄心壮志,并将之付诸国家的发展进程。在现代国家建构的世界史上,德国绝对是一个后来者。具有雄心的后发国家,面对先发国家已经取得的国际优势,既会生发强烈的自我压迫感,又会竭尽全力追赶并超越先发国家。这是一种极为强劲的、推动国家发展的心理—行为力量。受这种心理—行为力量的驱动,举国就会竭力抓住国家发展的契机,想方设法激活有利于国家发展的能量。德国确实创造了从绝对后发国家快速超越先发世界强国的奇迹:在19世纪末第二次工业革命来到的时候,德国一跃成为欧洲强大的工业国家。在科学与技术取得惊人成就的同时,德国人热爱哲学沉思的优点,让他们登上人文学科发展的巅峰。从英国发源的浪漫主义在德国达到高峰,从法国大革命引入的诸如自由、民族与国家等现代理念在德国古典哲学家那里达到最系统的哲学理论建构高度。德国因此从长期被征服和欺凌的落后国家一跃而成最富有进取雄心的大国。撇开德国的帝国继起史和帝国理论不论,在万国严苛竞争的局面中,德国取得的现代国家建构成就,足以让世界上一切后发国家心生艳羡。

德国确实创造了后发国家迅速崛起的奇迹。试想,在19世纪初期拿破仑入侵德国的时候,德国还是一个尚未实现统一的落后国家,各个邦国之间心怀叵测,尤其是普鲁士竟然对拿破仑的入侵做旁人观。但在德意志帝国阶段,也就是19世纪后期到20世纪初期,德国却取得了惊世成就。仅从推动现代国家发展最强有力的科学技术来看:

> 1901年,诺贝尔奖开始其辉煌历程的第一步,将物理学奖、生理学或医学奖、化学奖分别授予德国物理学家伦琴(W. C. Röntgen)、德国细菌学家冯·贝林(E. von Behring)和时任柏林大学教授的荷兰物理化学家范托夫(J. H. van't Hoff),以奖励他们在发现X射线、血清疗法治疗白喉病、化学动力学和溶液渗透压方面的先驱性工作。三个科学奖项全部授予德国科学家或与德国密切相关的科学家,可以想见当时德国科学在世界的地位。①

这真是时人津津乐道的"弯道超车"。

对后发国家发挥最大鼓舞作用的,也许还有德国陷入极大困境却能迅速摆脱困局而崛起的国家发展神话。德国在建构现代国家的历史进程中,有着三次殖民地或准殖民地的惨痛经历。拿破仑占领德国后,德国在拿破仑本人被迫退出政治舞台以后,迅速取得对法关系的优势。中经1848年革命,德国快速崛起为全球工业强国。1918年,德国在第一次世界大战中战败,割地赔款,灰头土脸,但在20世纪30年代再次崛起为欧洲强国,经济与军事力量都令人刮目相看。② 一些修正主义史学观点甚至认为,如果希特勒早逝,他会成为欧洲历史上最伟大的领导人;抑或认为,如果他不采取一些不可思议的举动如发动第二次世界大战、灭绝犹太人,可能会有不同评价可能。③ 1945年,德国在第二次世界大战中战败,国家再次受到摧毁性打击。在国家重建中,尽管受到美国的欧洲政策

---

① 张剑:《世界科学中心的转移:德国的神话与奇迹》,《科学》2012年第3期,第46页。
② 参见〔联邦德国〕卡尔·哈达赫:《二十世纪德国经济史》,扬绪译,第四篇"'第三帝国'的经济",商务印书馆,1984年,第55—82页。
③ 参见《希特勒如果早逝,将是欧洲千年最伟大的领导人》,URL:http://www.sohu.com/a/122772075_488070,访问日期:2019年1月30日。德国学界对希特勒评价的学术性争论,参见〔德〕哈贝马斯等:《希特勒,永不消散的阴云?——德国历史学家之争》(逢之、崔博等译,生活·读书·新知三联书店,2014年)所收文章。

的扶持,但德国自己的努力才是决定性因素。它在20世纪70年代再次崛起为现代强国,并且在欧洲联盟的建构中发挥出日益重要的作用。

从德国现代国家建构的历史来看,第二帝国与第三帝国都对现代国家的建构发挥过促人深思的巨大作用:第二帝国阶段解决了德国的国家统一问题,完成了国家的工业化转型,将一个明显的后发国家转变成一个现代强国;第三帝国迅速将第一次世界大战战败后的德国转化为经济急速发展的国度,综合实力迅速增强。何以德国有此强劲的国家发展动力与如此令人瞩目的跃升奇迹?这与德国的帝国建制具有内在联系吗?对此问题,单纯给出是或否的回答都显得草率。但仅仅是描述德国建构现代国家时的帝国事实,又对分析问题毫无助益。在两种求解德国国家形态与国家崛起关系的解答方式之间,沿循一个中间道路给出局部有效的答案,也许是值得尝试的进路。从历史事实看,德国确实是一个帝国延续时长远远超过民族国家时长的国度。人们也许会说,第一帝国的相当部分时长与民族国家建构的世界历史进程毫无交集,不足以用来支持德国帝国史绵长的结论。那么减掉14世纪以前的那段时间不算[①],再将德国的帝国史时长加总,其帝国史的时长仍远远超过德国的民族国家时长。除开这个事实以外,德国确实是在帝国状态下实现国家崛起的,这也是一个不争的事实。如果说德国的帝国建制与国家崛起关联是一个偶发性事实,远不足以用来证明帝国建制最有利于国家的现代转轨或发展的论点的话,那么至少必须承认,帝国建制与国家崛起的既定事实,让人们必须在两者的相关性上去追问德国建构现代国家及其成效的动力机制问题。

基于既定历史事实,人们有理由提出这样的问题:德国因何在帝国建制下取得现代国家建构的惊人成就呢?三个帝国的次第出现,是否具有某种必然性?抑或说,德国是不是一个具有先天帝国气质的国家?它只有在帝国建制中才能实现国家崛起和现代转轨?这样的提问有些突兀,因为会将德国历史的偶然呈现视为必然结果。但在既定事实的基础上,这样提问至少会促使人们去解答德

[①] 在世界历史上,14世纪时,法国已经建立起法兰西民族的绝对君主主义专制国家,因此成为脱离基督教世界社会的民族国家成型的标志性事件。参见〔英〕佩里·安德森:《绝对主义国家的系谱》,刘北成、龚晓庄译,第一部分第四章"法国",上海人民出版社,2001年,第82—108页。

国奇迹何以出现的原因,解答德国为何对类似的后发国家具有极大吸引力的原因。首先需要承认,德国现代建国中长期处在帝国建制中,乃是历史的既成事实。帝国的既定建构,当然一定会对德国人思考国家问题发生决定性的影响。人们处在帝国的环境中,帝国处理诸侯国与皇帝的关系、皇帝与教宗的关系,诸侯国与诸侯国的关系,都无不打上帝国行动的既定逻辑。所谓"大德意志"与"小德意志"的国家建构方案,就是在帝国处境中生成的德国建国问题。签订《威斯特伐利亚和约》之前的神圣罗马帝国,自认秉承的是古罗马帝国传统,又身承基督教世界社会的宗教—政治理念,这对生活于其中的人们,肯定既会在显意识、也会在潜意识层次上打上深刻印记。即使《威斯特伐利亚和约》签订以后,神圣罗马帝国走向衰颓,但其均势策略让帝国保持了很长时间,这同样会给德意志人思考国家问题以历史导引。第二帝国与第三帝国几乎接踵而至的政治史,以及中经的魏玛共和国的败绩,会让德国人深感帝国体制的力量,民主制度的脆弱。德国的帝国理论建构在这一阶段走向系统和深刻,便与魏玛反思和帝国期待紧密相连。

其次,截至第二次世界大战战败时,现代德国确实是在帝国状态中赢得强盛国家之誉的,同时也是在民主情景中显示国家衰败迹象的。以此,这种对比鲜明的国家建构记忆,会强化国家建构中行动着的人们的帝国偏好。德国人有着为自己民族取得的历史文化成就深感骄傲的传统,同时也正是在这种骄傲的心理中进一步滋养了德国人的帝国"情怀"。两者相辅相成,构成德国人建构现代国家时挥之不去的帝国情结。加之德国人自认地居中欧,因此与道德上低俗的资本主义西欧划清界限,寻求一种综合东西欧优势的独特德国秉性。这让德国人心怀一种天生的优越感,进一步强化了德国人超越既定的现代国家建构格局,独辟蹊径走向繁荣发达且文明有致的国家状态。纳粹德国时期德国人既厌恶西欧庸俗不堪的资本主义,又对苏俄的布尔什维克主义深恶痛绝,就很好体现了德国人那种自命不凡的国家心态。

再次,德国人在浪漫主义思潮、存在哲学、政治法学与地缘政治学的精神引导下,既开眼看世界,对当时雄霸世界的英帝国之所以称雄世界的经验进行总结,对自己国家之所以被动挨打的教训进行归纳,因此对帝国与强盛国家的直接联姻强化了德国人的帝国思维。同时,又在开眼看世界的同时,深入拓展德国自己的精神世界,让前述几种思潮深深影响德国人的精神观念,从不同向度打造了德国人的国家观念,促成了帝国意识深透到德国人的文化无意识层次。这让德国人对现代国家的西欧经验心怀蔑视不说,而且对自己建构的现代德国所具有的灿烂前景深怀信心。一个将国家建构的实际事务换算为深层的哲学或政治哲学的德国,相应就会轻视国家建构中需要处置的具体事务,转而会对一些建国制度背后的深沉问题极感兴趣,并由此将人们的建国兴致引向务虚的一端,遗忘绝对需要务实的建国具体事务的有效处置。因此,德国人确实显得比英美国家,甚至是比近邻法国人要深沉得多,但处理政治事务的实际能力却明显低下不少。

最后,现代德国的建国处境一直是不顺的。这种不顺,既可以说近代欧洲的主要战争都发生在德国的土地上,德国受尽战争的蹂躏,饱尝战争带给自己的苦难;也可以说德国一直是在紧迫的战后状态下,尤其是在战败的状态下处理建国事务的。这就将德国推向了一个急迫走出不利处境的紧张状态。因此,以铁和血的手段、霹雳性的帝国建构,挽救国家于危亡之际的强烈期盼,对德国的现代建国发挥了支配性的影响。在这种处境中,凡是主张将国家稳扎稳打地安置在自由基础上的现代建国主张,在德国都不能成为受官方待见和民众认同的建国进路。像康德那样的大智大慧的德国自由主义思想家,也不得不在考虑国家建构的时候,早早就设计一个倾向于高福利的国家方案,并且在表达自己的权利哲学时,既明显表现出对浪漫主义的憎恶,同时却又呈现出强调"唯一值得拥有的是无拘无束的意志"之"拘谨的浪漫主义"①思维特质。于此可以想见,德国的国家处境中人们会以怎样的思维方式思考国家建构问题。

现代的先发国家英国可以在一种相对从容的环境中建构国家。因此,它可以奢侈地付出将近 500 年的时间代价(1215—1688)来慢慢打磨立宪政治的机制,来探索如何波澜不惊地限制王权,走出一条保有既定王权,同时确立虚君共和政制的现代国家方案。像德国这样的后发现代国家就没有这么幸运了。现代国家建构的任务一旦摆上台面,国家中的人就心惊肉跳地发现国家处境是多么

---

① 参见〔英〕以赛亚·伯林:《浪漫主义的根源》,第四章"拘谨的浪漫主义者",第 72—82 页。

不利,加之建国者之间的建国磨合极不顺畅①,因此,帝国的一再出场就完全在情理之中。到最后,曲曲折折的现代建国,只好以三次殖民或准殖民经历悲惨收场。这就非常悖谬地呈现出德国现代建国的两种景象:一方面是德国帝国建制一再呈现出辉煌的成就,另一方面是帝国的辉煌无不以悲剧的结果落幕。这本身应当说是德国现代建国的帝国依赖事实给世人最大的教训,但对德国以外的后发国家来讲,在辉煌中的德国帝国奇迹,着实让人心生羡慕。因此它们无不想成为像德国那样依靠帝国建制瞬间让国家腾飞的、创造奇迹的国家。

作者简介:任剑涛,清华大学社会科学学院政治学系教授,主要研究领域为政治哲学、西方政治思想史、中国政治等,代表作有《中国现代思想脉络中的自由主义》等。

---

① 看一下德国在魏玛共和国时期左右两方势力在建国中的冲突与拒绝妥协,甚至偿付性命代价,就可以知道后发国家不同建国主张者之间的难以协调。如果说在法国,大革命以激荡风云的方式突兀呈现了现代建国方案,并以拿破仑专制方式落定这一方案的话,德国就没有这么好的运气了。第二帝国时期的建国争端一直延续下来,到魏玛共和国时期根本就没有形成任何一种妥协机制,持续的争论只好交由纳粹以国家暴力的方式一举中止。

德意志与欧洲

何谓德意志？*

〔德〕迪特·博希迈尔（姜林静 译）

内容提要：从德意志民族构建之初至今，德国人一直在追寻自我身份的问题，德意志民族身份和民族特性因此成为德国一个独特的问题。本文在对德意志特性的追溯和展望中，从词源和文化上梳理了"德意志"的内涵，探讨了瓦格纳、尼采、歌德、托马斯·曼等德国文化精英对此的论述和德意志性在德国历史重大事件中的体现。文末结合当今欧洲的难民问题，指出要将自我超越纳入"德意志"概念的定义中，才能避免这个概念被滥用的危险。

关键词：德意志　民族身份　世界主义　难民问题

世界上几乎没有任何一个国家，像德国这样如此频繁地提出关于自我身份认同的问题。"何谓德意志"？这一问题从瓦格纳、尼采开始，到桑巴特、托马斯·曼、阿多诺和阿尔诺德·盖伦（Arnold Gehlen），时至今日都是无数文章讨论的热点问题。犹太裔流亡者、托马斯·曼的密友艾里希·卡勒（Erich Kahler）在《欧洲历史中的德意志性格》（苏黎世，1937）一书中总结道："德意志是个不折不扣的有问题的民族，它至今依旧没有实现自我认同。"

一方面，德国人从未发展出某种确定的身份感，没有任何其他国家，像德国人这样不知疲惫地试图向自己和其他国家解释自己究竟是什么；而且，任何其他民族中优秀的有思想的人物，都不会对自己的国家进行如此尖锐的批判——这

---

* 本文由本卷执行主编进行了通校。

种批判有时甚至发展到自我否定、自我放弃乃至自我厌恶的程度。另一方面，德国历史上四分五裂，没有统一的国家，常常沦为周边大国的玩物和猎物，从中衍生出的国家无能感又总是转化为对自身优越性的狂热，而且通常恰恰在国家陷入最耻辱的时刻，如在普鲁士战败于拿破仑之后，又如在第一次世界大战的"战胜国"溃崩之后。这种对自身优越性的狂热，造成德意志不断抛弃自己的世界公民传统和美德，而这种世界公民特征对于18世纪、19世纪初的德意志精神世界来说一度至关重要。

人若缺乏自信，那么对某种事物的不确信感，就很容易借助夸大他实际上最大的缺憾去寻找补偿。艾里希·卡勒把德意志的民族感与欧洲其他邻国的民族感进行对比时说道："哪里缺少自信的、理所当然的民族感，哪里就会出现痉挛式的、鼓动人心的盲目爱国主义。"

普鲁士王威廉建立德意志国6年后，也就是1865年，理查德·瓦格纳在谈到"何谓德意志"时，这样说道："爱国者善于带着绝对的崇敬来称呼自己的国家；然而一个国家越强大，就越不会过多关注是否要满怀敬畏去称呼自身。"直到1878年，瓦格纳方在《拜罗伊特月刊》第一期中分开发表该种言论。他在发文中继续写道："在英国和法国的公共生活中，鲜有人谈论'英格兰式'或'法兰西式'美德；而德国人却总是不厌其烦地引用'德意志式的深度''德意志式的严谨''德意志式的忠诚'等诸如此类概念。可惜引用的说法大多显然毫无根据。"

事实上也确实如此。若打开格林兄弟编纂的《德语词典》第二卷，查看"德意志"（Deutsch）词条，会发现在引证了其"原本意义"后，马上就出现一系列价值判断，诸如"德意志意味高贵与杰出"；因此"德意志男人是……能干、正直而且勇敢的男人；德意志式的忠诚永固；德意志式的性情是深刻而真实的性情"。进而，"以德意志的方式谈话"意味着"开放、清晰、干脆、无情地说话，不会遮遮掩掩、欲言又止"。在阿德隆（Johann Christoph Adelung）的《高地德语方言语法批判词典》中，"德意志"词条下写着："干脆、正直、不弄虚作假的"以及"符合传统德意志人方式的"。

另一位与瓦格纳观点相似（并与瓦格纳私交深厚）的是自由主义记者和政治家尤里乌斯·弗勒贝尔（Julius Fröbel），他早在瓦格纳发表《何谓德意志》一文七年前,针对有人夸张使用"德意志"一词的现象说道:"哪个国家会像德国一样,把某个形容词挂在嘴边说明自己的性格?'德意志式的力量''德意志式的忠诚''德意志式的爱''德意志式的严谨''德意志歌曲''德国葡萄酒''德意志式的深刻''德意志式的严密''德意志式的勤劳''德国女人''德国少女''德国男人';除德国外,还有哪个国家会大规模运用此类表达?……德国人特别要求自己应该是'德意志式的',频繁而随意,就好像他可以随意发怒一般。……某种程度上,德意志精神便如同某人站在镜前孤芳自赏,他已然几百次打量自己,已然确信自己完美,却还有某种隐秘的疑惑不停驱动他,而造成这种虚荣心的内在秘密正是这种疑惑。难道这一切不正是自疑病患者的自我折磨吗?他缺乏行动,但除了行动又没有什么可以帮助他。"

与弗勒贝尔不同,瓦格纳显然并不想把臆想出来的德意志特性,当作"完全出于假想的特质"进行贬低,"即便在人们援引这些特质时常常滥用"。他研究的兴趣在于"德意志特征在历史进程中的意义"。这无疑是一条正确的道路。瓦格纳恰如其分地借用了"德意志"一词在彼时代的词源学研究成果,即如雅各布·格林所证明:"'diutisk'或'deutsch'的含义,通俗讲就是'本土的、本国的',与之相应,它很早就与'罗曼国家的'构成一组对立概念;同时它也可表示盖尔-凯尔特种族特有的日耳曼种族。"

"德意志"系出日耳曼语的"thioda"(国家、民族)及其相应的形容词形式"thiodisk","diutshiu"。正如瓦格纳所言,这是一个语言的概念,换言之,它是对中欧日耳曼语支语言的称呼,与比邻的罗曼民族语言尤其与拉丁语相对立。从查理大帝开始,人们就把"德语"(theodisca lingua),即本民族的、后来德语区使用的民族语言,与拉丁语区分开来。共同使用德语语言的地区,也就是欧洲中部的德语区,最初被称为复数的"德意志诸邦国"(diutschiu lant),直到15世纪,才逐渐形成今天所称的"德国"(Deutschland)。瓦格纳在其随笔《何谓德意志》中也提到这点。瓦格纳还特别追溯到费希特在《对德意志民族的演讲》中发展出的理论。费希特认为,德国的称谓是对在莱茵河东岸居住的族群的一个"集体称谓"。这些族群与移出的哥特人、汪达尔人、伦巴德等人不同,他们留守在自己"最原初的位置",继续使用他们"最原初的母语",而在外乡扎根的诸日耳曼种族则放弃了自己的母语。

从 11 世纪末开始,德国人便是一个由语言而非通过政治来定义的"民族"。民族(国家)一词源自拉丁语"natio",表示某人某物源自或出生的根源,在中世纪用来指涉共同的出身和语言以及由此构建的共同体,此时还未形成 18 世纪或法国大革命意义上具有主权的政治共同体。歌德和席勒在《赠辞》中谈到德国人的时候称:"你们希望,把自己建构成国家,德国人,这是徒劳。"在此,德意志的是指德国人尚未建立的现代"国家民族"(Staatsnation)。然而在欧洲中世纪作为语言共同体的意义上,德意志却早就是一个"(自然)国家"(Nation)了。"德意志民族"的概念源自 15 世纪公会议时代的语言习惯,它最初基于"lingua"与"natio"两词的同一性。"德意志民族的神圣罗马帝国"与之同出一辙:它描述拥有德语"舌头"的罗马帝国。而"舌头"(Zunge)一词则至 15 世纪初才逐渐被外来词"民族、国家"(nation)所排挤,但却并未丧失其源自日常语言的含义。

"德意志的"与大多数国家语言中的形容词诸如"英国的""法国的""意大利的"等不同。后者首先指涉盎格鲁人、法兰克人以及印度日耳曼人等种族,然后才指涉种族使用的语言。而形容词"德意志的"却原本并非对种族或民族的称谓,也非对民族、疆土或作为政治体的国家在民族学意义上的称谓,它首先是一个关于语言的称谓——恰与上述其他国家的形容词的形成过程相反。这点对于瓦格纳至关重要。进而瓦格纳还指出,"德意志的"(deutsch)与"阐明"(deuten)之间存在词源学关联。也就是说,"德意志的"原本表示"大众能够明白的",对此他写道:"'德意志的'(deutsch)在动词'阐明'(deuten)中重新找回自己:'德意志的'就是'清晰明了的',继而引出熟悉的、人们所习惯的、继承于父辈的……"即如该自我称谓所表达的含义一样,德国人最初是一个语言共同体。值得注意的是,这一称谓却根本没有为邻国所持续采用。英国人或希腊人曾经并依然称德国人为日耳曼人,而法国人和西班牙人则因其中一个种族而称他们为阿雷曼人。

瓦格纳接着论述道,原本非政治的"德意志的"一词,在德国实际政治环境,尤其在"德意志民族的神圣罗马帝国"的衰落和终结中,其政治意义反而愈加膨胀。某种程度上,"现实"中缺少的东西,被从对德意志帝国"尚存的光辉记忆"中投射到"词语"中。"并无哪个伟大的文化民族能像德国那样"通过强调"德意志的"这一价值概念来"扩大其想象的声誉"。这个想象"建立在源自过去的想象"。瓦格纳继续写道:"以某种特殊方式,我们恰好在历史记忆中,在彼历史时期中邂逅了'德意志'这一称谓的荣耀。"事实上,在"德意志民族的神圣罗马帝国"中,"德意志的"总是从属于"罗马的"。然而当德国人走出其从属地位并凌驾于非德意志民族的时刻起,服从就急转为压迫。"原德国人既在异乡感到不适,则会作为永远的异乡人,去压制异乡民族。异乎寻常的是,我们直至今日(1865年)仍处于这个过程,德国人在意大利和斯拉夫国家被视为压迫者和异乡人而遭仇恨。"——而这些德国人在那些国家——正如在阿尔萨斯——虽处于劣势,却习惯压制别人。

在此,人们或已想到丘吉尔的著名说法:德国人要么横在颈上,要么窝在脚边(要么胁迫他人,要么被他人胁迫);抑或想到英国首相撒切尔夫人在1990年德国统一前的评论:德国"永远以无法预料的方式,在侵略他人和自我怀疑之间摇摆不定",故而自1871年统一以来,便一向是欧洲政治中的一个不安定因素(撒切尔因此和法国总统密特朗一样,反对德国统一,他们都担心,德国会如同德意志帝国时期那样,在长期分裂过后扰乱欧洲秩序)。

倘若如瓦格纳所说,"德意志的"原本不过一个非政治性概念,并只有在德国政治力量江河日下时才怀旧式地被政治化了,那么它就在非政治环境中发展出多重意义的变体,通过不同变体,它才能重归本来的含义。"伴随外部政治势力的衰落,或曰伴随罗马帝国重要性的降低,即我们今日所痛惜的德意志辉煌的没落(瓦格纳认为这毫无道理),德意志性反而开始真正发展。"瓦格纳同时指出一个奇怪的事实,即德意志文化直到彼时方才获得世界意义,因其在三十年战争遭受毁灭性破坏之后,"德意志民族"几乎被彻底消灭。"德国诗歌、德国音乐、德国哲学如今受到世界所有国家高度重视",而德国人却并不愿满足于"德意志精神"的世界意义:"在追求'德意志辉煌'的过程中,德国人通常只梦想重建类似罗马帝国的帝国而别无他想,因此即便性情温和的德国人都情不自禁产生充当统治者的欲望和征服他国的渴望;他全然忘了,罗马的国家思想对德意志民族的成长曾产生过何等负面影响。"瓦格纳所代表的是某种绝对非政治的"德意志"观点,其中包括自由和超民族性,也包括将外族文化与本族文化融合的能力。从音乐角度来看即是如此——德国音乐之所以享有国际声誉,正因为它吸收和杂糅了其他民族音乐文化的形式元素,尤其是意大利和法国的音乐文化。"德意志精神"不仅吸收了古代文化,而且在"纯粹人性的"精神中复苏了(宗教改革以来的)的基督教;对于瓦格纳来说,德国音乐最伟大的贡献,在于将"美好和高贵"之类的自我规定(亦即由康德首次明确提出的艺术的无目的性)提升为最高标准。

至此,我们已能够理解瓦格纳在《德国艺术与德国政治》(1867/68)中那句名言的意思:"'德意志'……就是:因事情本身之故,因对之所怀的乐趣而做事。"可见,这便是针对被瓦格纳称为"非德意志的""有用性"。"德意志美德"就是因某件事情本身之故而行动,这恰与"自康德以来的最高审美标准相符,即只有无目的性的才是美的……"

阿多诺也对"何谓德意志"的问题做出"回答"。他对上文所引瓦格纳的名言进行了多种批判,如认为它是"集体自恋主义"和"帝国主义优势"的畸形产物,但却对其真正核心进行了辩护:与"较为先进的资本主义国家"不同,德国把"精神创作""视为关乎自身的、不是仅为他人或他者而存在的东西,它并非可交换物","倘若缺乏'为事情本身'这一核心,便难以产生伟大的德国哲学和伟大的德国音乐"。尽管明知瓦格纳之"为事情本身"的思想在德国历史投下不少阴影,阿多诺还是坦言,自己结束流亡回到德国正是为回归"仅为事情本身而做",即瓦格纳为德国身份所下的定义,虽然它不无争议。

上述瓦格纳对德意志的看法,还可联系 18 世纪下半叶兴起的德意志文化民族观念来考察。在德意志文化民族的观念中,起主导作用的仍然是以往"民族(国家)"与语言相联系的观点。谈到文化民族(Kulturnation)与国家民族(Staatsnation)之间的区别,不妨首先看一下弗里德里希·迈内克(Friedrich Meinecke)在《世界公民国度与民族国家》中对两者的定义。迈内克把"文化民族"与"主要基于……共同经历的文化产业"、把"国家民族"与"主要基于共同的政治历史和宪法的联合力量"联系在一起。迈内克认为自 18 世纪起,"民族"(Nation)便既是种族与语言的合一体("文化共同体"),又是帝国成员的总体("国家共同体")。

关于"文化民族",最著名的表述见于歌德和席勒的《赠辞》,其中有两首双行体挽歌《德意志帝国》和《德意志民族性格》,其中一处写道:"德国?可是它在哪里?我不知何处能找到这个国家。/学问开始之地,正是政治终结之处。"另一处写道:"你们希望,将自己构建成国家,德国人,这是徒劳。/但你们可以,因此更自由地发展为人。"在这两段讽刺诗中,知性的德国与政治的德国不仅不相一致,而且甚至完全分裂。德国人不可能在政治意义上形成一个"民族",他们拥有一个更为普遍的人类使命。就此观点,即认为德意志并非一个拥有明确边界的民族,而是一个超民族、世界主义、纯人性的实体,路德维希·伯尔纳(Ludwig Börne)曾这样表述:"不列颠人只是不列颠人,西班牙人只是西班牙人,法国人只是法国人;而德国人只是人。"颇具典型意义的是,伯尔纳是作为一名犹太人而如此坦言的。他是19世纪及20世纪初有教养的犹太市民的一员,他们因具备这种超"民族"的纯粹的德国性—人性身份,而坚信自己能够成为德国人。而对自身身份的这种信念,可以很好地解释,整个19世纪和20世纪初,犹太人为何对德意志文化有如此强烈的认同感。

托马斯·曼(一如尼采)认为,犹太人代表了某种与"历史上一切较为高尚的德意志性"难解难分的"人道和普世性元素"。如果没有这种元素,"德意志性就不再是德意志性",就会成为"对世界无用的游手好闲者"。新康德主义者和犹太学的重要代表人物赫尔曼·科恩(Hermann Cohen)在其《德意志性与犹太性》(1915)一文中甚至提出:对于世界各地的犹太人来说,德国才是"他们心灵的祖国"。科恩认为,"德意志性与犹太性之间内在的共同点"源于二者共同的普世性取向。后来的世界犹太大会主席那鸿·古德曼(Nachum Goldmann)在其名为《关于犹太性的世界文化意义和任务》(1916)的小册子中,也发表过类似观点。古德曼认为,与所有其他民族思想相反,德意志的民族思想由超民族的"人类观念"决定,这是18世纪"人道主义—世界主义文化"的遗产。"所有其他的欧洲民族观则都把民族理解为最终目的,作为'事情本身'",而德意志的民族观却与人类观相符。"只有在先知犹太教的民族思想中,我才能找到可以与德意志的伦理—人类民族观进行类比的东西。"后来,艾里希·卡勒在《各民族中的以色列》(1936)一书中,在第三帝国的背景下阐述了类似观点:犹太性和德意志性之间有

"一种炽烈的彼此追求,一种如此深刻的与自己的相遇,这在犹太人与其他民族的关系中从未出现"。例如与对待罗曼民族不同,犹太人对待德国人犹如"情人"。"而德国人与犹太人之间的那种仇恨,也只可能出现在彼此深爱的存在之间。"当然,只有在历史上极罕见的幸运时刻或例外现象中,这种爱才表现为相互的爱,大多数情况下则是犹太人爱德国人,却得不到回应。最后奥斯维辛以残酷的方式彻底打碎并终结了犹太人与德国人之间单方面的"爱情故事"。

如上所示,所谓"德意志的",曾一度是超政治的、纯精神的、人道主义—世界主义观念。从这种观念中产生了"世界文学"的概念。歌德在其人生的最后几年提出了这一概念。"民族文学现在不会再有太多意义,世界文学的时代即将到来,每个人都必须为此做出贡献,加速这一时代的到来。"歌德在1827年1月31日与艾克曼的谈话中如是说。歌德认为,德国能够、也必须在此成为先驱者,因为德国人虽然"没有民族观",但却因此而具有"世界观"。在这一点上,他完全赞同早期浪漫派(在迫于拿破仑外族侵入转向民族主义前),而早期浪漫派也的确通过其丰富的翻译实践了"世界文学"。早在1825年,奥古斯特·威廉·施莱格尔便在《脱离欧洲意义的德国文学》一文中(与晚期浪漫派的民族主义形成鲜明反差)写道:"请允许我出此断言,我们是欧洲文化中的世界主义者。"对此,迈内克认为,早期浪漫派与魏玛古典派都具有此类"对德意志民族受到普世思想召唤的确信,他们确信自己就是原本的人类民族",洪堡和席勒便是秉持这种观点。总之,现代民族观至18世纪末才在德国发展起来,它与世界主义有非常紧密的联系。据此,民族首先是一种文化而非政治现象。

歌德在1820年6月14日致约翰·兰贝特·贝希勒尔的信中,称德国人所特有的"德意志使命"就是"把自己提升为全体世界公民的代表",其原因正在于,德国人没有结成国家民族的统一体。歌德此言的间接所指,乃神圣罗马帝国解散后逐渐恶化的民族沙文主义倾向(1806年普鲁士屈辱地败给拿破仑,随后的外族统治极大打击了德国人的自信)。它让歌德万分恐惧,他自己早年对拿破仑的钦佩尤为加深了这种恐惧,甚至似乎激怒了他。事实上当时有不少人,长期幻想拿破仑不会摧毁德国,他不过会为在欧洲—世界主义框架中的重新统一提供保护伞,歌德不过是其中一员。

托马斯·曼因此在《德国与德国人》(1945)中称,歌德与"德国解放战争"之间,存在一种"完美的冷酷"的关系,它会"激怒所有爱国者"。而歌德的态度"不仅出于对享有特权的贵族、皇帝的忠诚,而且也因为他厌恶拿破仑战争中野蛮的、民族的因素。这是歌德这位拥护宽广大度的伟人的寂寞。令人苦闷的是,在歌德时代,在被爱国和自由情绪所激荡的德国,人们对超民族性、世界德意志性和世界文学,都不再抱任何同感"。歌德不得不接受"属于某个民族的命运",而这个民族又不断把"自由观念"转向"野蛮",为此才可以"向欧洲"及其超民族的文化价值"发起进攻",向世界文明发起进攻。

歌德目睹了同时代人如何在解放战争之前、之中和之后沉迷于反拿破仑的民族主义,如何到最后开始欢庆拿破仑的失败,越是如此,就越使他坚定地走上精神的逃亡之路。他越过民族界限,越过被战争摧毁、日益陷入各种民族主义的欧洲;他踏上希吉拉之旅,在精神上逃往东方,为了"在纯粹的东方/享用祖先的空气"——《西东合集》诞生于拿破仑失败后,体现了歌德面对早期民族主义所采取的世界文学对策。其世界文学思想核心,是不同国家的作家之间当相互影响、相互作用。国家之间的分裂趋势破坏了这种交流,歌德试图通过与自己所喜爱的东方诗人——尤其与哈菲斯之间存在的——某种潜在的诗性交流进行补偿。

歌德努力通过世界主义的文化观,通过伦理价值去抵制各种形式的沙文主义。他在1830年3月14日对艾克曼说,"民族仇恨"在"文化的最低层面""最为剧烈"。"若想消灭民族仇恨",就必须把人们提升到一个新的层面,"人们超越了民族差异,能够体会到邻族的快乐和痛苦,就仿佛身临其境。这样的文化层面符合我的天性,我在六十岁之前就坚信这一点了"。在1817年6月7日致尼布尔的信中,歌德讲道,如果他退避到自身,并企图与其他国家划清界限,则意味对德意志的自我扬弃。这其中已经包含了后来尼采和托马斯·曼的观点。歌德告诫人们要谨防一种"会摧毁德国人"的"怪念头",它会让德国人退避到自身。他从来都认为,"那些在异乡建立起自己的祖国,用异乡的情态、事物和习俗中优秀的东西构建自己的人","具有极高价值"。

在19世纪和20世纪,那些批判逐步升级的民族主义的人,不断回忆起歌德时代的世界主义。它本是德意志的原本属性,是具有包容性的概念,与德意志的排他性形成巨大反差。另一方面，在 19 世纪和 20 世纪，"德意志"越来越带有隔离的倾向，它越来越要求与邻国（尤其法国）划清界限。托马斯·曼将其描绘为："的确存在某种夸张的、无知的民族主义，挥舞着爱国旗帜和强有力的手臂，其对高尚的德意志性的了解程度，就如公牛了解鲁特琴曲一般。"

在威廉治下的德意志帝国中，对传统的德意志世界主义的反对，翻转为好战的民族主义。对此最为犀利的论战者非尼采莫属。在《人性的，太人性的》（1878）第一部分第 475 条"欧洲人与民族的消灭"中，尼采表示，"民族的消灭"正处于不可抗拒的进程，其终结处将有新的后民族的人类模式，即"欧洲人类"。然而尼采相信，由于德国拥有世界公民传统，所以在其中可以担任"民族间译员和中介"的重要角色。同一著作第二部分第 323 条的标题为"好的德意志意味着去德意志"，"如果一个民族进步、成长，那么每次都会伴随一根曾经赋予其民族声望的腰带的断裂"。"何谓德意志"永远会延伸为"此时此刻何谓德意志"。

19 世纪下半叶博大精深的德意志现象学，其发起者是德国精神生活圈子以外的伯古米尔·戈尔茨（Bogumil Goltz）。1801 年，戈尔茨出生在当时普鲁士治下的华沙，父亲是司法部公务员。他周游世界，擅长讽刺幽默，性格古怪。其他对德意志现象学做出重要贡献的人物，要么是处于德意志文化圈边缘，要么是犹太移民作家，如艾里希·卡勒或诺博特·伊里亚斯。这并非偶然。苦难的经历一定在某种程度上赋予了他们从外部观察德意志性的目光。

戈尔茨的主要著作是《论德国精神的历史与特性：一项民族志研究》（1864）。在著作中，戈尔茨主要选择了"德意志民族性格"中的民族和民族主义视角，此外还明确指出了"德意志精神"的世界公民传统。托马斯·曼深受吸引，在《非政治者的思考》中把戈尔茨与尼采及其"对德国民族主义化的反抗"进行比较。曼引用了戈尔茨著作中大段的相关论述。

戈尔茨说道，"德意志的世界公民性和普世性"往往被指责为"没有个性"或"缺少民族性"，亦即德意志缺少界限分明的民族独特性，德国人似乎就是"没有个性的人"。托马斯·曼引用了戈尔茨并用黑体字标出："德意志民族无法拥有其他民族所拥有的个性，因为通过文学和理性教育，德意志民族已被普遍化、精炼化为一个世界民族。在这个世界民族中，整个人类都承认其教导者和培养者。……这就是我们的精神,我们的民族统一、民族论和使命。这与法国人、英国人称之为民族性的东西或幽灵并不对等。我们现在是而且将来依旧是具有世界公民性的、世界历史性的民族,地球上其他各民族和种族都会在这个民族中找到根与枝。"

如果联系到此后的德国历史,这段话会令人感到尴尬。"具有世界公民性的民族"或超越一切民族局限性的民族,都十分动听。然而世界公民性在此并不意味着,德国人把自己与其他民族等量齐观,与之并驾齐驱,而是认为自己占有优势,认为自己应该作为精神领袖走在前面。世界主义转化为了优越的思想。这一危险从一开始就隐藏在德意志的世界公民性中——对于这点,无人比托马斯·曼认识得更为透彻,他在晚年的随笔和《浮士德博士》中都提出同样的疑问,即为什么德国人总是"让自己一切的善偏移为恶",即便是他们最善的地方,即其"原初的普世主义和世界主义"。德国人后来正是以此为出发点去索要"欧洲霸权,甚至统治世界","进而发展为不折不扣的自我逆转,成为最傲慢、最具威胁性的民族主义和帝国主义者"。

最后请允许我把目光投到当下。我们由尼采得知,"何谓德意志"的问题总是必然扩展为"现在何谓德意志"。欧洲和德国的难民潮引发了很多德国人的身份认同危机,尤其是前东德的人,他们在东西德统一后才首次问心无愧地坦白自己的"德国人身份"。然而成长于完全不同的宗教和文化背景的难民,该如何融入某个身份模式呢?民族身份的观念是否会随不断强化的"移民背景"失去意义和正统性?

在今天,民族身份的观念更加关注的是同一文化的同质性和排他性,而非融合异族的包容性。这样民族身份就比以往更为严重地失去了正当性。因为从歌德到尼采再到托马斯·曼,民族身份都是"德意志性存在"观念的一个组成部分,带有自我超越的标签。

就"德意志性存在",出生在土耳其的作家希诺察克(Zafer Şenocak)曾在2011年进行了一项研究,其结果很有说服力。希诺察克的父母分别是出版商和教师,他在八岁那年随父母移民到德国的巴伐利亚南部。他最有意思的作品是《启蒙作品》,其中一章的标题为"破碎德语",显然为故意让人产生误解。与读者的期待不同,作家所指的并非移民所操的磕磕巴巴、破碎的德语,而是德国人"破碎"的身份。这对于有教养的移民来说是一个特别的问题。他们来到这个新家园,带有强烈的身份认同诉求。他们看到,"德国的民族意识"总是被带入"死胡同",从而影响德国人的历史自信。"民族感不是抽象之物,它是身份的酵素,隐藏在语言和意识后方,理性的论述也无法将之拆解。这个后方是集体性民族身份的避难所和集合处。……这种民族身份时常会从'自我'中突然冒出,然后作为不懂得反思的'我们'去针对他人。然而围绕'融入'问题展开的争论,其关键正在这里。"此种表述构成移民所探讨的民族感的一方面。

另一方面则是德国"在人类历史上史无前例的与自身历史的清算",以及这种清算所导致的"德意志身份的败坏与脆弱"。"民族感承认自己的败坏,却不必放弃自我",这究竟有无可能?无论如何,这种败坏从来都是"德意志决定性的身份认同要素",即便战胜了德国的分裂,也无法战胜这种败坏。"如今,这种败坏如同一个伤口,无人愿意触碰它。……每当德国人谈到自己的身份、谈到德意志性存在时,他们便说着'破碎德语'。"与"破碎德语"相关的是"局部记忆缺失",或德国人的"自我遗忘",即忘却自身的历史,凡此其实均与移民无关。然而移民当如何融入这个国家?他们的民族身份如同"雷区"一般,使得他们每走一步,都可能会给自己带来可怕的后果。德国历史带来的罪责和灾难不能负载在移民身上,移民因此也就无法参与德国人的自我标记化,无法参与到其多重的负面民族感中。因存在德国人的自我标记,移民必然会感到自己被排除在德意志身份之外,导致他们在新家园的身份认同受到阻碍。只有某种正面的民族感才可能让他们获得身份认同感。快乐把人团结在一起,忧郁则让人孤独。

希诺察克特别指出,德意志文化传统在德国以外的地方总是比在德国本土受到更高重视。他认为,德国人在多方面都远离自己的历史和文化传统,他们某种意义上成了自己国度中的外来移民,如两德统一后移民到西德的东德人一般。他们同来自其他国家的移民一样,也不得不遭受同样的异乡经历。可见,在本国人和移民之间始终有一条流动的界线。

然而也正是德国,因其历史、因其长期缺少民族国家建制,自18世纪起就比欧洲任何其他国家都更具融合异族的能力,更具在他者中找寻自身的能力,更具把民族身份与世界公民性杂糅起来的能力。德国思想史上独一无二的、没有任何国家可与之比肩的翻译文化,德国在文化传播中的贡献,尤其是德国学术领域在东方学方面的开拓性工作,都是重要佐证。"德国人身上拥有的东方性,比之所意识到的多得多。"德意志性存在在其辉煌时代一度拥有"多声部的声音","联邦制的德国及其成熟的多样性,堪称 21 世纪国家的榜样"。只要德意志能够成功地从历史汲取指向未来的教训,能够从单一文化的民族身份观中脱颖而出,便能够获得这样的信念:"人可以通过许多入口进入自己的家。"

自东西德统一以来,德国再度立于欧洲中部——这对于其传统的自我理解和身份认同至关重要。托马斯·曼在题为"作为精神生活方式的吕贝克"的演讲稿(1926)中谈道:"中部的观念是一种德国的观念",它的确是"一种德国的观念,德国的本质难道不就是中部、中介者、介绍者吗?而德国人不就是宏观意义上的中间人吗?"

托马斯·曼在第一次世界大战期间撰写了《不问政治者的思考》,其中提到他的希望是持续的"欧洲和平"能够从一个本来就具"超越民族性的国家"比如德国发起,因为它"拥有最高尚的普世性传统、最丰厚的世界主义才能"。然而,随后而来的德国历史(法西斯的出现),一定让托马斯·曼震惊不已——历史进程中不再是一个"欧洲的德国",而是一个"德国的欧洲"(1949 年歌德诞辰纪念的演讲《歌德与民族》):"德国纳粹令人恐惧的野心终于将我逐出了德国。"

好在一个自命不凡的"德国的欧洲"终于成为历史。托马斯·曼在去世的当年(1955)撰写了《试论席勒》,这也是他最后的政治言说。曼在其中写道:在刚刚过去的历史中,"民族观念"已回到野蛮并遭到惨败。"因为有了这段历史,所有人都会认为,再也不会有任何问题,不会有任何政治、经济、精神的问题能够得以解决。"托马斯·曼彼时的言说尤其适用于今日。德国似乎尤其受到召叫,成为托马斯·曼所宣告的世界主义的统一欧洲传统的助力者。德国应当成为确保民族性与欧洲观的平衡的中间力量,而当务之急是放下优越感——因为正如托马斯·曼所言,优越感只能把最好的萌芽转变为最坏的——并在与其邻国以及与世界共同体平等的基础上,带给欧洲世界主义伦理。

就"何谓德意志"的问题,瑙姆堡大教堂中乌塔·冯·巴伦施泰特(Uta von

Ballenstedt)的雕塑,可谓最好最形象的象征。"德意志的本质不可言说,无法定义,不能用语言表述,它只能通过声音传达,通过图像展示。"赫尔曼·巴尔在1923年10月12日的日记中如此评价。雕像那谜一般投向远方的超验的目光,代表"无法定义之物",根据尼采的暗示,这正是"何谓德意志"问题的答案:她永远在超越自己。自我超越当作为德意志最美好的特性进入该概念的定义。这样各个时代对它的滥用将不复存在。

作者简介:迪特·博希迈尔(Dieter Borchmeyer),德国海德堡大学荣休教授,巴伐利亚艺术科学院院士及前任主席,"金色歌德勋章"获得者。

译者简介:姜林静,复旦大学外文学院副教授,代表作有《作为文学批评家的卡尔·施米特——一项反批判研究》等。

"犹太"与"德意志"双重认同张力下的出路

——路德维希·伯尔纳的世界主义思想

徐　健　邢益波

内容提要：路德维希·伯尔纳(Ludwig Börne，1786—1837)是18世纪末19世纪初德意志著名的犹太裔作家，其世界主义思想在德意志民族国家形成期以及统一后的德国产生巨大影响。与此同时，伯尔纳身上所蕴藏的民族与国家认同源于特定地域，成长于特殊社会背景，成型于既定历史时空，然而在两百多年前伯尔纳所面临的民族与国家的认同问题及其所展现的张力，并没有在之后的德国完全消弭，而伯尔纳通过世界主义思想所寻找到的新出路，即便对于当下的德国与欧洲，也应有启发与借鉴意义。

关键词：路德维希·伯尔纳　犹太民族　德意志国家　认同张力　世界主义

一、民族与国家认同的张力

路德维希·伯尔纳于1786年出生在法兰克福犹太巷(Frankfurter Judengasse)，是德意志著名的犹太裔讽刺作家，同时也是19世纪30年代德意志文学运动——"青年德意志"的精神领袖，曾公开出版过大量作品。通过对伯尔纳一生发表的文章、书信以及日记的梳理,笔者认为对犹太解放和德意志统一的思考、呼吁与奔走是贯穿伯尔纳一生的两个主线,而这两大主线之间有着很强的张力。这种张力在伯尔纳身上具体有着怎样的表现,这种张力又给伯尔纳带来了怎样的困境,是本节重点要解答的问题。

18世纪末19世纪初的德意志尚处在民族国家的形成期,此时的犹太民族和德意志国家双重认同,在伯尔纳身上以及在"他者"的认识中,不仅无法轻易自洽,而且更多时候还恰恰相悖。在1832年的书信中,伯尔纳清楚地表达过这种双重认同给自身带来的痛苦:

> 是的,我生而为犹太人,但这并不会使我去反对德意志人,我绝不会失去理智。如果上帝对我施以仁慈,即便同时作为一个德意志人和一个犹太人,我也应配享受阳光——因为讥讽,我一直被轻视,又因为痛苦,我久难释怀。[1]

通过笔者的梳理,在伯尔纳身上存在的民族与国家认同间的张力,主要有语言的应用、对犹太的矛盾心理以及对命运共同体的想象三个方面的具体体现。首先是语言的应用方面,在欧洲中部和东部的犹太群体里,意第绪语是一种家庭和日常生活用语,而希伯来语则被视为更为严肃的语言,只用来祈祷和学习。[2] 尽管在幼年时期,伯尔纳已从家庭教师那里学习了德语,他的父亲也能说德语,但在当时的法兰克福犹太巷,通用语依旧是意第绪语。[3] 在1803年的4月19日,伯尔纳的日记里有这样一段表述:

> 我五点就爬起来了……欧几里得的第二本书我已经看不下去了,但今

---

[1] Ludwig Börne, „Vierundsiebzigster Brief. Paris, Dienstag, den 7. Februar 1832", in: *Sämtliche Schriften*, neu bearbeitet und herausgegeben von Inge und Peter Rippmann, Dreieich: Joseph Melzer Verlag, 1977, Dritter Band, S. 511-514.

[2] Max Weinreich, *History of the Yiddish Language*, translated by Shlomo Noble, Chicago and London: University of Chicago Press, 1980, pp. 270-271.

[3] 关于意第绪语在法兰克福作为通用语的情况以及意第绪语和希伯来语对于犹太人的内涵可以参见 Jacob Toury, „Die Sprache als Problem jüdischer Einordnung im deutschen Kulturraum", in: Walter Grab, *Gegenseitige Einflüsse deutscher und jüdischer Kultur*, Tel-Aviv: Verlag von Universität Tel-Aviv, 1982, S. 70-95; Hans Peter Althaus, „Das Jüdische als Stilmittel in der deutschen Literatur" und Werner Weinberg, „Die Bezeichnung Jüdischdeutsch", in: *Zeitschrift Deutsche Philologie*, Sonderheft Jiddisch, 1981, S. 212-290.

天我又必须得复述它,真是感觉 Mies①。而像 Mies,Schlemiel② 以及无数其他词,都无法在德语里完全表达出来。人们真应该接纳它们,并授予它们公民权。然而最困难的是,跟一个与犹太人完全无涉的人去无误地传达这些词的意指,我实在想象不出谁能做到。③

伯尔纳日记中的这段表述,除了让我们了解到语言因素在其犹太民族的认同过程中所产生的重要影响外,还再现了伯尔纳身上的意第绪语与德语之间,或者说犹太与德意志认同之间极强的张力。不过,这种语言上展现出的张力随着长时间的德语写作和日常交流在逐渐消弭,而之前意第绪语所扮演的角色逐渐在伯尔纳的日记、文章和书信中消失,取而代之的是伯尔纳通过语言完成的祖国界定:

> 我心中的祖国并不是一座城市、一方领土、一个省份,而是应当以语言(Sprache)为界。假若我有力量,我将不会允许这尚不及我手掌宽广的沟渠,将领土分割,将德意志的部族区隔。假若我有力量,我将不会允许仅是一种独特的德语,便将[祖国的]边界划定。④

其次是对犹太群体的矛盾心理,这主要体现在伯尔纳对犹太整个族群和某些犹太群体的矛盾情感方面。1806 年 7 月,在拿破仑的策动下,16 个德意志邦国的代表在巴黎签署了《莱茵联邦议定书》,正式宣布组成莱茵联邦,设两院制的议会于法兰克福。作为莱茵联邦的"第一亲王",马耶尔·冯·达尔伯格⑤在就

---

① Mies 有可怖、讨厌和反感的意思,不过该词在现代德语中的"肮脏下作"的意思是意第绪语中没有的,可参见 Siegmund A. Wolf, *Jiddisches Wörterbuch*, Hamburg: Buske, 1993; Heinz Küpper, *Illustriertes Lexikon der deutschen Umgangssprache in 8 Bänden*, Stuttgart: Ernst Klett, 1982-1984。

② 在犹太传统中,通常用 Schlemiel 去描述其他犹太人不能适应周围世界,或是不能同化,而这些 Schlemiels 又坚信世界尽在自己的掌控之中,但其实在外人看来,他们甚至连自己都掌控不了,更遑论这个世界。在西方的犹太群体中,经常会用 Schlemiel 的形象去表达他们在适应非犹太环境时内在的不自信。具体可参见汉娜·阿伦特关于维恩哈根专著的第一章;Hannah Arendt, *Rahel Varnhagen: The Life of a Jewess*, translated by Richard and Clara Winston, Baltimore and London: The Johns Hopkins University Press, 1997, pp. 85-102。

③ Ludwig Börne, „Tagebuch 51. Dienstag, den 19. April (Morgen 6 Uhr)", in: *Sämtliche Schriften*, Vierter Band, S. 39.

④ Ludwig Börne, „Vierundsiebzigster Brief. Briefe aus Paris. Paris, Dienstag. den 7, Februar 1832", in: *Sämtliche Schriften*, Dritter Band, S. 511-512.

⑤ 马耶尔·冯·达尔伯格(Maria von Dalberg, 1744—1817),担任过康斯坦茨、沃尔姆斯、美因茨、雷根斯坦等地主教,莱茵联邦第一亲王(Fürstprimas)和法兰克福大公。

任不久便采取措施来改善犹太人的地位,减轻他们所受到的压力。1808年,伯尔纳在日记中写道:"大家都在自由地评论新的命令,即对法兰克福犹太人的保护……"①

在此期间,伯尔纳的父亲雅各布为他在法兰克福警察局谋得了一个不大的职位——录事(Polizeiaktuar),与此同时,他逐渐以一个犹太作家的身份露面,成为一家法兰克福日报的撰稿人。不过在1813年,当俄奥两国以及普鲁士的军队甫一开进法兰克福,维持了七年的达尔伯格亲王的统治便宣告结束,伯尔纳的公职和日报撰稿人的身份也相继被剥夺。在这之后,伯尔纳在法兰克福自撰自发了一些小册子,在其中的一本《为了犹太》的开篇,伯尔纳写道:

> 我并不想将自己对犹太群体的思考与教科书般严苛的条令联系起来,归根结底,伴随着响彻屋顶的喜悦,胜利已经到来。我无法想象思考者的大脑里是如何喜爱和索取这样的条令的。他们对犹太群体的仇恨和轻视是生来便被灌输进去的,这种概念[在他们的大脑里]从未清晰明朗,就像是不证自明……犹太群体现在必须从被动接受的客体转变为主动反应的主体,接着赢得真正的善意,因为那些能够做着这些美梦的人,已经不再做梦了。②

在该文中,伯尔纳不仅强调了犹太民族的主体思想,还清楚地意识到解放战争并没有给德意志带来自由,因为战胜了外部敌人并不等于内部敌人也一并消灭。③ 而在伯尔纳发表的一篇针对坎伯兰(Richard Cumberland,1731/1732—1811)的剧作《犹太人》的长评中,则可以明显看出"他者"对其自身民族认同带来的影响。他在评论中写道:

> 坎伯兰得看到多少不幸的人民受苦,才能意识到可怖的犹太苦难,才能听到那痛苦的呻吟?他又得经历多少该死的无辜,才能最终发现一桩无辜,才能在图画中描绘真正无辜的人群……可怜的希瓦,你被周围自诩为基督徒的人如此卑鄙地对待,就像被关进了深不见底的黑暗之中,久而久之,你

---

① Ludwig Börne, „Jugendschriften. 1808", in: *Sämtliche Schriften*, Erster Band, S. 14.
② Ludwig Börne, „Für die Juden. Jugendschriften. 1816", in: *Sämtliche Schriften*, Erster Band, S. 170.
③ Ebd., S. 170-179.

便无法忍受以善相待的光了……①

在18世纪后半叶和19世纪初,受到启蒙思想中的宗教宽容影响,这类戏剧在德意志并不少见。而我们对这种"他者"带来的反向民族塑造其实并不陌生,比如莱辛的剧作《智者纳坦》,尽管莱辛试图在剧中塑造犹太人的正面形象,但在演出之后无论犹太人还是非犹太人都不太买账,个中原因或许正如伯尔纳所说,这些"他者"并不了解犹太民族的苦难,对身在德意志,以及法兰克福的犹太民族的真实处境,更是一无所知。而金钱,作为犹太民族身上似乎与生俱来的授人之柄,伯尔纳更是做出了直接的回应,伯尔纳在剧评中接着写道:

> 但是"犹太人"就是"犹太人",圣殿骑士说道。希瓦紧紧地攥着自己的钱,即便是身处美德的天堂之中。每一件让希瓦称心的好事,难道没有让他付出很多的钱吗……但是你想要从这个可怜的人身上夺走一切,即便是希望也不放过吗?金钱除了享乐之外难道一无是处吗……这难道不是基督徒和犹太人的共同代理吗?在这其中,金钱将他们彼此的差异与分歧消弭!②

无论是通过伯尔纳不同时期公开发表的小册子还是书籍,我们都不难发现其中饱含着对整个犹太族群的强烈认同,以及由此带来的对犹太解放的强烈呼吁。这种认同与呼吁在笔者看来与宗教无涉,更多的是对平等自由的渴望。然而,与之形成鲜明对照的,是伯尔纳对于部分犹太群体不遗余力的不满与挖苦。在拿破仑战争的最后几年里,罗特希尔德家族进入大企业的舞台,从1811年到1816年,英国对欧洲大陆列强的经济援助有一半经由该家族之手。

对于以罗特希尔德为代表的这部分所谓的犹太资本家群体,伯尔纳可以说是深恶痛绝,在他看来罗特希尔德就是恶的象征。他在书信中写道:

> 如果犹太人罗特希尔德成了国王并任命了一个由交易所商人组成的内阁的话,那就不能有比这更卑鄙的政府了……罗特希尔德将在世界末日受

---

① Ludwig Börne, „Das Jude, Schauspiel von Cumberland. 1819", in: *Sämtliche Schriften*, Erster Band, S. 286-288.
② Ebd., S. 288.

到审判。这该是怎样一种彻底的清算！该是怎样的一种崩溃！①

这种矛盾心理在查理·莱亚(Charlene A. Lea)的研究②中,还有更多例证。可以说,伯尔纳一方面为犹太民族的解放不断呼吁,另一方面又对犹太资本主义者充满批判。而在笔者看来,伯尔纳对部分犹太人的抵触情绪,归根结底是憎恶他们"是各种国家债务的经纪人,而正是这些借款使国王们有力量去反对自由"③。而这里的自由,不仅是犹太民族得而复失的,也是生活在德意志的其他民族丧失殆尽的。

最后是对命运共同体的想象,伯尔纳曾在一封书信中写道：

> 这简直像一个奇迹！我有上千次的体验,可对我来说它却永远是新鲜的。一些人责备我是犹太人,另一些人又因此而宽恕我,第三批人却为此而赞扬我；可是所有这些人想的都是这同一个问题。在这个魔法般的犹太怪圈里,他们就像中了邪,没有一个人能冲出去……可怜的德意志人！他们居住在最低的地下室里,承受着高贵等级的七层重压,他们谈论那些住在比他们还低的地窖里的人,这使他们充满恐惧的感情得到一些慰藉。④

在伯尔纳的认识中,犹太人或者德意志人,犹太民族或者在德意志生活的其他诸民族,在所谓高贵等级的压迫中,已然在无形中成为了命运共同体。这种命运共同体使得伯尔纳在为犹太民族的解放呼吁的过程中,逐渐将身份的认同扩大到整个德意志的范畴,而伯尔纳的诉求也从犹太解放扩大到德意志的统一与自由。然而在彼时的德意志,这两种诉求的同时存在并不能为世人所轻易理解,在面对同时作为德意志人和犹太人而受到的讥讽和轻视时,伯尔纳通常会用其

---

① Ludwig Börne, „Zweiundvierzigster Brief. Briefe aus Paris. Paris, Dienstag. den 15. März 1831", in: *Sämtliche Schriften*, Dritter Band, S. 233. 在伯尔纳的《巴黎书简》中,对部分犹太人抵触的例子还有很多,参见 *Ludwig Börnes gesammelte Schriften*, Vollständige Ausgabe in Drei Bänden, Dritter Band, Leipzig: Druck und Verlag von Philipp Reclam jun, S. 112, 129, 209, 244. 这一套伯尔纳全集年份不详,笔者推测应为19世纪下半叶的再版。

② Charlene A. Lea, "Ludwig Börne: Jewish Emancipationist or Jewish Anti-Semite?", in: Seminar: *A Journal of Germanic Studies*, Vol. 16, No. 4, 1980, pp. 224-234.

③ Georg Brandes, *Das junge Deutschland*, übersetzt von Linden, Berlin: Verlag von Barsdorf, 1904, S. 48.

④ Ludwig Börne, „Vierundsiebzigster Brief. den 7. Februar 1832", in: *Sämtliche Schriften*, Dritter Band, S. 510-511.

辩证的语言,让这双重身份得到暂时的和解,但是每每在暂时的和解之后,我们总能看到,伯尔纳对这双重身份困境的无奈:

> 因为我不再是公民的奴仆,我也不愿再为诸侯的奴仆;我只想要完全的自由。我已为自己从头建造了一座自由之屋;跟我一样做吧,你们不应满足于用新的砖瓦修葺坍塌的市政建筑的屋顶。我求求你们了,不要再因犹太的身份而将我轻视![1]

二、启蒙式与浪漫式的世界主义

18世纪末19世纪初的德意志公共空间,正如梅尼克所言,"充斥着世界主义观念与民族国家观念之间的混杂交融,这两者也都得到了积极回应"[2]。对于伯尔纳而言,由于犹太民族天然的世界主义属性,在这二者的交融中,他对世界主义有着自然的倾向,而世界主义也逐步成为伯尔纳双重社会认同张力与困境下的出路。这种世界主义思想从何而来,这一时期在德意志公共空间的世界主义思想有着怎样的特征,又有哪些代表人物与思想,以及这些弥漫在公共空间的世界主义思想与伯尔纳有着怎样的关联,则是本节重点要探讨的问题。

世界主义(Kosmopolitismus)一词源于希腊语的 κόσμος(世界秩序、秩序、宇宙、世界等)和 πολίτης(市民、公民等),由"世界公民"之意逐步派生而来,其起源可以追溯到古希腊早期。[3] 从公元前4世纪开始,世界主义逐步进入犬儒学派和斯多葛学派的视野,犬儒学派的代表人物第欧根尼(Diogenes)否认了城邦或法律的真实性,只将宇宙的共和国视为唯一,进而在历史上首次将自己描述为世

---

[1] Ludwig Börne, „Vierundsiebzigster Brief. Paris, Dienstag, den 7. Februar 1832", in: *Sämtliche Schriften*, Dritter Band, S. 511-514.
[2] Friedrich Meinecke, *Weltbürgertum und Nationalstaat: Studien zur Genesis des deutschen Nationalstaates*, München: R. Oldenbourg, 1922, S. 178-189.
[3] Joachim Ritter, *Historisches Wörterbuch der Philosophie*, Basel: Schwabe & Co. AG., Band 4, 1976, S. 1155.

界公民。① 斯多葛学派的创立者季蒂昂的芝诺(Zeno of Citium,前334—前262)则开始将城邦放置于世界性城邦的语境之中进行讨论,从而被誉为世界主义的发明者。从西塞罗(Marcus Tullius Cicero,前106—前43)开始,世界主义逐步从犬儒学派和斯多葛派的概念阐释和哲学分析中走出来,与现实政治结合。不过,在西方世界,世界主义的思想及内核并未受到重视,而是逐渐沉寂,直到18世纪后半叶,才重新在公共空间复活,这其中启蒙运动的影响十分重要。

在德意志,康德成为世界主义思想的集大成者。在其1784年撰写的《世界公民观下的普遍历史理念》一文中,康德公开主张建立一个世界性的多国联盟,在这其中,世界秩序将通过国家间的契约来产生,"每个国家都不必依靠自己的权力或法律来进行裁决,而是依靠国际联盟,依靠联合的权力和联合意志的法律进行裁决"②。而受世界主义法所保障的普遍公民社会,则足以保障所有人的权利,并且维持永久和平状态。在11年后的《论永久和平》(1795)中,康德进一步为永久和平设定了六项预备条款和三条正式条款,以期构建一个真正普世、永久和平的社会,在这个社会中,人们自然成为世界公民。③ 康德关于世界主义的思想绝非无源之水,这一时期在美国与法国相继爆发的大革命,以及随后的天赋人权思想,在某种程度上得到了宪法和宣言的保障,都给予了康德足够的想象空间,也使得世界主义思想在德意志的公共空间复活。

除了以康德为代表的启蒙式世界主义外,这一时期的德意志公共空间,还弥漫着浪漫式的世界主义思想。在浪漫派的"父辈"中,这一思想比较典型的例子是赫尔德(Johann Gottfried Herder,1744—1803)。以赛亚·伯林(Isaiah Berlin,1909—1997)认为,相比于世界主义,赫尔德更强调的是以语言和土地为纽带的民族性,而由此发端的整个历史主义和进化论观念本身也与世界主义思想

---

① Diogenes Laertius, *Lives of Eminent Philosophers v. VI*, Oxford: Oxford University Press, 2018, pp. 36-38.
② Immanuel Kant, „Idee zu einer allgemeinen Geschichte in weltbürgerlichen Absicht", in: *Gesammelte Schriften*, Berlin: De Gruyter, Band 8, 1923, S. 22-24.
③ Immanuel Kant, *Zum ewigen Frieden: Ein philosophischer Entwurf*, Königsberg: bey Friedrich Niolovius, A. VIII, 1796, S. 341-386.

相抵牾。① 不过,赫尔德的民族理论中包含着很强的"人道理想"成分,而基于此所形成的民族观假设在伊格尔斯(Georg G. Iggers,1926—2017)看来,能够促进人类精神丰富多样的各个民族之间存在基本的价值平等。② 从这一意义上说,赫尔德有着有别于康德的世界主义设想。康德所追求的世界主义基于的是国家间的联盟与契约,而赫尔德的世界主义则是对于个体与民族性有着更强的关照。

在这一时期浪漫式的世界主义思想中,浪漫派的代表人物诺瓦利斯和施莱格尔同样发挥着较大作用。在诺瓦利斯看来,德意志的独特之处便在于其个性中所混杂的世界主义。在给施莱格尔的信中,诺瓦利斯写道:

> 罗马人凭借直觉而实行的普世政策及其倾向,也存在于德意志民族之中。而法兰西人在革命中所赢得的最好的东西,也是德意志特性的组成部分……凭借这种普世特性,任何民族都不能同我们为敌。③

与此同时,跟康德类似,诺瓦利斯的世界主义思想也将希望寄托于国家间的联盟。不过与康德不同的是,诺瓦利斯认为世俗的权力并不能够自行保持平等,继而提出了基于宗教的世界主义,即利用来于世俗却高于世俗与国家的普遍权力来维持政治间的平衡,从而实现真正的世界主义,这也构成了浪漫式世界主义思想的一大特性——宗教性。

而在浪漫派的另一位领军人物施莱格尔的思想里,我们能看到浪漫式世界主义的另一个重要特性——共和性。正如前述,为了获得永久和平,康德提倡通过国家间的契约来形成国际联盟,而在这其中,康德否认了世界共和国的可能性,施莱格尔则恰恰相反,他认为国家间内在同源、相互联系却同时保持独立自由的多国联合体是可以存在的,各民族可以"通过拥有世界主义意识,在不敌视

---

① 关于以赛亚·伯林对于赫尔德的论述,可参见 Isaiah Berlin, *The Roots of Romanticism*, edited by Henry Hardy, Princeton: Princeton University Press, 1999, pp. 60-62. 另外将赫尔德界定为浪漫派的"父辈",同样来自以赛亚·伯林的相关论述。

② 关于伊格尔斯对于赫尔德的论述,可参见〔美〕格奥尔格·G. 伊格尔斯:《德国的历史观:从赫尔德到当代历史思想的民族传统》,彭刚、顾杭译,译林出版社,2014年,第40—50页。

③ 此处诺瓦利斯的书信内容转引自梅尼克的《世界主义与民族国家》一书,参见〔德〕弗里德里希·梅尼克:《世界主义与民族国家》,孟钟捷译,上海三联书店,2007年,第51页。

吸纳已改造的外来元素的前提下,追求改造的普遍性和完整性",从而"在根本上建立一个世界共和国体制"①。

这种世界共和国的根基,正如梅尼克所言,是"在于存在着多数独立自主的、特有的,然而却彼此之间同源并结成莫逆之交的国家形式"。梅尼克认为:

> 在诺瓦利斯和施莱格尔的论文里,我们既发现了对于充满民族生命的单个国家的深深崇敬之情,也发现了对于一种必将再次缩小单个国家自治权的政治普世主义的论述。在诺瓦利斯那里,这种普世主义主要集中于中世纪的神学政治式的普世主义,而施莱格尔则主要关注革命的世界主义观念。②

无论是宗教还是共和思想影响下所形成的浪漫式世界主义思想,都与当时德意志四分五裂的现状、邻国此起彼伏的革命以及启蒙的理性和"父辈"的铺垫密不可分。而启蒙与浪漫的世界主义构想,也使得世界主义在18世纪末19世纪初的德意志公共空间复活,并得到了积极的回应。如果说当下我们对民族与国家的讨论是在民族国家的语境下进行的,那么在彼时的德意志,在民族国家尚在建构形成的初期,则更多的是在世界主义的语境下进行的。

正是在如此背景下,伯尔纳的世界主义思想逐步形成。而启蒙式和浪漫式世界主义思想,伯尔纳都通过不同途径有所接触和吸收,内化为其世界主义思想的养料。具体来说,首先是启蒙式的世界主义,伯尔纳早年在父亲的安排下,曾被送到赫尔茨夫妇当"寄宿生"。而在赫尔茨夫妇家的沙龙里,康德、门德尔松和莱辛等人的启蒙思想,是施莱尔马赫、蒂克、洪堡兄弟以及赫尔茨夫妇等人热衷探讨的问题。亨利埃特·赫尔茨的丈夫马库斯·赫尔茨医生也曾是康德的学生,直接受过康德本人的教导。所以康德这种混杂着启蒙所特有的理性以及对永久和平的希冀,从而达成的国家与世界的和解,伯尔纳在早期柏林的求学过程

---

① Friedrich Schlegel, *Über das Studium der Griechischen Poesie*, Paderborn: UTB für Wissenschaft, 1985, S. 154-159.
② 〔德〕弗里德里希·梅尼克:《世界主义与民族国家》,第57页。

中,在赫尔茨夫妇的沙龙上便已有所接触。①

浪漫式的世界主义思想也对伯尔纳产生重要影响。在这其中,除了通过沙龙接触到早期浪漫派思想外,有两位浪漫派后起之秀对伯尔纳产生了更加直接的影响,一位是让·保尔(Jean Paul,1763—1825),他是以赫尔德之世界公民感情和学说的继承人的姿态出现在德意志文坛的。从 18 世纪末到 19 世纪初,让·保尔的小说深受读者欢迎,其受欢迎程度甚至超过歌德和席勒。②

让·保尔在他的小说中,总能营造出一个充满田园风味的理想世界。而在伯尔纳于 1825 年 12 月 2 日为让·保尔所写的悼词中,我们能看到伯尔纳对这位作家的钦佩之情以及对其跨时代观念的认可:

> 一颗巨星陨落,这个世纪的明眸也就此合上……我们要悼念,悼念我们失去的,其他的人也应当悼念,悼念他们不曾失去的……然而总有一天,他会活在我们所有人心中,而我们所有人也会为他哀伤恸哭。他正耐心地站在二十世纪的大门处,微笑地等着我们,等着我们这些慢吞吞的人将他追上……③

在此期间,还有一位外国人通过自己的言传身教,对伯尔纳的世界主义思想给予了榜样般的力量,他就是拜伦勋爵。拜伦无所顾忌的胆量,对行动的渴望,对依赖性的蔑视,为所有被压迫民族的仗义执言,对社会门第偏见的反对,以及在所有领域里对自由的热爱,使他被神话为一个真正的解放者和世界主义者。④ 在伯尔纳的眼中,"拜伦就像是彗星,自由地在宇宙中穿梭"⑤。

尽管这一时期的德意志公共空间中还有诸如费希特(Johann Gottlieb

---

① 关于伯尔纳受到这一沙龙圈的诸多影响,可参见这一时期伯尔纳的日记及其 1803 年在柏林和哈雷(Halle)期间写给亨利埃特·赫尔茨的书信:Ludwig Börne, „Louis Baruch-Henriette Herz. Tagebuchblätter-Billetts-Briefe. Tagebuch (1802, 9. Nov.-1803, 8. März), An Henriette Herz", in: *Sämtliche Schriften*, Vierter Band, 1977, S. 3-19, 29-62.

② 关于让·保尔的生平,参见任卫东、刘慧儒、范大灿:《德国文学史》(第三卷),凤凰出版传媒集团·译林出版社,2007 年,第 207—216 页。

③ Ludwig Börne, „Denkrede auf Jean Paul. Vorgetragen im Museum zu Frankfurt, am 2. Dezember 1825", in: *Sämtliche Schriften*, Erster Band, S. 789-790.

④ Georg Brandes, *Das junge Deutschland*, S. 32.

⑤ Ludwig Börne, „Vierundvierzigster Brief. Paris, Sonntag, den 20. März 1831", in: *Sämtliche Schriften*, Dritter Band, S. 247-248.

Fichte，1762—1814)等人的民族国家思想与世界主义争鸣，但对于伯尔纳而言，通过早期沙龙以及与智识圈的大量接触，他对康德式启蒙式的世界主义思想有着更为深入的了解。与此同时，无论是与浪漫派代表人物的接触，还是对让·保尔和拜伦勋爵的崇拜，也让浪漫式的世界主义思想得以润泽伯尔纳的思想谱系。这些影响与下节将要谈及的特殊社会背景及既定历史时空，共同构成了伯尔纳在"犹太"与"德意志"双重认同张力下的最终出路。

三、世界主义作为双重认同张力下的出路

正如前述，这一时期德意志公共空间弥漫的世界主义思想，逐渐成为伯尔纳民族认同和国家认同困境的出路。伯尔纳在日记中曾写道："最近想通的一件事让我很开心，既然我是个犹太人，那我就成了世界公民，我也不需要为我德意志的身份感到难为情了。"[①]不过，除了上节所论的两种世界主义思想对伯尔纳产生影响外，还有哪些因素在伯尔纳形成世界主义思想过程中发挥过作用，世界主义思想又如何成为伯尔纳民族与国家认同张力下的出路，这种新的内在统一对我们思考当下与未来又有怎样的启示，是本文最后一节重点探讨的问题。

在对伯尔纳生前作品的梳理中，笔者发现伯尔纳的世界主义思想还受到两个重要因素的影响：一是犹太的历史，这让这种概念上的世界主义产生了历史的对应；二是法国的历史和巴黎的现状，这让伯尔纳有了现实的比照和对未来的想象。

首先是犹太的历史，在启蒙和浪漫的世界主义影响下，伯尔纳对犹太民族的历史有了全新的认识视角，他意识到此时的世界主义思想，其实在犹太民族的漫长历史中无处不在。伯尔纳曾言简意赅地写道："德意志闪米特人的历史完全是一个民族庄严的缩影，这个民族的历史正是从中书写。在这其中……满是世界主义。"[②]

[①] Ludwig Börne, „Jugendschriften. Nr. 41", in: *Sämtliche Schriften*, Erster Band, S. 145.

[②] Ludwig Börne, „Aphorismen", in: *Sämtliche Schriften*, Erster Band, S. 141-142.

其次是法国的历史和巴黎的现实,这使得伯尔纳的世界主义有了现实的比照和对未来的想象。此处的"法国历史"主要指在伯尔纳三岁时(1789)爆发的法国大革命。1833 年前后,伯尔纳开始着手对法国大革命史的研究。在对这段历史的总结中,伯尔纳写道:

> 人们不应该将法国大革命视为法国独有的历史现象,而将往后在其他国家发生的革命只解释为其结果、模仿和传染。法国革命实为平等在欧洲的肇始,而法国只是欧洲机体中的一个部分,在这其中,内部的运动只是第一次变得可视而已。然而法国人却误读了真理,他们相信,法国的命运将自行定夺,而无视欧洲其他国家。法国只应被视为欧洲的首都,运动开始之处。①

而巴黎的现实,则是指伯尔纳的巴黎之行带来的全新认识。在 1819 年前后,迫于法兰克福的复辟氛围,伯尔纳不得不流亡巴黎,并在这一时期拜访了许多法国反对派的记者和政治家。第一次短暂的巴黎流亡极大地拓宽了伯尔纳的眼界,他在 1821 年给沃尔夫人的信中写道:

> 当我在德国生活,我就只是生活在德国,这甚至都不表示我生活在斯图加特,生活在慕尼黑,或是生活在柏林。然而,当我身处巴黎时,我就仿佛置身于整个欧洲。②

而在 1830 年 5 月 22 日的日记中,伯尔纳再次写道:

> 如果我在巴黎,我真的会很幸福。现在的我,就像身处深海之中,只能通过潜水罩苟延残喘,而在那儿我却能呼吸到自由的空气。那里的阳光、人声和嘈杂都让我心醉神迷。③

在 1830 年 7 月 27 日的七月革命之后,巴黎的自由空气便不仅让伯尔纳心

---

① Ludwig Börne, „Französische Revolution überhaupt, Vergangenheit, Gegenwart, Zukunft", in: *Sämtliche Schriften*, Zweiter Band, S. 1095.
② Ludwig Börne, „An Jeanette. Nr. 6. Stuttgart, den 11. Sept. 1821", in: *Sämtliche Schriften*, Vierter Band, S. 358.
③ Ludwig Börne, „Aus Meinem Tagebuche XII. Soden. den 22, Mai", in: *Sämtliche Schriften*, Zweiter Band, S. 821.

醉神迷，更让他意识到德意志国家的历史使命。此时渴望呼吸"自由空气"的伯尔纳再次赶往巴黎，巴黎也成为伯尔纳眼中"雨后的彩虹和上帝宽恕世人的和平象征"①。在此期间，伯尔纳频繁出入左派的政治沙龙（拉法耶特、朱利安、莫耶尔）、莱莱韦尔身边的波兰流亡圈以及一些艺术家和作家圈子（比如热拉尔、大卫·德·安格尔、德尚和费率萨克等）。

然而仅在抵达巴黎四个月后，伯尔纳便从初期的激动中清醒过来，意识到"在上一次革命中［七月革命］，他们的目标并没有实现……现在的法国人仍未获得自己为之奋斗的自由意志"②。正如帕尔默所言，真正在革命后建立的七月王朝中受益的是上层资产阶级，即那些银行家、商人和工业家。对于其他人，尤其对那些激进民主主义者来说，注定只有幻想的破灭。③

不过很快，伯尔纳便从心灰意冷中重振旗鼓，从不断失败的革命中清醒过来，不再沉浸于外国政治的空话中，而是将注意力重新转移到新的革命，并将这一希望寄托于重压之下的祖国。伯尔纳在其法文版的《天平》（*La Balance*）中写道："法兰西的任务是摧毁，是拆掉破烂不堪的旧社会的大厦，掘出地基，铲平土地，德意志的任务则是建设，是建起新社会的大厦。"④

巴黎的现实，连带前文所述诸多同时期的政治试验，促使伯尔纳如启蒙的康德，浪漫前期的赫尔德、诺瓦利斯、施莱格尔，以及浪漫主义同时期的让·保尔和拜伦一样，开始思考一些更为宏大的命题。他在1832年3月1日的书信中这样写道：

---

① Ludwig Börne, „Zweiter Brief. Straßburg. den 7. September 1830", in: *Sämtliche Schriften*, Dritter Band, S. 4-5.

② Ludwig Börne, „Dreizehnter Brief. Paris. den 9, November 1830", in: *Sämtliche Schriften*, Dritter Band, S. 60-61.

③ 帕尔默关于法国七月革命的观点可参见 R. R. Palmer, *A History of the Modern World*, Volume 1, 10e, New York: McGraw-Hill Education, 2007, pp. 469-470。

④ 此处原文为：C'est la tâche des Français de détruire, de démolir le vieil édifice social délabré, de déblayer et de niveler le terrain; c'est la tâche des Allemands de fonder, d'élever le nouvel édifice social. 原文出处参见 Ludwig Börne, „Introduction. La Balance. 1836", in: *Sämtliche Schriften*, Zweiter Band, S. 907。笔者之所以注意到这段对法文版《天平》的介绍，是因为看到康奈尔大学的霍恩达尔教授（P. U. Hohendahl）在论述伯尔纳的爱国主义时所用的引文。参见 Peter-Uwe Hohendahl, „Kosmopolitischer Patriotismus: Ludwig Börne und die Identität Deutschlands", in: „*Die Kunst - Eine Tochter der Zeit*". *Neue Studien zu Ludwig Börne*, hrsg. v. Rippmann und Labuhn, Bielefeld: Aisthesis, 1988, S. 181.

当上帝创世时,祂只创造了男人和女人,而没有奴仆和君主、穷人和富人、犹太人和基督徒。然而在我们周围,现在却满是仆从或绅士,穷鬼或富翁,犹太人或基督徒!①

这也构成了伯尔纳世界主义思想的重要特征——群体的平等。可见,伯尔纳的世界主义思想,不仅受到启蒙和浪漫派思想的熏陶,而且建立在对犹太历史的反思之上。通过对犹太历史的反思,伯尔纳意识到犹太历史具有天然的世界主义属性。加之法国大革命和巴黎现实与德意志现状的对比冲击,促使伯尔纳逐渐形成特有的世界主义思想,他同时借此建构对未来的想象。伯尔纳的双重认同也在世界主义思想中最终达成和解。在与"他者"的论战中,在回应其民族与国家认同的矛盾时,伯尔纳不再回避或是闪烁其词,他写道:

不,我很感激有这不应得的幸运,能够同时成为犹太人和德意志人。我能够去追求所有的德意志美德,同时又不会犯同样的错误。是的,正因为我生而为奴,我才比你们更爱自由。是的,正因为我学而为奴,我才比你们更懂自由。②

世界主义思想的普适性让伯尔纳避开了认同困境与陷阱,他不再像当时和今日许多犹太人和非犹太人一样执着于两种认同的融合,而是在彼时充满世界主义的公共空间里,在犹太民族本身所具有的世界主义语境下,在与邻国的历史和现实的对比中,找到当民族和国家这两种社会认同发生抵牾时的新出路。在同样陷于身份困境的其他犹太人希望打破所谓"魔法般的犹太怪圈"时,伯尔纳这样写道:

里塞尔③看起来似乎是想要犹太人的民族性得到保障,但是犹太人的民族性已然被一种美好而令人钦羡的方式摧毁了:它变成了普适性的。正如上帝所许诺的那样,犹太人已掌管了这个世界,因为基督教——这个从犹

---

① Ludwig Börne, „Achtundsiebzigster Brief. Paris, Donnerstag, den 1. März 1832", in: *Sämtliche Schriften*, Dritter Band, S. 581.
② Ludwig Börne, „Vierundsiebzigster Brief. Paris, Dienstag, den 7. Februar 1832", in: *Sämtliche Schriften*, Dritter Band, S. 511.
③ 加百列·里塞尔(Gabriel Riesser, 1806—1863),犹太裔政治家和律师,犹太解放的呼吁者。

太教中破茧而出的美丽蝴蝶——已经控制了这个世界。无处不在的虚伪的人或许会误解，但是有思想的人则完全理解这一点。犹太人才是世界主义的老师，而整个世界都是他们的学校。也正因为是世界主义的老师，他们自然而然地成了自由的信徒。

融合了当时特殊的历史背景和时期的伯尔纳的世界主义，逐步展现出超国家与超民族的特性，伯尔纳继续说道：

> 而只要民族还在这个世上存在，没有自由便完全是可能的。将人民分开的，亦是将王侯联合的。仇恨只会将人们彼此分隔和削弱，而爱却能团结彼此，协同增强。而只要愚不可及的仇恨依旧分化着人民，国王们便会如手足般团结起来，去打压人民。即便是贵族们都要强大得多，因为他们对所谓祖国一无所知。德国人！法国人！你们啊，这个世界的裁判官，不要再被你们的统治者愚弄，陷入那疯狂的爱国主义泥潭里去。因为他们担心你们联合起来，而彼此不信任会让你们永远地分离。他们对爱国主义的褒扬，便是你们毁灭的根源。①

在这其中，无论犹太民族还是德意志国家，都不再相互抵牾。犹太民族的天然世界主义属性可以成为德意志国家的前进方向，这种世界主义也可以成为民族与国家的最终归宿。与此同时，伯尔纳将自身的双重社会认同巧妙地转变为师生的关系，从而消弭了对立状态，达成其社会认同的真正内在统一。

作者简介：徐健，北京大学历史学系教授，从事欧洲历史和德国历史研究，代表作有《近代普鲁士官僚制度研究》等；邢益波，北京大学历史学系硕士毕业，研究方向为德国史。

---

① Ludwig Börne, „Hundertdritter Brief. Samstag, den 2. Februar", in: *Sämtliche Schriften*, Dritter Band, S. 758.

中世纪图像的诗意建构与天主教主义的欧洲观

——艾兴多夫的《德意志文学史》

张童童

内容提要：在《德意志文学史》中,艾兴多夫向我们展示了从天主教角度解读文学史的独特视角,通过文学史书写,展现了浪漫主义的宗教、民族与政治思考,其中之一便是浪漫派的欧洲统一理念。艾兴多夫的文学史推崇一种理想化的天主教会,希望借中世纪天主教的信仰和教会组织形式,在欧洲重现古老的理想图景,使教会、国家与人民三方达到完美的平衡统一,使各种势力重返超民族国家的大一统状态。这其实是从天主教信仰的精神层面证明欧洲联合可能性的尝试,同时折射出浪漫主义思想未被民族主义加以解读的原初理念。

关键词：艾兴多夫　德意志文学史　天主教主义[①]　欧洲一体化

引　言

艾兴多夫(Joseph von Eichendorff,1788—1857)是德国中期和晚期浪漫文

---

① 本文虽然没有对"天主教主义"概念本身展开论述,但艾兴多夫的《德意志文学史》正是在19世纪上半叶政治天主教主义的大背景下所著,"天主教主义"的内涵也构成了本文的基本框架,其含义为:以教会为依托,以传统价值的保全对抗民族国家、工业化与物质主义。参见谷裕:《隐匿的神学——启蒙前后的德语文学》,华东师范大学出版社,2008年,第136页。

学的代表。在创作晚期,这位浪漫派诗人转向了文学史编纂,出版于1857年的《德意志文学史》便是他这一时期的代表作。在这本著作中,艾兴多夫意在通过梳理从中世纪至浪漫时期的文学观念,寻找文学史中的宗教因素,从而为未来的文学建构提供设想。

在文学史中,艾兴多夫最推崇中世纪文学,而这一立场与当时新教和天主教的意识形态之争紧密相关。1839年,埃希特迈耶(Echtermeyer)和鲁格(Ruge)在《新教与浪漫派》一文中将"天主教浪漫主义"斥为假的浪漫主义,认为它不仅试图同中世纪天主教建立联系,而且对新教的自由理念构成了冲击;艾兴多夫出版于1857年的《德意志文学史》则代表天主教观点,与上述论断针锋相对。[1] 艾兴多夫认为,宗教改革前的中世纪欧洲是最理想的欧洲图景:人们身心平衡、社会稳定有序,革命、宗教战争和扩张的文化霸权都未见踪影,而这需要归功于天主教信仰和教会在其中无可替代的作用。

然而,艾兴多夫的文学史却从未引起轰动。[2] 在德国研究界,关于这部文学史的研究散见于文学史相关的著作中。福尔曼(Jürgen Fohrmann)在《德国文学史的建构》一书中强调这部著作以天主教信仰为着眼点对文学史进行"再建构"的特征[3]。奥森斯奇(Jutta Osinski)在《天主教与19世纪德语文学》中指出,艾兴多夫写作文学史的主线,是寻找天主教信仰在平衡感觉、想象和智性三者关系的作用[4],强调三者的平衡状态是构成理想文学的前提。在国内研究界,艾兴多夫的小说及诗作更受研究者关注,其文学史作品则尚无译本。近年来,艾兴多夫的文学史越来越引起学界的关注,其中,北京大学博士生陈曦所著《文学史书写中意识形态的对垒——评晚期浪漫诗人艾兴多夫的〈德意志文学史〉》[5]一文,将

---

[1] Jürgen Fohrmann, *Das Projekt der deutschen Literaturgeschichte. Entstehung und Scheitern einer nationalen Poesiegeschichtsschreibung zwischen Humanismus und Deutschem Kaiserreich*, Stuttgart: J. B. Metzler, 1989, S. 140-141.

[2] Wolfgang Frühwald, „Nachwort", in: Joseph von Eichendorff, *Geschichte der poetischen Literatur Deutschlands*, Paderborn: Ferdinand Schöningh, 1987, S. XVIII.

[3] Jürgen Fohrmann, *Das Projekt der deutschen Literaturgeschichte. Entstehung und Scheitern einer nationalen Poesiegeschichtsschreibung zwischen Humanismus und Deutschem Kaiserreich*, S. 58.

[4] Jutta Osinski, *Katholizismus und deutsche Literatur im 19. Jahrhundert*, Paderborn: Ferdinand Schöningh, 1993, S. 187.

[5] 陈曦:《文学史书写中意识形态的对垒——评晚期浪漫派诗人艾兴多夫的〈德意志文学史〉(1857)》,《比较文学与世界文学》2014年第2期。

新教历史学家格维努斯与艾兴多夫所著的两部文学史进行对比分析,从中总结出新教文学史的民族视角与天主教文学史的宗教视角的两分对立。

由此可见,国内外研究的关注点集中于艾兴多夫通过文学史建构德意志民族文学的思路与视角,以及文学史写作中的宗教主线。

然而,在18世纪、19世纪之交,艾兴多夫的欧洲理念在思想光谱中处于何种位置,与欧洲文化中的世界主义思潮又有何关联?具体而言,在多大程度上属于政治纲领,多大程度上属于宗教图景[①]?此外,以艾兴多夫为代表的浪漫派,为什么一般被后世认为具有民族主义主张,而对其欧洲统一理念却视而不见[②]?这两个问题都是在后续研究中值得考察的对象。

值得注意的是,艾兴多夫文学史中的宗教主线,恰恰围绕着中世纪的理想图景展开。虽然中世纪文学承继了一部分古代日耳曼文学和僧侣文学的典型特征,但天主教信仰从宗教与世俗两方面重塑了中世纪德意志民族文学,又对宗教改革以降的德语文学产生了深远影响,并最终在浪漫文学中得以返归。可见,对中世纪欧洲理想图像的描绘和推崇与宗教线索交织,共同构成了著作的主线。

更重要的,18世纪至19世纪的欧洲面临着艰巨的现实问题:一方面,由于实用主义和科学理性泛滥,个体丧失了心智的平衡,在工业化面前走向分裂;另一方面,伴随着法国大革命,各民族自我意识兴起,民族国家涌现,这加剧了欧洲的分裂,各国之间的重重矛盾更在维也纳和会中展露无遗。在这一背景下,人们纷纷提出对欧洲统一的诉求,呼吁建立统一理念下的欧洲联盟,这为艾兴多夫、诺瓦利斯等浪漫派文学家构想欧洲未来的理想图景提供了直接的动因。

具体而言,艾兴多夫的文学史推崇一种理想化的天主教,希望借中世纪天主教的信仰和教会组织形式,在欧洲重现古老乌托邦的理想图景,使大大小小的势力都能够达成完美的平衡[③],这其实是从天主教信仰的精神层面证明欧洲联合

---

① 关于19世纪欧洲文化中世界主义思潮的三种潮流,参见 Paul Michael Lützeler, „Kosmopoliten der europäischen Kultur: Romantiker über Europa", in: Ernst Ribbat (Hrsg.), *Romantik: Ein literaturwissenschaftliches Studienbuch*, Königstein: Athenaum, 1979, S. 211-228。

② 有关浪漫派与民族主义的联系,参见〔德〕弗里德里希·梅尼克:《世界主义与民族国家》,孟钟捷译,上海三联书店,2012年。

③ Jutta Osinski, *Katholizismus und deutsche Literatur im 19. Jahrhundert*, S. 191.

可能性的尝试。研究艾兴多夫的这一思想尝试自有意义,因为这促使研究者深入浪漫主义文学未被民族主义思潮加以解读的原初理念,发掘浪漫主义思想的复杂性与深度,即在塑造民族观念外,还存在着对超国界的和平和统一理念的倡导。

艾兴多夫为重现欧洲的理想状态提出了怎样的方案?本文将围绕这一问题,探究《德意志文学史》所描绘的理想中世纪图像,探讨信仰与教会之于中世纪欧洲分与合的作用,并最终对艾兴多夫关于现实政治与未来欧洲的思考进行解读。

一、中世纪图像的诗意建构

在《德意志文学史》中,艾兴多夫对中世纪理想图景的描绘侧重有二:个人层面的平衡完整,文化政治领域的稳定有序。

艾兴多夫指出,正是在中世纪,亚里士多德哲学和柏拉图哲学两股思想潮流通过诠释与改变,与基督教结合。其中,前者注重理解、分类与公式化,对应人的智性(Verstand);后者则预示了基督教特质,探寻现象背后神性的世界灵魂,对应人的感觉和想象力。[1] 艾兴多夫认为,中世纪的人们生活在感觉、想象力和智性同时临在[2]的理想状态中,在这种状态中,"人们的生活未被分割,艺术与生活、感情与智性融为一体"[3]。

同时,中世纪的邦国也呈现出稳定有序的状态,不同邦国的内部也具有文化多样的特征。艾兴多夫用诗意的语言描绘了这种状态:"中世纪的无数小国,仿佛行星,闪耀着各自的光芒,因循着各自的轨道,围列在太阳般的帝王周围。从

---

[1] Joseph von Eichendorff, *Sämtliche Werke des Freiherrn Joseph von Eichendorff (historisch-kritische Ausgabe)*, Bd. IX: *Geschichte der poetischen Literatur Deutschlands*, Regensburg: Verlag Josef Habbel, 1970, S. 9.

[2] Ebd., S. 22.

[3] Giesela Brinker-Gabler, „Wissenschaftlich-poetische Mittelalterrezeption in der Romantik", in: *Romantik: Ein literaturwissenschaftliches Studienbuch*, S. 85.

帝王行宫,到各国宫邸,再到骑士城堡,邦国的层次何其丰富!"①

世俗政权与宗教教会的统一、个人生活与宗教信仰的统一,以及"国家、教会和人民"②形成统一的整体,既是浪漫主义的最高追求,也是中世纪业已达成的理想状态:

> [浪漫主义]将生活及伟大的历史时刻视为上帝的启示,将教会、国家和人民视为一个独立又统一的整体,正是这三者使中世纪欧洲与中世纪德意志显化为一个健康的民族。③

艾兴多夫认为,中世纪欧洲教会(Kirche)、国家(Staat)和人民(Volk)的统一,使德意志的联合和欧洲联合得以实现。其中,天主教会处于中世纪欧洲体系的中心,天主教信仰构成了联结人、国家与教会的主线。由于"真正的文学是宗教的,而真正的宗教是诗意的"④,文学最能够展现宗教在生活中所起的作用,这体现在兼顾此岸与彼岸、现实与超验两个维度的作品中:

> 特别是在文学中,这种统一精神表现为一种更高的、更纯粹的宗教生活观,通过基督教特有的、和解的爱表现出来;这种爱并不认为命运是盲目或破碎的,也从未断绝与现世伟大崇高之物的联系,即使是悲剧,也被解读、美化为一场殉道。⑤

基督教的超验维度与古日耳曼的英雄品质相结合,使骑士制度应运而生,也使承自古日耳曼文化的英雄观念在骑士制度的框架中延续下来。在这一时期,英雄生活也被赋予宗教的动机:如爱情具有了"爱情义务"的内涵,"荣誉"被注入了为信仰和上帝而战的道德力量。相应地,经过基督教美化的英雄生活也成为中世纪文学的典型题材,这体现在文学作品"将每一场世俗的战斗都描绘为十字

---

① Joseph von Eichendorff, *Sämtliche Werke des Freiherrn Joseph von Eichendorff (historisch-kritische Ausgabe)*, Bd. IX: *Geschichte der poetischen Literatur Deutschlands*, S. 7.
② Ebd., S. 474.
③ Ebd., S. 462.
④ Ebd., S. 466.
⑤ Ebd., S. 462.

军东征"①。

具体而言,艾兴多夫依时间次序,将中世纪传说分为三个"传说圈",分别以尼伯龙人传说、加洛林十字军东征传说以及圣杯与亚瑟王传说为代表;这些史诗传说折射出基督教意识与宗教世界观的不断成长,并最终在第三个传说圈臻于成熟。

其中,艾兴多夫格外推崇埃申巴赫的沃尔弗拉姆(Wolfram von Eschenbach),认为其《帕西法尔》成就了骑士史诗的高峰:作品揭示了世俗荣誉的空虚浅薄,褒扬了主人公对永恒荣耀的追求,将骑士制度直接与宗教信仰相连;基督教意识与世界观在中世纪不断成长,终于在这圣杯传说的传说圈中达到顶点②——这既是个人体验与宗教情怀的统一,也是骑士制度与宗教精神的统一。

加洛林传说圈的骑士史诗《罗兰之歌》也颇为艾兴多夫欣赏。艾兴多夫认为,在这部作品中,主人公"虽然在尘世被征服,但他却是更高层次的胜利者,因为他赢得了骑士殉难的光荣",这一虽败犹荣的结局折射出一种全新的价值取向,即对世俗功绩的追求被赋予了为基督教而战的主旨③,因此而得到升华——这体现出世俗追求与信仰追求的统一。

在骑士爱情诗领域,艾兴多夫首推福格威德的瓦尔特(Walther von der Vogelweide),认为他是当时最优秀的歌手,因为瓦尔特在诗歌中,既通过对"爱情义务"的解读,架起了世俗之美与精神之美之间的桥梁;又强调无论顺境逆境,都须保持对皇帝的忠诚;还通过置"上帝的庇佑"于"尊严"和"财富"之上,体现了虔诚的信仰④——这是世俗政治、宗教信仰和个人的统一。

总而言之,在艾兴多夫看来,中世纪最优秀的文学作品最具宗教内涵,折射出此岸与彼岸、世俗与永恒的张力,在对世俗功绩的追求中,加入了对永恒的追求,在对世俗君主的忠诚中,加入了宗教虔诚的因素,人与国家、民族与民族通过信仰紧密相连,构成了一幅统一协调的理想图景。

---

① Joseph von Eichendorff, *Sämtliche Werke des Freiherrn Joseph von Eichendorff (historisch-kritische Ausgabe)*, Bd. IX: *Geschichte der poetischen Literatur Deutschlands*, S. 43.
② Ebd., S. 53-54.
③ Ebd., S. 50-52.
④ Ebd., S. 72-73.

然而,《德意志文学史》的欧洲中世纪图像又带有双重特征:在理想的基督教文学之外,同时存在着一条带有反抗特征和世俗倾向的文学主线①。这集中体现在中世纪晚期,文学世俗化和反抗正统的趋向愈发强烈,导致宗教与世俗的界限愈加分明,进而引起了个人思想的失调以及社会秩序崩塌。

在文学领域中,史诗对世俗爱情的过多着墨消解了宗教与道德的因素,取而代之的是一种松弛、世俗的世界观②;讽刺文学、笑话、动物文学及流浪汉小说既表达出与教会主张相左的意见,也对骑士制度进行讽刺和戏仿③;在戏剧方面,幕间剧展现的世俗内容越来越多,以至于教会需要出面加以禁止,此举又使戏剧分裂为宗教剧和狂欢节剧,两者在宗教与世俗两个方向上渐行渐远④。

之后爆发的宗教改革进一步加剧了文学世俗化带来的失衡与分裂,三十年战争又使德意志地区乃至欧洲陷入了分裂状态,使天主教和新教文化愈发分离孤立⑤。此后直至18世纪、19世纪之交的法国大革命时期,欧洲战事频仍。这促使时人思考和平的可能,为欧洲构想一幅理想的和平状态。

二、对欧洲现实的反思

正是在法国大革命和拿破仑战争的大背景下,艾兴多夫力图:

> 对"虚妄的精神"进行批评,指出这种精神自从法国大革命以来就一直统领着当时的精神领域;这种"虚假哲学作用下膨胀的理性",用"红色的愚人帽"代替了"神圣的皇冠"。⑥

与现实中理性的泛滥针锋相对,艾兴多夫试图从历史中寻找答案;他指出,

---

① Joseph von Eichendorff, *Sämtliche Werke des Freiherrn Joseph von Eichendorff (historisch-kritische Ausgabe)*, Bd. IX: *Geschichte der poetischen Literatur Deutschlands*, S. 41.
② Ebd., S. 80-82.
③ Ebd., S. 88.
④ Ebd., S. 95.
⑤ Ebd., S. 151.
⑥ Jutta Osinski, *Katholizismus und deutsche Literatur im 19. Jahrhundert*, S. 165.

弥合欧洲分裂局面最正确的道路,便是回归中世纪的理想状态。他由此在文学史中塑造了一幅欧洲中世纪的理想图景,并对这种曾经存在的和平秩序进行追忆。

艾兴多夫所针对的时代症候,便是由"自由主义、理性主义和物质主义"引起的种种弊端①,包括因个人至上观念而引发的革命,以及由物质主义盛行而造成的强权政治。

艾兴多夫认为,欧洲分裂局面的根源在于国家、教会和人民三者的分裂,即教会及宗教的维度在世俗化的过程中衰落,从而导致了个人和国家更为尖锐的冲突和对立:

> 如今,在国家、教会与人民的浪漫主义三位一体中,人们已经抽出了从中调解的宗教的爱,就这样,国家和民众骤然形成了权利与义务的两立,进入针锋相对的敌对状态。曾几何时,在教会的作用下,两者还能够在更高的权威之下,保有自由的从属状态;而如今,两者之间存在着怀疑、仇视与反抗,一言以蔽之,就是无休止的革命。②

人民与国家的敌对状态导致了国内的革命,而革命破坏性的影响力足以溢出国家边界,正如法国大革命的历史所昭示的那样。这种芥蒂的产生正是由于宗教因素的缺席:宗教赋予世俗生活以崇高意义,宗教作为中间者协调着人与国家的关系,将人与国家通过基督教的世界观统一起来;在此意义上,宗教虔诚是个人对国家忠诚不可或缺的前提。

同时,在国家边界之上,即在欧洲国家间或民族间关系的层次,艾兴多夫同样从宗教的视角出发,通过比较中世纪欧洲图景与 19 世纪欧洲政局,对权力政治进行了驳斥和批判:

> 中世纪的整体架构与国家机构,并非建立在机械的均势体系之上,又非建立于微不足道的共同需要之上,亦非建立在相互平衡的体系之上,而是完

---

① Wolfram Mauser, „Vorwort", in: Joseph von Eichendorff, *Sämtliche Werke des Freiherrn Joseph von Eichendorff* (historisch-kritische Ausgabe), Bd. IX: *Geschichte der poetischen Literatur Deutschlands*, S. VII.
② Ebd., S. 474.

完全全遵循着一种理想的世界观,并以此组织起来。中世纪世界的中心是教会——其次是皇帝——再次是骑士阶层。这一整体基于同一个理想原则:相互的忠诚。①

其中,"机械的均势体系"就是政治领域实用主义的秘密外交、势力均衡和复辟思想,这种思想不仅没有为宗教提供存在的空间,甚至也没有将超国家的理想纳入考量范围之中。艾兴多夫正是将当时的革命迭起、战争不断的现状与中世纪各民族团结一致的历史(以十字军东征和为信仰而战的例子为代表)进行对比。这显示出,三十年战争以来维系欧洲的现实均势体系建立在脆弱的世俗基础上,这种结构由于无视宗教维度而格外脆弱;与之相对,中世纪欧洲借信仰而生发的骑士制度,以虔诚信仰为核心的体系架构,却能够长久保持欧洲的和平稳定。

针对现实主义权力政治的均势理念,艾兴多夫给出了维持欧洲和平的替代方案,即借助宗教和教会的力量,重塑欧洲的联合状态。

艾兴多夫呼吁人们通过宗教寻求救赎,不过这种宗教不是新教,而是天主教。艾兴多夫赞成,"天主教才是完整的、纯净的基督教",在他看来,新教产生伊始即带来了分裂的根源,因为在新教的基本原则中,已经暗含信仰与知识不可调和的分裂因素②。

艾兴多夫提出,要使欧洲的分裂局面得到弥合,首先需要发挥天主教信仰的作用。他认为宗教只有当重新深入人心之后,才能逐渐发挥引导现实政治的作用:"只有重新转向内心,宗教才能作为更高的世俗力量,贯穿所有的世俗现象。并且宗教将首先贯穿世俗现象的整体表象,即国家。"③在艾兴多夫看来,浪漫文学的任务与追求即在于此,因为"真正的文学是宗教的,而真正的宗教是诗意

---

① Joseph von Eichendorff, *Sämtliche Werke des Freiherrn Joseph von Eichendorff (historisch-kritische Ausgabe)*, Bd. X/1: *Historische und politische Schriften*, Tübingen: Max Niemeyer Verlag, 2007, S. 617.

② Joseph von Eichendorff, *Sämtliche Werke des Freiherrn Joseph von Eichendorff (historisch-kritische Ausgabe)*, Bd. IX: *Geschichte der poetischen Literatur Deutschlands*, S. 296-298.

③ Ebd., S. 294.

的"①,因此,借由文学中的宗教精神,基督教能够重新回到人们的生活当中,换言之,带领人们返归宗教的任务需要由文学来促成②。

另一方面,天主教会的作用同样不可或缺。艾兴多夫认为,中世纪的教会是人们的教导者和保护者③,而在分裂的时代应当重新成为统一信仰的制度保障。他把这种构想融入了对浪漫主义的解读:"浪漫主义的内容归根结底是天主教的,而浪漫主义也同时标志着:新教在不知不觉中,蓦然对教会形式产生了向往。"④艾兴多夫构想的未来教会,是基于现有教会而建立的一个更宏大的世界性教会。在一封书信体文稿中,艾兴多夫通过对比新教和天主教的不同理念,论证了天主教会与教皇制度的正当性;他同时点明,新教是天主教会的反对者,也是世界历史中"解放"(Emanzipation)红线的延续者,它将自由的理念作为思想基础并推而广之,主张教会应当是自由的,应当从教皇领导下解放出来。⑤ 对这种主张,艾兴多夫进行了反驳:

> 首先,我们想提醒一下你们世界主义者,你们所倡导的,正是消解民族国家疆界,实现平等化和普世化。而天主教教会正是唯一一个能够包容所有民族的世界性机构。基督教,以及作为基督教外在形式的教会,究其本质而言都是超民族国家的,因为一方面,基督教由于具有永恒真实、高于一切的本质特征,因此与变化无常的地域性诉求与时局变动并不相容;而另一方面,基督教能够作为人性的共通本质,则不分轩轾地传播到所有民族。⑥

与人们的定见相反,在浪漫主义的欧洲构想中,固守民族特性的保守主张并没有占据主流,与之相对的,是直接跃升至超国家层面的宏大的设想;艾兴多夫的理念与世界主义的愿景在此达成一致,同样主张消解国界、实现所有民族的和平与平等;对此,艾兴多夫提出的路径是通过教会的作用,通过共同的信仰实现

---

① Joseph von Eichendorff, *Sämtliche Werke des Freiherrn Joseph von Eichendorff (historisch-kritische Ausgabe)*, Bd. IX: *Geschichte der poetischen Literatur Deutschlands*, S. 466.
② Ebd., S. 301.
③ Ebd., S. 299.
④ Ebd., S. 470.
⑤ Joseph von Eichendorff, *Sämtliche Werke des Freiherrn Joseph von Eichendorff (historisch-kritische Ausgabe)*, Bd. X/1: *Historische und politische Schriften*, S. 549.
⑥ Ebd.

这一宏大的目标。可见在艾兴多夫的观念中,天主教的信仰与制度、天主教的思想与教会,都能够在返归中世纪理想状态、实现超国家的和平愿景的过程中发挥各自的作用。

三、对未来欧洲的构想

艾兴多夫对欧洲现实政治的反思,也反映在他对未来欧洲图景的设想之中。总体上,由于持有救赎史末世论的历史观,艾兴多夫对欧洲重归和平统一的理想图景持乐观态度;但同时,艾兴多夫并不赞同另立门户或建立一个包罗万象的新的世界教会,而是更强调现有教会的作用。

在艾兴多夫的历史观中,历史具有循环往复的特征:

> 人类向心力与离心力之间的循环往复构成了历史,向心力是爱和真正积极的力量,它将一切事物的本质与上帝相连;而离心力则是消极和否定神性的力量,它追求隔离与分立,追求人类生活和个体意志的绝对化。①

这种历史观有其宗教根源:"在古老的乌托邦中,一切对立面归于和谐的图景不再是诗意或诗学的想象,而是具有了救赎史末世论的基础。"②这种乌托邦或救赎愿景并不意在创造全新的世界,而是更倾向于返归与重现过去业已实现的理想状态。在文学领域中,这种理念倡导重归智性与信仰平衡和谐,在现实政治中,它主张返归中世纪欧洲和平统一的理想状态。

因此,在艾兴多夫看来,宗教改革并不具有绝对的进步意义,它仅仅是一场凸显问题与病症的危机:

> 任何一种潜藏的疾病只有在发现之后,才能通过一场决定性的危机被治愈。但危机还不是治愈本身,它只是显示出了治愈的可能,在生死抉择的

---

① Jutta Osinski, *Katholizismus und deutsche Literatur im 19. Jahrhundert*, S. 165.
② Ebd., S. 165-166.

关头更是如此;而最终的出路只有依靠上帝才能达到。①

返归中世纪,意味着人的心智与想象领域从失调中解脱,意味着社会体系重返平衡统一的理想状态,而这只能最终通过宗教的路径得以实现。对此,艾兴多夫给出了充满乐观色彩的解决方案,他认为尽管宗教改革之后的"危机"是需要加以改变的对象,但未来依然存在着好转的可能,而且通过信仰实现目标的道路已经十分明朗。

另一方面,在浪漫派思想家中,艾兴多夫由于采用了天主教信仰的视角,因此也有着同其他浪漫派代表作家不尽相同的观点。这体现在他考虑到教会的现有力量有限,因此对未来欧洲图景的设想也更为现实,举例而言,在《德意志文学史》中,艾兴多夫就对诺瓦利斯(Novalis,1772—1801)《基督徒世界或欧洲》(*Die Christenheit oder Europa*,1799)一文②进行了详细介绍与批判分析。

艾兴多夫与诺瓦利斯两位作家同为浪漫派,对中世纪欧洲也抱有同样的美好想象与向往,但他们给出的欧洲理想图景又不尽相同,这主要在于他们对信仰内涵以及教会作用的理解存在差异。

首先,在艾兴多夫看来,诺瓦利斯的宗教观念过于宽泛,其中,他对宗教与文学的类比尤其容易陷入泛神论倾向:

> [诺瓦利斯]把文学这种普遍的、充满活力的世俗力量置于宗教的旗帜下。文学也因此成为基督教的文学,成为一种精神力量,这种力量能够使人类所有的关系和一切世俗的生命变得高贵起来,并为世俗与宗教的和解做好准备;对于诺瓦利斯而言,文学即礼拜,诗人即牧师,宗教启示即文学灵感。③

艾兴多夫认为,诺瓦利斯的文学是一种先知式的文学,因此在一定程度上将文学与宗教等量齐观,但这种等同其实隐藏着出现谬误和受到误读的危险;诺瓦利斯在历史、自然、爱情与文学等领域寻找宗教超验因素的同时,也模糊了宗教

---

① Joseph von Eichendorff, *Sämtliche Werke des Freiherrn Joseph von Eichendorff (historisch-kritische Ausgabe)*, Bd. IX: *Geschichte der poetischen Literatur Deutschlands*, S. 101.
② 诺瓦利斯《基督徒世界或欧洲》一文的中文译文、成文背景介绍与内容分析解读,参见刘小枫编:《夜颂中的革命和宗教——诺瓦利斯选集卷一》,林克等译,华夏出版社,2007年。
③ Joseph von Eichendorff, *Sämtliche Werke des Freiherrn Joseph von Eichendorff (historisch-kritische Ausgabe)*, Bd. IX: *Geschichte der poetischen Literatur Deutschlands*, S. 301.

与上述诸多方面的界限,无意中"将宗教变成了文学"①。

此外,在《德意志文学史》中,艾兴多夫还驳斥了德意志文学作为世界文学的论点,即德意志文学具有普适的价值。他指出,总汇性(Universalität)是一种骄傲的感性,因为"总汇性"概念把德意志民族文学置于世界文学的中心,并使之负有和解、沟通一切文学形式的使命。但艾兴多夫指出,德意志民族文学还远不具备这种能力,因为"我们必须自己先形成一个中心,能够将分散的光束合于一点,焕发光彩;为此,我们必须先成为一个民族,成为由信仰、习俗和思想组成的兄弟般的坚实阵线"②。而德意志当时还尚不具备这种条件。因此,传播信仰才是德意志文学的意义所在;信仰,而非文学,才具有普遍和超民族的价值。

此外,诺瓦利斯所向往的教会,是一个代替新教的"新的更持久的教会",这并非天主教会,而是"一个值得尊敬的欧洲红衣主教会议","这个教会的本质将是真正的自由,一切必要的改革将在教会的领导下作为和平与正式的国家措施完成"③;诺瓦利斯观念中的理想教会是一个更高的、"包容一切时代的教会"④,这一教会也将代替现有的天主教会。与之相比,艾兴多夫则更强调既有的天主教会的作用,主张在现有教会的基础上建立新的普世教会,不论是在信仰还是在机构上,都没有丢失天主教的内核。然而在当时的欧洲,由于新教与天主教仍然泾渭分明,共同的信仰与习俗还远远未能实现,因此,艾兴多夫对于统一信仰与统一教会的设想也显得遥不可及。

结　　语

艾兴多夫的《德意志文学史》,不仅有助于研究者进一步了解浪漫派的历史观、国家观、欧洲观及其宗教观,借此深入浪漫主义文学未被民族主义加以解读

---

① Joseph von Eichendorff, *Sämtliche Werke des Freiherrn Joseph von Eichendorff (historisch-kritische Ausgabe)*, Bd. IX: *Geschichte der poetischen Literatur Deutschlands*, S. 303-305.
② Ebd., S. 190.
③ Ebd., S. 217-218.
④ Ebd., S. 307.

的原初理念,发掘浪漫主义思想的复杂性与深度;还有助于研究者将艾兴多夫的欧洲理念置于18世纪、19世纪之交的欧洲世界主义思潮中加以比较分析,探究其欧洲理念在当时的思想光谱中处于何种位置。艾兴多夫的文学史筑构了一幅理想的中世纪图像,这一图景已经超越了文学史书写的范畴,折射出作者对当时欧洲现实政治的思考与对未来欧洲理想状态的构想。

首先,《德意志文学史》中勾勒的中世纪理想图景包含"人"与"国家"两个层面:个体的人处于理性、感性和想象的平衡状态,各民族和各邦国在文化政治领域处于有序共处的和平状态。艾兴多夫认为,这要归功于中世纪欧洲教会、国家与人民的统一状态,其中,天主教会和信仰构成了联结三方的主线,具有最为重要的意义。中世纪晚期,由于具有分裂趋向的"离心"力量占据上风,中世纪晚期的宗教世俗化使得宗教和教会无法起到维系个人和国家两方的中间作用,因此,个人的平衡状态被打破,欧洲也陷入分崩离析的战争状态。

由此,在艾兴多夫看来,结束欧洲现实政治中革命与分裂局面的正确道路,便是回归中世纪欧洲的理想状态。他驳斥了权力政治的均势理念,认为借助宗教和教会的力量,使得欧洲重返精神统一下的联合状态,即超国家的大一统状态,才是维持欧洲和平的长久方案。在实现这一欧洲愿景的过程中,天主教信仰与天主教会都不可或缺,前者能够从根本上构成各民族联合的纽带,后者则能够发展为一个包容各民族的世界性机构。

出于救赎史的历史观,艾兴多夫对欧洲重归和平合一的理想状态抱有乐观的设想;但出于对欧洲现实政治的反思,考虑到民族文学的力量有限以及欧洲信仰依旧分立的状况,艾兴多夫对未来欧洲图景的设想也更为现实:他并不赞同建立一个包罗万象的新的世界教会,而是更强调古老的天主教会的作用;他格外强调浪漫派通过文学使宗教返归内在的使命,认为浪漫派的任务是通过文学的力量,重新将宗教带回人们的内心,从而为宗教改变世俗力量和政治体系创造前提;此外,他还试图架起天主教与新教和世界主义思想之间的桥梁。

作者简介:张童童,北京大学德语系本科毕业,北京大学国际关系学院硕士研究生,专业方向为欧洲研究与德国研究。

霍夫曼斯塔尔剧作《尖塔》中的"欧洲"思想

文史哲

内容提要:"欧洲"是奥地利作家霍夫曼斯塔尔晚期重要剧作《尖塔》的核心主题。该剧凝结了作者自第一次世界大战后期对"欧洲"问题思考、研究乃至社会实践的结果。"欧洲"在作家笔下是一个文化—精神领域的概念。霍夫曼斯塔尔主张欧洲当在多元的文化民族基础上实现和平统一。在对未来欧洲的展望方面,作家从"保守革命"的文化批判立场出发,认为从传统中寻求精神力量的同时,知识精英还必须介入社会现实,以实现精神与生活和解、精神与权力合一,进而创造真正的文化共同体与新的欧洲现实。

关键词:欧洲　文化危机　文化民族　保守革命

奥地利作家霍夫曼斯塔尔(Hugo von Hofmannsthal,1874—1929)在1927年完成了五幕悲剧《尖塔》的创作,这是他晚年最重要的戏剧作品。[①] 该剧以"近似16世纪氛围"中"更似传说而非现实的波兰王国"为背景,即以虚构的历史剧"借古喻今",揭示第一次世界大战结束后欧洲面临的种种问题。作品甫一问世,

---

① 该剧第一版创作于1918—1924年,为适应舞台演出需要,作者在1927年进行了删改。本文选用第一版为底本,即 Hugo von Hofmannsthal, *Der Turm. Ein Trauerspiel in fünf Aufzügen*, Frankfurt a. M.: S. Fischer, 1956。

其艺术手法和思想深度便得到高度评价。① 然而,将"欧洲"视为其核心问题,却是近年出现的新趋势。这一方面固然受到欧洲一体化现实进程的影响,另一方面也得益于对霍氏晚年生平材料整理与研究的进展。

具体而言,第二次世界大战后欧盟的建立与扩大,促使学界对欧洲一体化的思想根源进行更深入的研究,第一次世界大战和第二次世界大战间涌现的欧洲联合思潮受到重视。第一次世界大战后,巨大的战争灾难迫使欧洲人进行深刻反思并积极探寻保证欧洲持久和平的具体方案,而美苏崛起、欧洲衰落的世界格局变化更加剧了欧洲人的危机感,不少有识之士为欧洲联合统一呼吁奔走,由此形成了强有力的欧洲联合政治思潮。这一思潮在德语区的声势尤为浩大,其中最具影响力的有奥地利人库登霍夫-卡莱基(Richard Nikolas Graf Coudenhove-Kalergi)领导的"泛欧"运动以及卡尔·安东·霍安(Karl Anton Rohan)建立的"欧洲文化联盟",后者聚集了大批欧洲的知识精英,致力于建立一个以有教养的和工商业的精英为领导层的跨民族的统一欧洲。② 研究表明,霍夫曼斯塔尔与霍安关系极为密切,霍安曾与霍夫曼斯塔尔商定"欧洲文化联盟"1926年第一次大会的诸多要点,霍夫曼斯塔尔也在多个场合为该组织呐喊③,这足以表明霍夫曼斯塔尔在当时欧洲联合思潮中举足轻重的地位。此外,1922年至1927年间,霍夫曼斯塔尔还创办了杂志《新德意志贡献》(霍为该刊写的导言,确认刊名是要为新欧洲贡献思想和文化资源的意思),用以刊发经他筛选的能够塑造新欧洲文化与新欧洲精神的文章。④ 更为重要的是,他自1914年第一次世界大战爆发至1929年去世,写下了大量思索欧洲前途的论文和笔记。"欧洲"问题可谓霍夫曼斯塔尔晚年思考、创作以及社会实践中的核心问题。

---

① 如瓦尔特·本雅明曾专门撰文对该剧的悲剧形式进行分析,参见 Walter Benjamin, „Hugo von Hofmannsthals Turm. Anlässlich der Uraufführung in München und Hamburg", in: *Walter Benjamin. Gesammelte Schriften III*, Frankfurt a. M.: Suhrkamp, 1972, S. 98-101。

② 参见李维:《欧洲合众国》,北京大学出版社,2017年,第1—15页。

③ Guido Müller, *Europäische Gesellschaftsbeziehungen nach dem Ersten Weltkrieg*, München: Oldenbourg Verlag, 2005, S. 369-371.

④ 这份杂志因经费紧缺只在经霍夫曼斯塔尔选择的文人圈中发行,1927年停刊后几乎被遗忘。21世纪初,瑞士学者科琳娜·瓦格纳-佐伊利对杂志资料进行了整理和研究,该学者也成为近年来由生平资料入手研究霍氏"欧洲"思想的代表。参见 Corinne Wagner-Zoelly, *Die „Neuen Deutschen Beiträge". Hugo von Hofmannsthals Europa-Utopie*, Heidelberg: Winter, 2010。

凡此种种，构成了本文解读霍剧《尖塔》的欧洲视角，本文将聚焦霍夫曼斯塔尔"欧洲"观的内涵及其思想根源，以及它与欧洲一体化意识形态建构的关系。

一、《尖塔》中的"欧洲"构想

《尖塔》一剧直接取材于17世纪西班牙剧作家卡尔德隆的戏剧《人生如梦》。作者按照新的创作理念和创作意图进行了大幅改编。在1920年给朋友卡尔·雅各布·布克哈特的信中，霍夫曼斯塔尔写道，该剧将"描绘我们现实中真正的残酷"，即第一次世界大战以来"逐渐崩塌并最终腐烂的世界"①。

信中所言"现实"与"世界"无疑指涉欧洲。作者在剧作中也确以详尽描述和精巧构思隐喻欧洲现状。意大利学者克里斯蒂娜·弗瑟路泽的文化地貌学研究颇具代表性，她指出，剧中三个主要场景地，即波兰国王巴兹利乌斯的王宫、大主教伊格纳提乌斯所在的修道院以及主人公西格斯蒙德王子的囚禁地城堡"尖塔"，分别象征世俗权力、宗教和精神，而场景与人物之间不可调和的矛盾则显示出三者的分裂②。

具体来说，剧中描绘了一个动荡不安的时代，金钱肆虐暴力横行，底层民众丧失了对公平正义和灵魂得救的希望，暴动和革命此起彼伏，国王统治的天然合法性早已不复存在。而当国王向已远离宫廷的大主教伊格纳提乌斯求助时，却遭到后者冷酷的拒绝，大主教指出满腹权术阴谋的国王早已背离上帝，"地狱已在你心中悄悄蔓延，地狱就是:背离上帝"。另一位方面，主人公西格斯蒙德承载着建立新秩序的希望。他曾在出生时因不详预言被父亲巴兹利乌斯驱逐，随后长期被隔离在世俗权力和宗教之外，处于混沌的失语状态，在弑父后方才获得强大的语言和领导能力。在此总体框架中，另两个主角的设置同样意味深长，一个

---

① *Briefwechsel- Hugo von Hofmannsthal，Carl Jacob Burckhardt*，Frankfurt a. M. : S. Fischer，1956，S. 39.

② Cristina Fossaluzza，„Der Traum einer neuen Ordnung für Europa: Allegorische Orte und kulturelle Räume in der ersten Fassung von Hofmannsthals *Turm*"，*Prospero* 2012，H. 17，S. 131-145.

是策反推翻巴兹利乌斯统治、后又杀死西格斯蒙德的士兵统领奥利弗，作为一个"上过大学""被解放"①的现代人，他举止果决凶残，言谈中对自然、权力、神明和精神不存任何敬畏，煽动大众发动革命只为一己权利，他甚至狂妄地为一切西方世界旧有价值宣判死亡：

> 别再扭捏作态了，神父和喜剧演员的语言已被废除……那神操纵一切所用的概念也都完了，全部堆积在屠宰场……我看着摆弄这些玩意儿的世界，就像看着一个跳梁小丑。②

另一个人物是被国王贬至城堡尖塔看管西格斯蒙德的宫廷官员尤里安，他实质上是西格斯蒙德的教育者，他教会王子语言，引导他认识自然和上帝，和他谈论哲学和精神，是典型的西方"知识分子"，但他依然无法抵御重回权力中心的诱惑，极力谋划王子与国王相认，不惜使用魔法编织谎言，却反倒因此丧命，临终前才意识到追逐权力的虚空："我只是工具，别无其他。"③西格斯蒙德在觉醒后宣布与这位曾经的老师决裂："而我，被你创造的人，已经超越了创造者。当我独自静卧，我的精神将去往你永远无法抵达的地方。"④

在"世纪末"流行的关于西方没落论的语境中，不难理解这一人物设置的批判内涵。欧洲文明的危机，正表现在传统价值失落、以自由为名发动的革命带来社会失序与暴力横行、工具理性主宰下个体生命在对金钱、权力的贪婪追逐中沦为虚空。霍夫曼斯塔尔对欧洲危机的看法，集中呈现在他与文化哲学家鲁道夫·潘维茨的书信往来中。潘维茨于1917年出版成名作《欧洲文化危机》，引起霍夫曼斯塔尔强烈共鸣，两人就此展开了长达三年半的密集通信，深入探讨危机的根源以及欧洲的出路。⑤ 简而言之，两人一致认为1815年拿破仑战败后的欧洲与1915年的欧洲面临着同样的历史任务，即如何将神圣罗马帝国灭亡后分崩离析的欧洲重新统一起来，而19世纪未能实现这一任务的原因在于"技术化"

---

① Hugo von Hofmannsthal, *Der Turm*, S. 4.
② Ebd., S. 42.
③ Ebd., S. 69.
④ Ebd., S. 62.
⑤ Vgl. *Hugo von Hofmannsthal & Rudolf Pannwitz, Briefwechsel 1907-1926*, hrsg. von Gerhard Schuster, Frankfurt a. M.: S. Fischer, 1994.

"民族化"和"官僚化",也就是说,技术与经济发展所要求的个体解放和自由极大削弱了作为欧洲传统的共同宗教价值观的纽带作用,民族主义的盛行与民族国家的建立加剧了欧洲内部的竞争和冲突,普鲁士官僚体系的兴盛背离了文化立国、精英治国的理想模式。对 1915 年已陷入战争漩涡的欧洲而言,未来的希望在于重建拿破仑未竟的理想,即建立统一欧洲各民族的帝国,只是新帝国当不以法国模式的民主自由观念为基础,而应"仅由一个从混乱中崛起的帝王来实现,……一个拥有自由精神的新的天才,他可与恺撒、查理大帝和拿破仑媲美,由他建立起一个现代的欧洲帝国"①。

对新欧洲主宰者的期盼,霍夫曼斯塔尔在 1915 年回复《瑞典日报》(*Svenska Dagbladet*)一份问卷调查时进行了以下清晰的表述:

> 我认为任务不在于重建过去几十年欧洲的框架,……我们应设定更高的任务。问题的关键在于,要出现新的权威,而且这权威不是以机构职能的形式,而是以纯粹精神的形式……以符合潜藏于民众心中的敬畏之情的形式出现。②

以上愿景正是《尖塔》所描绘的新的欧洲现实。在第四幕中,走出尖塔、成为万众领袖的西格斯蒙德绝非民主政治产生的政治精英,相反,其统治权的合法性源于他超绝而高贵的精神,这应和了第一幕中医生见到尚处于非人状态的王子时的预言:"世界将不再由铁统治,而是由精神,精神蕴藏在他身上。他的伟力无边,你们当拭目以待!"③在长时间失语后,西格斯蒙德突然获得非凡的、常人无法获得语言能力,那"如同天使般的""从内在泉源喷涌而出的"④语言正是这最高精神的体现。此外,剧中反复强调,他人无法获得甚至无法理解这种最高精神,不仅王子的老师尤里安无法企及,而且拥戴西格斯蒙德为王的大众也不得不在向他祈祷时承认这种精神的不可逾越性:"你向我们展示出:伟力,不可抗拒的

---

① Hugo von Hofmannsthal & Rudolf Pannwitz, *Briefwechsel 1907-1926*, S. 16.
② Hugo von Hofmannsthal, *Gesammelte Werke. Reden und Aufsätze II*, Frankfurt a. M. :S. Fischer,1979,S. 179.
③ Hugo von Hofmannsthal, *Der Turm*, S. 23.
④ Ebd. , S. 45.

伟力,在这伟力之上,还有更高的存在,而我们无从知晓这更高存在的名字……"①

显而易见,这样的领袖是一个能"从混乱中崛起"、可凭一人天才伟力进行统治的帝王式领袖。西格斯蒙德在称王之后向臣仆宣告的施政纲领,同样也是理想的欧洲帝国的投影:

> 你们所谓的和平,只是你们对农民和土地的强权。你们所求的公平,只是你们的优先权,你们要狼而不要狗。不能戒除这样的贪欲吗?除了占有,你们就别无他求!我心中所想是建设而非占有,我所理解的秩序,基于贡献与简朴。我并非要修修补补,而是要一举成功:让我们一起成为新世界的公民……你们的小王国,你们对峙而建的房屋,你们彼此敌对的信仰,这些我全不在意,我要抹去界限:我要令你们各个民族在大熔炉里混合交融。②

新的精神、新的公民、新的帝国,这就是《尖塔》中霍夫曼斯塔尔对欧洲应如何的设想。

二、霍夫曼斯塔尔的"欧洲"观

《尖塔》中描绘的新欧洲精神、新欧洲公民与新欧洲帝国究竟新在何处?要回答这一问题,首先需要厘清霍夫曼斯塔尔的思想背景。自第一次世界大战爆发,霍夫曼斯塔尔便开始对欧洲现状以及德意志文化传统进行深刻反思,留下大量文论、演讲稿和笔记,从中可看出其"欧洲"观的发展完善轨迹。

"'欧洲'概念,我们伴随它长大"③——这是霍夫曼斯塔尔写于1917年的长篇笔记《欧洲观念》开篇的一句话,如实反映了他与"欧洲"的天然渊源。霍夫曼斯塔尔出生于奥匈帝国维也纳上层社会,具有奥地利、波西米亚和意大利血统,

---

① Hugo von Hofmannsthal, *Der Turm*, S. 72.
② Ebd., S. 85-86.
③ Hugo von Hofmannsthal, „Die Idee Europa", in: ders., *Gesammelte Werke. Reden und Aufsätze II*, Frankfurt a. M.: S. Fischer, 1979, S. 43.

从小深受欧洲文化熏陶，同时目睹了奥匈帝国内各民族和平共处的现实，他早期的诗歌和戏剧创作就已显露出法国、意大利及西班牙文学的影响，其内容常展现帝国内民族生活的多样性。他曾这样描述他青年时代所体验到的欧洲文化：

> 那时，整个存在对我来说是一种令人沉醉的整体：身体与精神对我来说并不构成任何对立，高雅的与原始的，艺术与非艺术，个体与社会，都是如此，我从一切中感受到自然……①

不过，霍夫曼斯塔尔早期的新浪漫主义基调在1900年前后发生改变。欧洲工业化与物质化的社会现实令他厌倦，在世纪之交，身在维也纳的霍夫曼斯塔尔也终于接纳了风行已久的尼采思想，转向存在主义，宣告老欧洲的语言范式失效。② 在1902年创作的《返乡者的来信》中，一位从美国归来的返乡者如此抱怨欧洲的虚伪与乏味：

> 你看，要重新使用这种二十年来对我已然陌生的做作语言，对我真是折磨。我也必须要和这些世故之人为伍吗？我只想听凭我的内心，而现在的欧洲快把我自己都偷走了。③

"听凭我的内心"，这是生命哲学的主张，霍夫曼斯塔尔极为重视尼采提出的"体验"概念，即通过个人的主观体验来获得新的身份认同和生命价值。他将这一哲学概念延伸至对新的欧洲精神的思考，他甚至将拿破仑视为在自我实现的驱动下开创新的欧洲气象的典范：

> 我所指的，就是拿破仑口中的他的星辰：就是这个促使他如此重视"欧洲"概念，导致他无法停歇，必须将"欧洲"征服。……除自身本质的体验外，不存在别的体验。这就是打开囚禁每个个体牢笼的钥匙，这些牢笼密不

---

① Hugo von Hofmannsthal, „Ein Brief des Lord Chandos an Francis Bacon", in: ders., *Gesammelte Werke. Prosa II*, Frankfurt a. M.: S. Fischer, 1979, S. 86.

② Vgl. Bruno Hillebrand, *Nietzsche. Wie ihn die Schriftsteller Sahen*, Göttingen: Vandenhoeck & Ruprecht, 2000, S. 68-84.

③ Hugo von Hofmannsthal, „Briefe des Zurückgekehrten", in: ders., *Gesammelte Werke. Prosa I*, Frankfurt a. M.: S. Fischer, 1979, S. 64.

透风,墙壁上挂满了宇宙幻象的彩色挂毯。①

然而随着第一次世界大战的到来,霍夫曼斯塔尔意识到强调无限制的个体解放和主观主义可能在现实中产生恶果,即社会失序和民族共同体割裂,他于是从更现实的角度思考新欧洲的路径。他认为,欧洲的当务之急是重寻内在的精神连接,实现统一以求得和平与发展。昔日奥匈帝国的政治与文化生态给他了灵感,他写道,"新形成的欧洲需要一个奥匈帝国",因为在这个双元帝国中:

> 比党派或意识形态更强大的是那种命运感,对我们来说,就是在德意志的本质中提炼出欧洲的特质,这种不再那么民族化的德意志特质与斯拉夫特质互相中和,这种和解、综合、包容异质力量的观念浑然天成,影响深远。人们互相靠拢不是出于诸如民族主义、社会主义、议会主义等等口号,而是出于真实的经验。②

从"德意志的本质中提炼出欧洲的特质"并使之"与斯拉夫特质互相中和",是理解霍夫曼斯塔尔"欧洲"观的关键。在笔记《欧洲理念》中,他明确提出了"欧洲"有三种形式,一是宗教的思维及心灵形式,二是文艺复兴精神,第三则是德意志的人道主义。随后,他列举了赫尔德、席勒、诺瓦利斯、施莱格尔、洪堡等德意志文化精英对德意志民族特性的论述,并指出其共同点在于强调德意志民族是最纯粹的追求精神与文化的民族,能够代表人类最高的精神诉求,因此,德意志人道主义天然具有普世化倾向,自然也能在此基础上建立真正的欧洲共同体。③霍夫曼斯塔尔回溯至以赫尔德为源头的浪漫派文化民族思想,将文化、语言视为民族有机体的根基,这实质是否定了西方传统中以英法为代表的、通过建立国家政权实现身份认同的国家民族模式,而多元并存、东西融合的奥匈帝国恰能给欧洲提供重返统一之路的现实模版。

这一点在《尖塔》中也得以体现。霍夫曼斯塔尔在 1923 年一份创作笔记中记录了他对《尖塔》第五幕的构思,此时西格斯蒙德面对的"外部政治形势是:邻

---

① Hugo von Hofmannsthal, „Ein Brief des Lord Chandos an Francis Bacon", S. 45.
② Hugo von Hofmannsthal, „Die österreichische Idee", in: ders., *Gesammelte Werke. Reden und Aufsätze II*, Frankfurt a. M.: S. Fischer, 1979, S. 457.
③ Hugo von Hofmannsthal, „Die Idee Europa", S. 43-47.

国民族主义的、敌对的势力反对西格蒙斯德所重新唤醒的国家思想中倡导的民族联合",并联合发动战争,对此,霍夫曼斯塔尔设定西格蒙斯德与来自"东方帝国"的使者商议结盟:

> 他向一个完全非中心的国家寻求支持,并不仅仅为采取灵活战略应付眼前困境;不,他所求更高:他的多元国家转向另一个富饶而强大、就其本质而言对西方完全陌生的大陆,就是为了在更深刻的文化—政治—经济意义上……实现不同民族、种族的和谐共处。①

此外,霍夫曼斯塔尔并未完全放弃尼采式的"体验"论,反而在其中看到了锻造新欧洲文化认同的契机。他认为,欧洲人在第一次世界大战期间共同的"受难"体验,将起到某种补充或代替已失落的共同宗教信仰的作用,从而孕育出新的人道主义与新的欧洲意识。在《欧洲理念》中,他继续写道:

> 尼采还将占据他的位置;但我们也许可以说,尼采的欧洲人特质有其脆弱的地方,因为他是让自己退回到欧洲,而非将自己扩展至欧洲。唯一令人安慰的前景是他的欧洲理念本身,即在古老的神圣性中重新体验这一理念。许许多多的心灵有了新的体验,无法避免的是,战争之后将有新的心灵时代翩然而至,就像三十年战争之后,虔敬主义开启了心灵的新时代。②

基于此,便能理解《尖塔》第一幕中为何极力渲染被囚禁在尖塔牢狱中的王子西格斯蒙德残酷而悲惨的境遇,他手脚被铐,被迫和猛兽同笼,与世隔绝,几无人形,而作为预言者的医生不断在旁提示,王子在迎来使命之前"必须受难"。西格斯蒙德的身心痛苦在与父王相认但识破后者权谋诡计后到达极点,而民众对他的拥戴也在此刻到达高潮:"这是我们可怜人的皇帝。剑与秤将来到他面前。"③相同的不公的苦难事实上成为西格斯蒙德统治得以确立的情感纽带,西格斯蒙德所象征的最高精神也在此找到与普罗大众结合的可能。

---

① Hugo von Hofmannsthal, *Sämtliche Werke XVI. 1*, Frankfurt a. M.: S. Fischer, 1990, S. 471.
② Hugo von Hofmannsthal, „Die Idee Europa", S. 53.
③ Hugo von Hofmannsthal, *Der Turm*, S. 71.

三、"保守革命"与欧洲

由上文可知,霍夫曼斯塔尔的"欧洲"设想,其思想养分是德国早期浪漫派的文化民族思想和尼采的生命哲学,他的"欧洲"概念是一个保守的文化—精神概念。然而传统的思想如何指向未来?文化—精神的理念又如何成为政治现实?

霍夫曼斯塔尔在 1927 年于慕尼黑发表的著名演讲《文献作为民族精神的空间》中给出了答案。在讲演中,霍夫曼斯塔尔首先承认,自浪漫派以来直至尼采,对个体的崇尚和对精神的追求是德意志特有的文化传统。他继而延用尼采"寻求者"的概念指称这一传统中具有代表性的文化精英。尼采所赞许的"寻求者"是具有创造力的天才人物,他们寻求正的、纯正的德意志文化,寻求精神的纯粹和高贵;而霍夫曼斯塔尔的批判在于,他认为德意志文化精英固然是精神与文化的创新者,但却脱离社会,孤独的"寻求者"们"既不与当代相关……也不与历史相关……,只追求那最幽深、最奇特、最艰巨的责任,即对全人类的宗教责任,[他们的]作用只局限于单个的人……"①

霍夫曼斯塔尔把法国文学的社会性与现实性视为德意志文化的反面,大加推崇,把法国文化视为文学艺术与社会现实相结合的典范。他指出,正由于作家和大众紧密相连,法国的革命思想才得以唤醒民众,因而才迎来撼动欧洲历史的法国大革命。

更为重要的是,霍夫曼斯塔尔指出,法国的文化传统为法国造就了一种统一的"中庸语言",这种语言同时为文化精英和人民大众所共同使用,它将知识分子和人民大众紧密联系在一起,语言、作家和民族处于共生状态,这种共生使法国作家和民众形成了一个有机联系的信仰共同体和文化共同体,这种统一的文化共同体能够确保传统的流传。而在德语国家,语言却分裂为知识分子所使用的高雅的书面语(包括文学语言)和人民大众所使用的通俗的口语,正是这种分

---

① Hugo von Hofmannsthal, „Das Schrifttum als geistiger Raum der Nation", in: ders., *Gesammelte Werke. Reden und Aufsätze III*, Frankfurt a. M. : S. Fischer, 1979, S. 30.

裂造成了德意志文化精英的孤独以及民族共同体的缺失。

以这种对比为基础，霍夫曼斯塔尔提出了影响深远的"保守革命"概念，即精神必须介入现实，才能实现精神与生活和解、精神与权力合一、个人与文化共同体一致，即"使精神成为生活，生活亦成为精神。换言之：使政治掌握精神，精神亦掌握政治，从而形成一个真正的民族"①。

由以上论述可以看到，霍夫曼斯塔尔成功地跨越了传统与现实、文化与政治之间的鸿沟，其"欧洲"共同体的设想具有了逻辑上的可实现性。也正因如此，霍夫曼斯塔尔在《尖塔》一剧中，设计了一处与王宫、修道院、尖塔相呼应的场景地：军营。如果以上文提及的"文化地貌学"进行分析，这一地点正是西格斯蒙德王子走出尖塔，走向现实与行动的象征，也是霍夫曼斯塔尔"保守革命"的主张与其"欧洲"观的汇合之处。

作者简介：文史哲，北京大学德语系 2016 级博士研究生。

---

① Hugo von Hofmannsthal, „Das Schrifttum als geistiger Raum der Nation", in: ders., *Gesammelte Werke. Reden und Aufsätze III*, Frankfurt a. M.: S. Fischer, 1979, S. 40.

其他论题

从柏林、芝加哥到中国的城市社会学之路

〔德〕柯兰君(何凤仪 译)

内容提要:在中国城市大规模、高速度发展的背景下,城市社会学需为中国城市的发展与规划提供社会学的理论与研究视角。本文旨在追溯早期城市社会学经典与中国城市社会学发展之间的联系,梳理城市社会学学科史中的重要理论与概念,探讨早期城市社会学研究方法对中国当下城市研究的理论意义。

关键词:齐美尔 帕克 早期城市社会学 中国 城中村

导 言

自千禧年以来,中国城市增长速度之快、扩张程度之大,引起了各个学科领域学者的注意。对此,考古学家、历史学家、地理学家、城市规划师、社会学家、人类学家、经济学家、政治学家及文化、文学研究、电影领域的专家也纷纷撰文探讨[①]。

[①] 有关中国城市的研究综述,参见 L. J. C. Ma, "The State of the Field of Urban China: A Critical Multidisciplinary Overview of the Literature," *China Information* 20, no. 3 (2006), pp. 363-389; Chen X. M. and Sun J. M., "Sociological Perspectives on Urban China: From Familiar Territories to Complex Terrains," *China Information*, XX no. 3 (2006), pp. 519-551; Gu C. L. et al, "Theorising Chinese Urbanization: A Multi-layered Perspective," *Urban Studies* 52, no. 14 (2015), pp. 2564-2580; He Y. M., "Chinese Urban History Studies Face the Twenty-first Century," *Chinese Studies in History*, 47, no. 3 (2014), pp. 73-99。

本文旨在追溯如格奥尔格·齐美尔、罗伯特·帕克等人的早期城市社会学经典与中国城市社会学发展之间的联系,探讨它们之间的历史与学科联系,具体从以下五个方面展开:(一)齐美尔与帕克对城市融合的理解;(二)帕克与帮助他访问中国的学生、同事之间的人际关系;(三)芝加哥大学与燕京大学社会学系在20世纪二三十年代因洛克菲勒基金会的资助体系与政策而产生的机构性嵌入;(四)费孝通对中国小城镇研究(20世纪80年代早期)形式下的实地田野调查与比较社区研究,及其基于早期乡村社区研究并至今影响中国城市化政策的农村城镇化概念;(五)芝加哥学派对"城中城""贫民窟""城市村庄"研究启发下的中国"城中村"理论化。笔者将从以上五个视角来追踪城市社会学从柏林到芝加哥再到中国的轨迹,并力图回答这一问题,即齐美尔、帕克等人建立的早期城市社会学研究方法对面临当今中国高速城市发展挑战的城市研究是否仍有意义。

一、理解城市一体化:格奥尔格·齐美尔与罗伯特·帕克

格奥尔格·齐美尔是通过社会科学方法研究城市生活方式的第一人。他属于德国第一批研究城市生活下个体化与分裂化的社会学家。在柏林任教授期间,齐美尔发表了《大都市与精神生活》(1903)一文。在这项研究中,齐美尔分析了货币经济与城市生活的相互作用。他将城市中的社会关系称为"对个体的一切都无动于衷"[1],并将城市居民与匿名市场的参与者等同起来。他进一步强调,在城市中占主导地位的不是情感关系而是一种"无动于衷的态度"。这种距离被描述为共同生活的先决条件——因为过于亲密的接触可能会变成仇恨和斗争。这种距离也被视为个人自由的先决条件,这是一种消极的融合,表现为无动

---

[1] G. Simmel, „Die Großstadt und das Geistesleben", in: K. Lichtblau (Hrsg.), *Georg Simmel, Soziologische Ästhetik*, Frankfurt/Main: Philo Verlagsgesellschaft, 1998, S. 121.

于衷和漠不关心的态度,并且不应该被误认为是人类宽容的表达①。

德国城市社会学家哈特穆特·豪塞尔曼(1943—2011)认为齐美尔的分析存在选择性,并且与20世纪早期城市工人阶级社区的描述形成鲜明对比,在这一社区中团结一致和集体行动中发挥着很重要的作用。移民社区是以经济环境为基础的,这种经济环境阻碍了个体化,不得不依赖于家庭或社区的关系。豪塞尔曼表明他的目的不在于谴责齐美尔对城市的看法,并指出个体化只为某些城市居民而存在,这些城市居民要么是独立财产所有者,要么是福利国家的公民。总的来说,齐美尔对这个城市的看法并不是一种大熔炉的观点,认为相互适应和彼此宽容是自己发展起来的,而只是将城市看为一个冷漠的社会空间。②

虽然齐美尔的研究《大都市与精神生活》在当时对德国的影响不大,但罗伯特·帕克曾于1899年或1900年在柏林参加齐美尔的讲座并于1903年回到美国,成为芝加哥城市社会学派最重要的创始人之一,该学派的重点为社区研究。不同于将理论建立在柏林的城市体验上的齐美尔,罗伯特·帕克使用了美国城市的现实,特别是芝加哥这个以国外大规模移民为基础的城市,该城市的人口有着很大的种族和文化差异。③ 在帕克的设想中隔离似乎主要是自愿的:新来的移民在那些有着来自相似地方的人口、坚持相似的价值观和传统的城市地区中寻找"人类的温暖"④。帕克的重点是"社区建设促进融合"。

齐美尔和帕克代表了不同的城市融合概念:齐美尔对融合的理解是以将个体分离作为"消极融合"的先决条件、个人的自由和城市的冷漠美德为基础的。对于帕克而言,城市中的社会融合是建立在群体之间的隔离、文化社区又相互敌对的基础上的。齐美尔的城市理论关注的是个体化过程,并且基于将冷漠和孤立变成城市美德的系统整合,而帕克的理论基于社会融合,并专注于"通过社区建设促进融合"。齐美尔将城市描述为一个冷漠的地方,帕克却认为城市由一个

---

① H. Häußermann, "The City and Urban Sociology: Urban Ways of Living and the Integration of the Stranger," in: H. Paetzold (ed.), *City Life*: *Essays on Urban Culture*, Maastricht: Jan van Eyck Academie, 1997, p. 139.
② Ibid., p. 140.
③ Ibid.
④ Ibid., p. 141.

个小巢组成,是一种彼此相互竞争的小世界的社会马赛克。尽管如此,这两种思维都认为大城市中的异质性个体和社区都倾向于相互对立,这两种思维都赞同凭借"分离"的概念来达成"融合"的概念,并且在这两种情境中,城市的自由均建立在异议的基础之上——齐美尔和帕克都将共存的可能性看作城市的核心特征①。

二、帕克在《城市》中的研究纲领

罗伯特·帕克于 1914 年到芝加哥大学时,那里所追求的社会学与自我反思的社会工作几乎没有什么不同。他的许多同事来自参与基督教福利工作的家庭,或者通过社会工作来到社会学。他们的社会分析具有道德意味。与之相比,帕克试图将社会学发展为一门植根于中立的概念性理论认识和社会现实的实证研究的学科②。当时他已经在一篇名为《城市》③的文章④中系统阐述了他强大的研究纲领。该计划分为四个部分⑤。

在第一部分("城市规划和地方组织")中,帕克不赞同大城市是城市规划的人造产物这一公认观点。他对于在人性进程中以计划外的方式出现的"自然区域"更感兴趣,它们颠覆了建筑学意义上的"街区"和行政意义上的"区"。"自然区域"代表着一个具有传统、情感和自身故事的文化空间,在地理上被本地化,在空间上被定义,该定义尤其包括"城市中的城市""殖民地"和"隔离区"。

第二部分("工业组织和道德秩序")着眼于为个人提供可以作为生活空间的

---

① H. Häußermann, "The City and Urban Sociology: Urban Ways of Living and the Integration of the Stranger," p. 142.
② G. Christmann, *Robert E. Park*, Konstanz: UVK Verlagsgesellschaft, 2007, S. 105.
③ 修订版的《城市》于 1925 年发表在由罗伯特·艾兹拉·帕克(Robert E. Park)、埃内斯特·伯吉斯(E. W. Burgess)和罗德里克·邓肯·麦肯齐(R. D. McKenzie)合编的书中,仅对概念工具和研究逻辑进行了微小改动,并且都集中在文章开篇。
④ R. E. Park, "The City: Suggestions for the Investigation of Human Behavior in the City Environment," *The American Journal of Sociology* XX no. 5 (March, 1915), pp. 577-612.
⑤ 对于该计划的描述参见 R. Lindner, *Die Entdeckung der Stadtkultur. Soziologie aus der Erfahrung der Reportage* (*The Discovery of Urban Culture: Sociology from Experience in Newspaper Reporting*), Frankfurt am Main: Suhrkamp, 1990, S. 98-103。

潜力("城市的空气使人自由")。人们可以在城市中发展自己的特殊才能。帕克认为新的职业是城市研究的关键对象(并编制了一系列有趣的职业类型)。劳动分工增加了个体之间的相互依存关系——其一方面产生了基于共同利益的新形式的社会团结(贸易和工会等),但同时也需要恢复均衡的工具(市场、证券交易所、贸易委员会、经济报道)。当社会表现出高度的流动性时,可能会出现严重的心理状况,帕克在他的博士论文中支持了这一立场(《群众与公众》)。他对集体行为和社会控制的形式感兴趣。

第三部分("次要关系和社会控制")也同样基于空间和行为的二元系统。帕克呼吁研究传统机构(家庭、学校、教会)以及它们如何在城市的影响下发生变化。鉴于城市的异质性,他认为共识构建机制对于通过现代通信手段(报纸、媒体、公众舆论、个人之间的沟通密度)来达成一个共享的话语世界尤为重要。

第四部分("气质和城市环境")尤其有趣,因为帕克解决了芝加哥学派在团体隔离和个人流动之间的紧张关系。隔离(城市作为小世界的马赛克)似乎恰恰为个人流动(因而也就是自由)提供了条件。与其他章节相比,他更多谈到齐美尔意义上的城市特殊品质,即个人的自由以及由此给古怪或特殊类型的人提供的机会。

因此,《城市》探讨了城市空间与行为模式之间相互关系的基本问题。因此,罗伯特·帕克1915年的"就职演讲"已经包含了会在之后塑造芝加哥城市社会学认知身份的内容概要[①]。

三、民国时期城市社会学的兴起

城镇内部与城镇间道路建设,使得现代城市中心的特征逐渐显现,因此在20世纪20年代出现了对中国城市的新关注。在这样的背景下,城市社会学作为社会学的一个分支学科出现,并在当时中国的公办大学和基督教大学中逐渐

---

① R. Lindner, *Die Entdeckung der Stadtkultur. Soziologie aus der Erfahrung der Reportage*, S. 109.

形成。不同于倾向于采用一种模仿日本重视理论的公办院校,基督教学校更注重实证社会研究和社会工作。

上海和北京进行的早期城市社会学研究源于基督教青年会的社会改革活动,中国的学生们参与其中。基督教社会工作和社会学研究之间联系的一个早期例子,可追溯到20世纪10年代。在上海杨树浦工人区,来自布朗大学的美国浸信会传教士丹尼尔·哈里森·库尔普(Daniel Harrison Kulp II)于1917年创立了一个社区中心,名为"沪东公社"(Shanghai East Commune)①,旨在实现三项功能:(1)上海浸会学院学生社会实验室;(2)区内的工人家庭服务中心;(3)工业住宅区的模型。②

关于城市社会工作与开展中国实证社会研究之间的联系,最广为人知的一个例子与约翰·斯图尔特·伯吉斯(John Stewart Burgess,1883—1949)有关。作为一名传教士社会学家,伯吉斯在燕京大学建立社会学系(当时相当小)时发挥了重要作用,并于1922年成为该系首任系主任。他与普林斯顿北京中心③一起,试图将社会福音传布给对社会研究感兴趣的中国学生,这些社会研究被看作基督教教义与民族复兴的结合④。伯吉斯和西德尼·戴维·甘布尔在1921年出版了《北京——社会调查》(Peking: A Social Survey)。该调查与北京市灯市口的社区项目密切相关,旨在为社会工作的模范项目奠定基础,最初是在社区层面,后来是发展到整个城市。⑤ 这个计划反映了当时美国和英国社会调查运动的目标和方法。

---

① 杨雅彬:《中国社会学史》,山东人民出版社,1987年,第30—31页。
② B. Gransow, *Geschichte der chinesischen Soziologie*, Frankfurt, New York: Campus, 1992, S. 39.
③ 由一群普林斯顿大学本科生于1898年创立的组织,旨在支持北京的基督教青年会。
④ Y. C. Chiang, *Social Engineering and the Social Sciences in China 1919-1949*, Cambridge: Cambridge University Press, 2001, p. 36.
⑤ S. D. Gamble and J. S. Burgess, *Peking: A Social Survey*, New York: Doran, 1921, p. 26; B. Gransow, "The Social Sciences in China," in: T. M. Porter and D. Ross(eds.), *The Modern Social Sciences, The Cambridge History of Science 7*, Cambridge: Cambridge University Press, 2003, p. 503.

四、社会学在燕京大学的发展过程及其早期与芝加哥大学的往来

到了 20 世纪 20 年代末,社会学不仅在中国的学术机构建立起来,还掌握在第一代中国社会学家手中,他们在学术和非学术机构担任领导职务。曾在爱荷华州学习过的许仕廉(Leonard Hsu)在 20 世纪 20 年代中期成为燕京大学社会学和社会服务学系的第一位中国教授。在许仕廉眼中,当时中国的社会学存在着以下弱点:(1) 被看作是哲学或者心理学的一部分;(2) 人们将其与社会主义混为一谈,社会学实践者被看作是社会革命者;(3) 大多数社会学执教者不加辨别地盲目使用外国教材;(4) 课程设置不包括系统的田野调查课程;(5) 教学内容与实践无关,不能被运用到社会服务领域。① 从政治角度来看,由于时代的局限,这些观点未使用马克思主义的理论。② 在(对学生的)培训方面,许仕廉认为最大的问题在于外国教材的使用。他主张社会学标准课程设置中要包含田野研究和与福利机构合作的社会服务实习。③

1929 年许仕廉成为燕京大学社会学系主任,在一次洛克菲勒基金会的奖学金项目中访问了欧洲和美国的大学,其中包括两次前往芝加哥大学。他拜访了芝加哥大学的管理人员和社会学家如帕克。他计划和芝加哥大学启动一个由燕京大学校长司徒雷登支持的合作项目,并与芝加哥大学校方交流了深化院系联系、加强对中美社会变化的比较研究的想法。④ 此行促成了 1932 年秋帕克对中国的访问。

---

① 参见许仕廉:《对于社会学教程的研究》,《社会学杂志》1925 年第 4 期,第 1—2 页。
② 自 1927 年以后,为避免审查,马克思主义作品以中立的标题出版。毛泽东推荐的作为理想教材的李达对辩证唯物主义和历史唯物主义的介绍,于 1937 年以《社会学概论》的名字出版。参见 Sun C. H, "The Development of the Social Sciences in China before 1949," PhD diss., Columbia University, 1987, pp. 258, 275, 279, 384; B. Gransow, *Geschichte der chinesischen Soziologie*, S. 61。
③ 参见 B. Gransow, *Geschichte der chinesischen Soziologie*, S. 3。
④ 参见 Y. C. Chiang, *Social Engineering and the Social Sciences in China 1919-1949*, p. 52; 阎明:《一门学科与一个时代:社会学在中国》,清华大学出版社,2004 年,第 48 页。

吴景超，帕克的学生之一，1923年本科毕业后来到芝加哥大学社会学系就读。在与诸如伯吉斯（E. W. Burgess）、雷德菲尔德（R. Redfield）等人一起研究学习后，于1926年写下自己的硕士论文《太平洋的中国移民》，研究华人华侨的混合婚姻问题。在此基础上，1928年他完成了博士论文《唐人街：共生与同化的研究》并取得博士学位。在此之后他回到中国且不久后就发表文章，介绍城市社会学的原则和方法。① 很多人将他视为中国城市社会学的创始人。吴景超使用中文材料并强调田野研究的重要性②——尽管他自己并未在自己的博士论文之外再进行田野调查。虽然他自己没有再运用帕克的方法③，但他将芝加哥学派的思想引入中国。从美国回到中国时，他申请了燕京大学社会学系的教职，但没有成功。④

1928年，燕京大学社会学系获得了洛克菲勒纪念基金（Laura Spelman Rockefeller Memorial Fund，以下简称纪念会）的资助，这使它得以扩充三个教职，拓展社会学系的分支：农业社会学（由杨开道担任教授）；社会工作（由张鸿钧担任教授）；第三个教职拥有两名十分优秀的竞争者，其中之一是吴景超，另一位是吴文藻——他在哥伦比亚大学研修社会学，研究重点是社会理论和哲学。根据江勇振（Chiang Yung-chen）的描述，吴景超因为没有基督教的宗教背景而被拒绝，伯吉斯将教职给了吴文藻。吴文藻在哥伦比亚大学攻读博士时曾与他有一面之交。⑤

20世纪30年代中期，吴文藻（1901—1985）成为燕京大学社会学系的系主任，在他任内社会学系的研究重心转向社会工作。更多基于方法论而非政治考量，吴文藻和燕京大学社会学系的社会人类学派，把自己完全与社会调查方法

---

① 吴景超：《都市社会学》，世界书局出版社，1929年。吴的书介绍了E. W. Burgess关于不同城区的想法，这与当时为上海、南京和其他中国城市制定的大型总体规划相吻合（T. Lincoln, "Chinese Urban Visions: the Birth of Urban Sociology in China," Working paper, University of Warwick, 2011, pp. 17-18）。它收录于孙本文出版的《社会学大纲》第13卷中，分为城市经济、人口、地区和税收过程等部分。
② 孙以芳：《中国社会学的发展》，燕京大学学位论文，1940年，第166页。
③ 吴景超强调了查尔斯·布斯的社会调查方法以及威廉·萨姆纳的比较方法。参见阎明：《一门学科与一个时代：社会学在中国》，第124页。
④ 吴景超首先在南京金陵大学任教，1931年至1935年在清华大学社会学系任教，随后为南京政府工作，从1938年开始在工业部就职。参见阎明：《一门学科与一个时代：社会学在中国》，第124页。
⑤ Y. C. Chiang, *Social Engineering and the Social Sciences in China 1919-1949*, p. 55.

区别开来。他们同样不支持科学与社会工作、大学教学与行政工作接轨。20世纪30年代后半期,吴文藻成为中国社会学研究的一系列巨变的发起人。他主张在中国的社会学和人类学之间建立系统的链接,并将引入功能主义的社区研究视为社会学的正确道路。①

吴文藻是中国第一代社会学家,并且成为中国社区研究的真正推手。20世纪30年代他致力于建立社会学和人类学之间的系统性联系。他尝试结合英国人类学的田野研究方法和芝加哥学派社区研究进路,特别强调拉德克利夫—布朗关于比较社会学的思想②。考虑到中国辽阔的地域、复杂的社会和文化关系、丰富的社群生态,他认为比较社会学应将中国迥乎不同的社区并置对照,以沿海地区的社区为起点——它们深受西方文化影响,延伸到内陆地区——这里相对而言比较少受到外部影响③。其目的是将这种比较社区方法运用在边境和殖民地区少数民族社会的民族志研究、农业社会学家对内陆乡村社区的研究及城市社会学家对中国东部沿海城市移民和其他社区的研究之上④。

正如吴文藻所描述,比较社会学因此涵盖了农业社会学和城市社会学,社会人类学和文化人类学,以及民族学或民俗学研究。其概念格局基于社区、文化、制度和功能的观念。⑤ 这样的社会学研究规划的构建远不是单个学者能够完成的,为了推广这一概念格局,吴文藻投入了大量精力,通过如获取资金来源和为学生提供有针对性的支持等方式,来建立更广泛的实施思想的基础。这种研究规划仅取得部分成功的原因,首先是战争时期的混乱性质。

在帕克于燕京大学讲学期间,许仕廉、吴景超和吴文藻成为芝加哥和燕京大学社会学学术交流的桥梁,发挥了关键作用。作为"学术企业家",许仕廉对促进

---

① 吴文藻的许多学生获得国际赞誉,其中包括费孝通(《江村经济》,1939)、费孝通和张志毅(《乡土中国》,1945)、林耀华(《金翼》,1944)、许烺光(Francis LK Hsu)(《祖荫下》,1948)。关于中国的社区研究,参见 M. H. Fried, "Community Studies in China," *Far Eastern Quarterly* 14, 1954, pp. 11-36。

② 参见 A. Kuper, "Anthropology," in: T. M. Porter and D. Ross (eds.), *The Modern Social Sciences*, *The Cambridge History of Science 7*, Cambridge: Cambridge University Press, 2003, p. 363。

③ 孙以芳:《中国社会学的发展》,第259页。

④ 吴文藻:《吴文藻自传》,《晋阳学刊》1983年第6期,第48页; B. Gransow et al (eds.), *China: New Faces of Ethnography* (Chinese History and Society vol. 28), Berliner China-Hefte 28, Münster: Lit Verlag, 2005, p.5。

⑤ 吴文藻:"社会学丛刊总序",[英]B. Malinowski:《文化论》,费孝通等译,商务印书馆,1946年。

联合研究项目和筹集资金非常感兴趣。在研究领域上,他属于燕京社会学系的社会工作学派,因此与帕克在除了推动社会学专业化之外几乎没有任何共同点。曾与帕克和芝加哥学派其他成员一起学习的吴景超,在提升城市社会学和中国芝加哥学派的形象方面发挥了重要作用;他显然要么点燃,要么至少提升了帕克对中国的兴趣。向帕克发出邀请的吴文藻是与帕克有着最大学术亲和力的人,尽管他自己几乎没有任何实证研究。正如帕克一样,吴文藻相信能通过对社区研究的比较方法加强社会学的地位,并通过增加国际学术合作来实现这一目标[①]。

与此同时,燕京大学社会学系从1928年开始接受纪念会的资助,以支持其学术和实证研究。以下部分将更加详细地介绍纪念会,其促进社会科学的战略,以及由此产生的对北京和芝加哥社会学部门的影响。

五、洛克菲勒基金在塑造芝加哥和北京社会学理论发展过程中扮演的角色

由约翰·D.洛克菲勒创建,纪念会从1918年到1929年一直存在。早期,它关注的重点是传统的慈善机构,如浸信会教会、救世军、基督教青年会和基督教女青年会。1922年比尔兹利·鲁姆成为负责人之后,纪念会经历了马丁·布尔默所说的"从一个不知名的社会福利慈善机构转变为世人皆知的支持基础科学研究工具"的过程[②]。纪念会希望通过推动美国境内外[③]的社会科学中心的建立来支持经济学、社会学、政治学、心理学、人类学和历史学方面的经验性研究,以符合"使高峰更高"的理念[④]。鲁姆的举措是支持社会学专业知识成为社会福

---

① 孙以芳:《中国社会学的发展》,第168—170页。
② M. Bulmer, *The Chicago School of Sociology: Institutionalization, Diversity, and the Rise of Sociological Research*, Chicago: The University of Chicago Press, 1984, p.136.
③ 包括如伦敦经济学院和燕京大学社会学系。
④ Y. C. Chiang, *Social Engineering and the Social Sciences in China 1919-1949*, p.3.

利的一个基础部分。他批评了大学里的产出知识大体都是演绎性和投机性的①。1923年,纪念会在芝加哥大学的社会学和人类学学系、政治学和政治经济学系设立了"地方性社区问题研究"科研基金。在社会学系,获得基金支持的项目是帕克、伯吉斯及其学生所作的城市研究。该纪念会持续资助芝加哥大学的地方性社区研究长达八年(直至1932年),1929年以后由与之合并的洛克菲勒基金会继续承担②。

鲁姆认为理想的社会学应该是一种基于科学方法的经验研究,其研究成果可以应用于实践,其特点是跨学科。③ 大体而言,这也是其评估燕京大学社会学系项目申请的标准。然而,这些申请的评价远远低于来自芝加哥的申请。1923年,燕京大学社会学系首位系主任约翰·斯图尔特·伯吉斯(John Stewart Burgess)的社会改革和社会工作者培训的项目未能获得资金支持,因此时纪念会的重点已从慈善转向学术性的社会科学研究。④ 他的继任许仕廉提出的在清河建立田野调查社会实验区的提案,经过长时间的评估后才获得批准⑤;而他和芝加哥大学的同事们联合提交的在燕京大学建立社会科学中心的提案也遭到拒绝⑥。

正如江勇振所论,洛克菲勒基金会在芝加哥和燕京大学社会学系的发展进

---

① M. Bulmer, *The Chicago School of Sociology: Institutionalization, Diversity, and the Rise of Sociological Research*, p. 137.

② Ibid., p. 140.

③ Ibid., p. 218.

④ 虽然纪念会有支持中国社会研究机构的想法,但它希望资助一所中国公办院校而不是一所传教士大学,并且重研究轻培训(B. Gransow, *Geschichte der chinesischen Soziologie*, S. 45-46)。因此,它支持了中国教育文化基金会的社会研究部门,陶孟和和李景汉于1926年被任命为负责人(Ebd., S. 59)。随着劳资纠纷的频繁发生和20世纪20年代工人运动的兴起(直到1927年国民党的暴力镇压),社会研究部门对城市工人及工人的状况和家庭进行了一系列社会学和经济学调查。在20世纪30年代早期,它越来越多地将注意力从工业环境转移到村庄,与中国社会调查运动所显示的总体发展趋势保持一致。到1933年,在各种农村改革项目以及共产党转移到农村的背景下,绝大多数调查都集中在村庄(参见:刘育仁:《中国社会调查运动》,燕京大学学位论文,1936年,第40、43页;B. Gransow, *Geschichte der Chinesische Soziologie*, S. 67)。

⑤ 当纪念会于1928年向该系授予一笔资助以促进社会学研究时,许仕廉得以把自己的计划付诸行动。在离大学不远的地方,即清河集镇,他找到了一个适合建立社会实验区和进行社会调查的地方。尽管资金相对慷慨,但该项目于1934年悄然结束。

⑥ 许仕廉与芝加哥同事一起成功地向洛克菲勒基金会提交关于联合在燕京大学建立社会科学研究所的提案。但由于该提案缺乏真正的研究重点,也许还因为燕京大学社会学系在清河集镇的社会学实验区似乎未见成效,基金会最终拒绝了。参见 Y. C. Chiang, *Social Engineering and the Social Sciences in China 1919-1949*。

程中所起到的作用截然不同。"不同于推动芝加哥社会学领域新的研究范式的崛起,洛克菲勒基金会更像是在延缓这种新的范式在燕京大学的发展进程。"[①]因此,人们可能会说,纪念会(自1929年以来,变更为洛克菲勒基金会)不是在推动一颗新星的孕育,而是在维护已经下落的研究方向。换言之,当纪念会在1928年终于通过许仕廉多年前提交的以社会工作为中心的提案时,一个富有生命力的创新的研究方向(吴文藻所提出的研究方法)已然兴起。而这一新的范式本该在20世纪30年代中期使燕京大学社会学系成为功能主义和社区研究的中心,并为社会人类学奠定理论基石。[②]

20世纪30年代初,鉴于中国发生的一系列事件[③],在副主席塞尔斯卡尔·冈恩的影响下,基金会的中国项目得到重新调整,明确关注乡村建设[④]。这一转向不仅体现在对燕京大学社会学系的资助,同时还体现在对南开大学经济学系的项目支持上,坚持农村研究优先原则。然而,这两个学系对重点"从城市向农村、从工业向农业发展"的转变反应不同。因为经济学家还能获得地方商业团体的资金支持,而社会学家们却不能。因此他们更加倚赖基金会的支持,但很快就面临着人们的指责,即他们的研究转向农村问题完全是出于希望保留其资金支持的目的。[⑤]

六、罗伯特·帕克在中国

由于身体原因,帕克不得不于1929年秋中断在上海、南京、北京的一系列讲座。当他1932年再次返回中国时,举办了数十场讲座,不仅是在燕京大学、清华

[①] Y. C. Chiang, *Social Engineering and the Social Sciences in China 1919-1949*, p. 8.
[②] B. Gransow, *Geschichte der chinesischen Soziologie*, S. 11; 傅愫冬:《燕京大学社会学系三十年》,北京市社会科学研究所社会学研究室编:《社会学研究与应用》,1982年,第273页。
[③] 自20世纪20年代后期以来,主要由于农业危机的加剧和农村贸易在外来经济竞争挤压中的衰落,一个改革派的农村重建项目兴起,最突出的是由晏阳初("科学定县模式")和梁漱溟("哲学邹平模式")领导的农村基层改革举措。
[④] Y. C. Chiang, *Social Engineering and the Social Sciences in China 1919-1949*, p. 64.
[⑤] Ibid., pp. 66, 254.

大学,还在中国政治学会及社会学家协会北京分会举办了讲演。但帕克在中国访问的重心实际上是他在燕京大学开设的两门课程,一门是"社会研究方法",一门是"集合行为"。他曾评论道:"在燕京大学我发现许多学生都曾在美国学习,现在正尝试用我们教授的思想和理念来理解和研究他们自己的社会与文明。"①他的学生包括后来成为著名社会学家的杨庆堃和费孝通。据杨庆堃讲述,帕克曾告诉学生们:"在这门课上我不会教你们如何读书,我会教你们如何写书。"此外杨庆堃记录:"帕克鼓舞了整个班通过科学方法从事实中探寻新的知识。"费孝通后来写道:"他启发学生如何进行田野研究,从而满足了学生的要求。他本人也亲自参访'天桥',北平的红灯区,力证即使从最下层人民的生活中也可以获得有用的知识。"②

继帕克来燕京大学授课后,社会学系编写了一本中文读物介绍帕克的文章(《帕克社会学论文集》),包括吴文藻的前言及三篇帕克的文章。除两篇关于社会学及社会学概念的文章,帕克还撰写了一篇文章《论中国》。该文章首先从比较的视角对中国、印度、美国、欧洲及俄罗斯文明的跨文化研究进行了思考。基于自身的观察,帕克着重强调了北京和上海的差异,前者作为传统中国社会的范例,人人身处其中都履行自己的社会角色,而后者相对地拥有一种欧洲化的城市生活方式。他指出,他了解中国社会的最重要信息来源是他的学生们,他们来自不同省份,代表中国的未来。③

在前言中,吴文藻将帕克对中国文明的理解,阐释为一种美国城市社会与中国乡村社会的并存,用自己的比较方法进行了详细的阐述,并评述道:"尽管我的比较并非源于帕克的作品,但它实际上基于帕克对于城市和乡村社会的区分。"④

读物中的其他文章承认了帕克对美国社会学的贡献,介绍了芝加哥大学社会学系的发展状况。此外,读物还介绍了城市社会学及人文区位学中的重要概

---

① W. Raushenbush, *Robert E. Park: Biography of a Sociologist*, Durham: Duke University Press, 1979, p. 134.
② Ibid., p. 133.
③ 〔美〕派克:《论中国》,《派克社会学论文集》,燕京大学,1933 年。
④ 吴文藻:"导言",同上书,第 11 页。

念,如"共生",此概念在吴景超撰写的关于美国唐人街的博士论文中发挥着重要作用。读物中还介绍了研究方法及人文区位学的观点,收录了一篇由赵承信撰写的关于帕克人文区位学的文章。杨庆堃介绍了城市社会学中帕克的研究方法,并解释帕克理论中城市发展的两大驱动力,即劳动分工和人口流动。读物的其他部分则集中于介绍社区研究及其方法,尤其介绍了田野调查。

帕克对中国社会学的最大贡献,无疑是他在燕京大学激励学生进行田野调查和社区研究。但他和洛克菲勒基金会都认为,当时的中国应优先关注对农村社区的研究。①

七、从费孝通乡村社区研究与小城镇研究到中国新型城镇化规划

1936—1938年在伦敦期间,吴文藻的著名学生费孝通(1910—2005)师承马林诺夫斯基,丰富了他之后《江村经济》一书的材料,该书则成为中国乡村社区研究的教科书。② 在这项工作中,费孝通介绍了江苏省开弦弓村,在书中改名为"江村",此地被描述为一个面临外因冲突的和谐运行的文化单元。费孝通将社会变革视为对社会和谐的破坏,它导致了社会角色的混乱。他认识到开弦弓村的主要问题,是由于来自世界市场的竞争导致农村产品价格下跌,农村收入减少。他呼吁通过重建农村产业的政策来提高农村收入,而非像国民党政策中的对农民减少税收。③ 随后他还对云南昆明附近的三个乡村社区进行了研究,不

---

① 吴文藻:"导言",〔美〕派克:《派克社会学论文集》,第10页;阎明:《一门学科与一个时代:社会学在中国》,第48页。

② 对于费孝通而言,他不认同孙本文等人所持观点,认为文化是国家本质的表达;相反,他完全与社会人类学派相符,认为文化在功能上有条件限制,即他认为特定的文化形式在失去其功能后会消失。为了使文化能履行其适应功能,改革必须以对现存习俗进行功能分析为基础。

③ H. T. Fei, *Peasant Life in China : A Field Study of Country Life in the Yangtze Valley*, New York: E. P. Dutton & Company, 1939, p.285.

仅采用了比较方法来研究农村社区,同时还支持农村的工业化。①

费孝通在 20 世纪 80 年代初重新开始他的早期研究,完善了他的农村工业化理论,并倡导将农村城镇化概念作为适合中国的现代化战略。20 世纪 70 年代,社队企业开始兴起,尤其在江苏省南部,大量小城镇开始出现。20 世纪 80 年代初推出的现代化政策加速了这一发展。费孝通于 1983 年开始小城镇研究,并提出假设:在人口压力大、耕地有限的情况下,农村工业化是现代化建设中可以促进中国经济增长的合适途径。

费孝通的小城镇研究是 20 世纪 80 年代初国家改革开放后,复兴中国社会学初期阶段实证项目的杰出范例。② 基于对当地经济传统的功能主义分析,这些研究寻求现代化的路径,其特征在于互相适应(自发的)微观和(受管制的)宏观发展。与此同时,它们是对传统经济活动复兴的实证分析中,提取适应现代化理论要素的隐含尝试。此外,费孝通还与世界银行合作,开展了一系列关于农村工业的研究。以"离土不离乡"为座右铭,费孝通倡导农村工业化与农村小城镇化的相互关联战略。

第七个五年计划(1986—1990)中,政府提出了一个基于发达海岸、中部省份和欠发达的西部省份三个区域的经济发展战略,与此同时,政府试图将农村向城市迁移的流动引导到较小的城市,这对小城镇的发展具有一定意义。然而,这导致超大城市提供的经济激励比国家宣传的城市化政策更具吸引力。关于促进小城镇发展的城市化战略与专注于大城市和超大城市的城市化战略的利弊,存在意见分歧。

虽然大城市被视为经济聚集与创新的核心区域,可以比小城市与城镇更高效地发展,但大城市社会基础设施的过载(如过度拥挤的幼儿园、学校和医院)、拥堵的交通与供应不足的经济适用房,成为主张控制进一步人口增长的

---

① H. T. Fei and C. I. Chang, *Earthbound China: A Study of Rural Economy in Yunnan*, Chicago: University of Chicago Press, 1945; B. Gransow, *Geschichte der chinesischen Soziologie*, S. 125-129.
② 参见江苏省小城镇研究课题组编写《小城镇大问题——江苏省小城镇研究论文选(第 1 集)》,江苏人民出版社,1984 年; H. T. Fei et al, *Small Towns in China-Functions, Problems & Prospects*, Beijing: New World Press, 1986.

论证理由。① 另一方面,小城镇因其不发达的工业、有限的就业机会和不完善的公共服务,被认为促进城市化的能力有限。考虑到小城镇发展还需要必要的资源(土地、能源、工作机会),需解决环境问题和规划问题,因而发展小城镇的成本相对较高。② 无计划扩张的城市和小城镇都不适合作为中国城市化进程的主要地点。③

在此背景下,党的十九大报告(《中国日报》,2017 年 10 月 25 日)指出,目前最有潜力的城市化模式是以一到两个超大城市为核心的城市群。计划要求城市群(目前为三个:珠江三角洲城市群、长江三角洲城市群和京津冀城市群)的数量应增加到二十个。核心城市周围的(离散型、非联合型)小城镇应发挥支持性作用,并有望快速增长。④ 新型城镇化规划(2014—2020)同时也强调小城市的扩张。⑤ 它旨在通过集中住宅区和扩大交通基础设施来引导移民流向较小的城市,并使地方政府获取土地资源。

继 20 世纪 80 年代费孝通的研究项目之后,中小城镇在(农村)城市化中的作用成为一个相对而言未充分研究的领域。⑥ 随着城市周围的各种新城镇和其他新城区的出现,各种形式由农村到城市的演变在城市边缘地带发生。这些可能是自上而下的城市扩张,将乡村纳入其中,和(或)自下而上的农村城镇化,这可能是正式或非正式的,即由相应等级行政政策驱动,或由村民寻求获取土地价值的社区倡议所带动。举一个例子,小城市在 20 世纪 90 年代提供了城市户口

---

① L. Zhang and M. Zhao, "Rural Towns in China's Rapid Urbanization: A Case Study of Hubei Province," in: T. C. Wong et al (eds.), *Population Mobility, Urban Management and Planning in China*, Heidelberg: Springer, 2015, pp. 256-257; CDRF (China Development Research Foundation) (ed.), *China's New Urbanization Strategy*, London: Routledge, 2013, p. 118.

② Y. Hsing, *The Great Urban Transformation: Politics of Land and Property in China*, Oxford: Oxfort Uniserity Press, 2010, p. 166.

③ CDRF, *China's New Urbanization Strategy*, pp. 130-131.

④ Ibid., pp. 132, 141-142.

⑤ 这一趋势在规划的名称上已有所体现,是"城镇化"而非"城市化"。新型城镇化规划参见:《国家新型城镇化规划(2014—2020 年)》,URL: http://news.xinhuanet.com/politics/2014-03/16/c_119791251.htm,访问日期:2014 年 3 月 16 日。

⑥ 特例参见 G. E. Guldin, *Farewell to Peasant China: Rural Urbanization and Social Change in the Late Twentieth Century*, New York: M. E. Sharpe, 1997; B. Carrillo, *Small Town China: Rural Labour and Social Inclusion*, London: Routledge, 2011; B. Hillman and J. Unger, "The Urbanisation of Rural China" (Special feature), *China Perspectives* 3, 2013。

以作为对农村工人和移民的激励,后来由于人们实际上需靠社会"关系"才便于获得服务、工作和其他资源,因此没有得到好评。① 一般而言,需要对这些及许多不同形式的农村城镇化进行更多的研究。此外,特别是定性比较社区研究(可能与新的数字形式的社会研究相结合)可以更深入理解这些复杂的转化过程的预期和非预期的影响。

八、中国城市村庄研究:城中村的理论化

当前,关于中国大城市化和农村人口向城市迁移的话语中,一个核心概念是"城中村",它可以被翻译为"urban villages"或"villages-in-the-city"。它代表着快速扩张的城市空间所包围的自然村庄。"城中村"的概念意味将市场价值引入土地和城市重建。不仅农业用地而且用于工业和住宅用途的土地被转变为商业空间,地方政府、开发商、投资者、村委会(有时自己成为房地产公司)和前村民开始谈判价格和补偿。最后,"城中村"的概念代表着农村到城市移民的定居点,他们虽然缺乏永久居民的权利和特权,但却需要能够负担得起的住房。已经出现一些关于北京和广州"城中村"的早期社区研究,例如王春光(1995)、张立(2001)、蓝宇蕴(2005)的论著。

为更好理解中国的大城市地区这一具有组织性与复杂性的问题,"城中村"的概念可以作为一种"不平均的线索",它揭示了微观层面上非常基本但也非常复杂的过程和矛盾,反映中国城市的发展。②

社区研究的视角在此提供了三个层面的比较:(1)中国不同类型的"城中村"之间的比较;(2)"城中村"与其他国家的移民定居点(如土耳其城郊棚户区"gecekondu")之间的比较;(3)"城中村"与早期"贫民窟"(slum)、"城市村庄"在

---

① B. Carrillo, *Small Town China: Rural Labour and Social Inclusion*; Y. Hsing, *The Great Urban Transformation*, p. 166.

② J. Jacobs, *The Death and Life of Great American Cities*, New York: Random House, 1961, p. 440.

概念层面的比较。笔者主要探讨第三个层面的比较,并首先探讨与芝加哥学派有关的广受争议的"贫民窟"一词与多重语境下的"城市村庄"一词在概念上的历史联系。此外,笔者将探讨为何对中国特大城市中的城中村的讨论几乎没有考虑到这一联系。最后,笔者将考虑帕克在《城市》(1915)中概述的研究项目在多大程度上可以丰富中国城市中"城中村"的研究。

1. 贫民窟—城市村庄(urban village)—城中村。 在城市社会学的历史中,有两个社区研究值得特别引起对中国"城中村"概念研究的兴趣:一个是威廉·富特·怀特(William Foote Whyte)研究波士顿北部的经典著作《街角社会》,一个是赫伯特·甘斯(Herbert Gans)的批判研究《都市村民:波士顿西区意大利裔美国人生活中的群体与阶级》。

当怀特在意大利移民社区进行有关社会网络和非正式组织的社区研究时,他仍在使用"贫民窟"一词。① 事实上,研究贫民窟是他工作的主要目的之一。② 尽管他将科纳维尔(Cornerville)描述为一个以秩序、荣誉和尊严为标志的地方,但"贫民窟"一词仍引起对该地及其居民产生负面联想,破旧的建筑暗示着社会中堕落的品质。③ 怀特后来因为这个词而受到严厉批评,科纳维尔的居民感到被冒犯,因为他们像许多其他人一样,将这一标签与污垢、泥土、污秽、害虫、疾病与传染病联系起来,尤其与犯罪分子和犯罪分子的避风港联系起来。

但怀特这一研究的全新之处,在于他分析了"贫民窟"区域内的非正式社会组织。以前的社会学文献将贫民窟地区与"社会解组"等同起来,因此在此之前没有人努力探究非正式社会关系和组织的隐藏结构和群体。当怀特为他芝加哥大学的博士论文进行答辩时,路易斯·沃斯(Louis Wirth),早期贫民窟研究者之一,同时也是答辩委员会的成员之一,对怀特进行了严厉的攻击,认为他缺乏

---

① 作为维多利亚时代新兴的空间形式与分析概念,贫民窟被弗里德里希·恩格斯(Friedrich Engels)及其同时代人概念化为工业资本主义及其创造的城市工人阶级的副产品。恩格斯认为贫民窟是资本主义关系的结果,而大多数社会学家,至少在20世纪上半叶,都认为贫民窟是不道德、恶习和功能失调的家庭形式等社会问题的根源。(L. Weinstein, *The Durable Slum. Dharavi and the Right to Stay Put in Globalizing Mumbai*, Minneapolis: University of Minnesota Press, 2014.)

② W. F. Whyte, *Street Corner Society: The Social Structure of an Italian Slum* (4th edn), Chicago: University of Chicago Press, 1993, pp. 281-282.

③ R. Lindner, *Walks on the Wild Side: Eine Geschichte der Stadtforschung (A History of Urban Research)*, Frankfurt/New York: Campus, 2004, p. 162.

对早期研究文献的必要审阅。① 沃斯无法理解如何定义一个贫民窟却不包括"社会解组"的想法,他想驱使怀特解决这个问题但被后者拒绝。

20世纪60年代初,赫伯特·甘斯引入了"都市村民"的概念来描述波士顿西区的意大利移民区域。甘斯批评使用"贫民窟"作为"一种评价性而非分析性的概念"②。他观察并批评了一种倾向,即通过建筑物的物理条件来理解低租金区域,并从居住区的破损中推断出居民的性格。他反思了城市村庄中各利益相关者的不同阶级背景和阶级文化差异,主张以工人阶级的阶级文化行为模式和价值观作为低租金地区规划过程的入手点。这种对城中村的研究传统,很容易为将城中村视为独特的、低收入的农民工居住区。

甘斯的都市村民研究值得从城中村角度重读的另一个原因是,他讨论了城市重建项目的问题以及对低收入居民区及其居民的预期和非预期影响。甘斯在1957年至1958年在靠近市中心的波士顿老城区进行了田野调查,该区是城市重建的对象。在他看来,通过城市规划来创建社会社区,这一想法是不切实际的,小心谨慎地翻新现存社区才更有希望。③ 最近有关中国城中村重建的文献越来越多地采纳了这些想法。④ 这一观点的另一个版本能够在例如北京等地的破旧建筑物的涂鸦标语中看到,即呼吁"和谐拆迁"。

当甘斯拒绝使用"贫民窟"这一评价性概念时,简·雅各布斯(Jane Jacobs)关于城市规划的批判性研究(《美国大城市的生与死》)在《都市村民》发表的前一年问世,雅各布斯介绍了"使贫民窟非贫民窟化"的说法。她认为,有一部分贫民窟能够再生,而另一部分——她称之为"永久性贫民窟",却没有任何经济或社会改善的迹象,它们在恶性循环中运行。⑤ 她指出,"非贫民窟"的指标有居民对居

---

① W. F. Whyte, *Street Corner Society: The Social Structure of an Italian Slum*, p. 356.
② H. Gans, *The Urban Villagers: Group and Class in the Life of Italian-Americans*, updated and expanded edition, New York: The Free Press, 1982, p. 350.
③ R. Lindner, *Walks on the Wild Side: Eine Geschichte der Stadtforschung (A History of Urban Research)*, p. 167.
④ 参见蓝宇蕴:《论城中村改造对其非正式经济的影响——以广州城中村改造为例》,《甘肃理论学刊》2011年第2期,第77—82页;Y. L. Lin and B. de Meulder, "A Conceptual Framework for the Strategic Urban Project Approach for the Sustainable Redevelopment of 'Villages in the City' in Guangzhou," *Habitat International* 36, 2012.
⑤ J. Jacobs, *The Death and Life of Great American Cities*, p. 270.

住地的依恋、非正式的社会控制以及住宅内部的改善。① 对于她而言,波士顿的西区在其被破坏前就是一个稳定的廉租区,一个"非贫民窟化的贫民窟"。但由于开发商强大的利益和家长式的专断手段压倒了贫民窟居民和小企业,这一地区唯一的选择就是拆迁。甘斯和雅各布斯在对城市规划者的批评态度上非常一致,他们都主张对低租金地区进行温和谨慎的翻新重建。但甘斯也特别批评了雅各布斯的部分观点,例如在他看来,雅各布斯对于工人阶级生活及有关都市中小社区的美丽的描述过于浪漫而虚妄②。雅各布斯的观点后来启发了20世纪90年代英国城市村庄运动,受到都市乡村群体的支持。

2. 关于城市村庄的分散讨论。 一方面,上述各城市的发展背景具有惊人的相似性,另一方面,中国特大城市中移民社区不断形成,它们在城市绅士化、高档化进程中又如此弱势,使我们发问,为什么对中国城中村的讨论,迄今没有更密切地关注这些早期关于贫民窟和城市村庄的辩论。③ 原因大约有以下几点:(1)语言与翻译问题。关于城中村的大部分研究都是中文的。(2)许多中文研究文章都侧重于解决问题、建议政策,而非提供历史性、比较性或理论性的视角。(3)中国追求的是一个没有贫民窟的社会主义社会,这阻碍了在贫民窟研究框架内关注城市村庄研究的发展。(4)单一学科话语的倾向意味忽视了跨学科的协同作用。④ (5)关注城中村的"中国特色",寻求中国城市村庄的特殊性而非关注与其他移民社区共有的特征。

尽管城中村研究联系的薄弱与缺失有各种原因,但在国际上研究移民社区形成的比较方法正逐渐增加。在《落脚城市》(2011)中,记者道格·桑德斯

---

① J. Jacobs, *The Death and Life of Great American Cities*, p. 272.
② H. Gans, "Jane Jacobs: Toward an Understanding of 'Death and Life of Great American Cities'," *City and Community* 5 (3 September, 2006), p. 214.
③ 例外参见 T. C. Wong, "Developmental Idealism: Building Cities without Slums in China," in: T. C. Wong et al (eds.), *Population Mobility, Urban Management and Planning in China*, Heidelberg: Springer, 2015, pp. 17-34; D. W. Wang, *Urban Villages in the New China: Case of Shenzhen*, New York: Palgrave Macmillan, 2016, pp. 5-14.
④ 从城市规划的角度看,钟谦(Chung Him)强调了"城市村庄"与"城中村"的概念差异。他认为"城市村庄"这一概念与英国的城市村庄运动密切相关,并认为这两个概念定位于城市化进程的不同阶段。(Chung Him, "Building an Image of Villages-in-the-City: A Clarification of China's Distinct Urban Spaces," in: *International Journal of Urban and Regional Research* 34(2), June 2010, p. 424.)此外,他将中国城中村的存在描述为农村地区及居民融入城市体系的失败。他认为城中村只是从前的自然村落,而非特定类型的移民社区。

(Doug Saunders)描述了移民飞地以及它们如何作为世界各地城市的落脚点,包括在深圳。撇开国内和国际移民的常见区别不谈,桑德斯强调了这样一个事实,即全球大多数移民均是从农村流入城市,尤其是大城市。无论是国内还是国际,移民都是从农村到城市,他的这一新观点表达了在"落脚城市"中人们的需求,令必须应对这些挑战的国家和地方政府大开眼界。

3. **反思帕克在《城市》中的研究纲领**。城中村在多大程度上能够代表"一个有情感、传统和自身历史的地方"[①]？即使在被不断扩大的城市包围之后,这样的特征也可能适用于原始的自然村庄。它也可能适用于更加同质的移民飞地。然而社区研究方法是否仍然适用于由来自不同省份、拥有不同背景的流动人口组成的异质城市村庄？又或者,将这些城市村庄视为一个社区,还是作为一个对共享可支付的住房的社会群体来进行研究,哪一种更富有成效？虽然我们仍然可以在帕克的研究方案中找到城市空间与行为模式之间相互关系的激发思路,这可以加强中国大城市中城市村庄社区的社会学研究,但吴文藻相较而言不太著名的比较社区研究项目也同样值得参考,它囊括了各种类型的农村和城市社区及其可能的相互联系。

结　　语

中国城市社会学的发展与齐美尔、帕克以及芝加哥学派的思想有着深刻而长期的联系。许仕廉、吴景超、吴文藻三人同属第一代中国社会学家,他们在20世纪20年代末和30年代初期在芝加哥学派和新兴的中国社会学中扮演着中介角色。回顾芝加哥大学和燕京大学的社会学系历史,不难看出,最初的纪念会与之后的洛克菲勒基金会作为发展学术与经验导向的社会科学的战略中的一环,它们所提供的财政支持为两校社会学系的发展发挥了重要作用。与此同时,纪念会的资助策略表明,它着重要求中国的社会学研究专注于农村问题,而非研究

---

① R. E. Park, "The City: Suggestions for the Investigation of Human Behavior in the City Environment," p. 579.

适合该国的工业化和城市化战略。

帕克于1932年在燕京大学的讲座给学生留下深刻印象,其中包括费孝通和杨庆堃,二人作为第二代中国社会学家名声大振。十年后费孝通访问芝加哥。1943年11月15日,坐在帕克曾经的办公室中,费孝通给帕克写了一封信,承认了后者对他学业的影响,并将自己形容为"一个来自民间社会的人,且一定会被墙后的历史迷住"。他补充道:"我觉得……我始终在你的精神影响下工作。"① 从某种意义上说,费孝通实现了乃师吴文藻创建的比较社会学的研究计划,将芝加哥学派的社区研究方法与马林诺夫斯基的实地研究方法进行了有效结合。从20世纪30年代的经典乡村社区研究开始,到始于20世纪80年代早期的小城镇研究计划,费孝通将他的农村工业化理论视为适合中国的现代化战略,并提出农村城镇化这一概念。他原初的农村城镇化观点在中国的城市化战略中有一定(微弱的)反映,如《国家新型城镇化规划(2014—2020年)》,该计划旨在到2020年使60%以上的人口居住在城市,并寻求放宽人口到中小城市而非大城市的迁移。

中国高速城市化进程的特殊之处,不仅在于它的速度与规模,而且在于中国不同层级政府对其进行调控和塑造的尝试。由于城市化政策与超大城市所提供的就业、服务、机会等激励措施不相一致,中国城市中涌现出一系列非主流的工作与生活条件及非正式的机构组织。在这种情况下,齐美尔的大都市理论与帕克关于城市的研究纲领或可作为知识遗产,为当今中国的城市社会学做出贡献。

作者简介:柯兰君(Bettina Gransow),柏林自由大学东亚研究所社会学家、汉学家、教授,研究领域为中国移民和移民群体、中国的国际发展合作等,代表作:《都市里的村民:中国大城市的流动人口》,中央编译出版社,2001年。

译者简介:何凤仪,北京大学德语系2017级硕士。

---

① 罗伯特·埃兹拉·帕克——附录,1号箱,文件夹15,芝加哥大学约瑟夫·雷根斯坦图书馆特殊馆藏,引用自 R. Lindner, *Die Entdeckung der Stadtkultur. Soziologie aus der Erfahrung der Reportage*, S.150。感谢林德纳分享给笔者费孝通的信件。

歌德与带来"火种"的蒸汽机①

〔德〕米歇尔·耶格（黄超然 译）

内容提要：本文从歌德对蒸汽机的关注和评价入手，结合歌德《威廉·迈斯特的漫游时代》《普罗米修斯》《西东合集》等作品，分析了歌德对由蒸汽机带来的工业革命及其在生产方式、社会结构、人口迁移等方面所产生的影响，所表达出的态度和观点。

关键词：歌德 蒸汽机 工业革命

蒸汽机和火车——歌德在1790年9月12日写给时任魏玛行政人员的富伊格特的信中，这样描述自己参观塔尔诺维茨银矿的经历：

> 塔尔诺维茨减轻了伊尔默瑙给我带来的痛苦。②[塔尔诺维茨的矿井]虽然没有[伊尔默瑙的]那么深，但所需抽水的总量要多得多，并且人们也希望矿井能再加深。两台火力驱动的蒸汽机正在工作，还有一台正在建设中，此外还有一台马拉绞盘驱动的机器负责抽出四座矿井中的水。③

---

① 标题中的德语原文"Feuermaschinen"字面含义与"Dampfmaschinen"相同，均指蒸汽机。蒸汽机为人类带来了新的"火种"，即新的机械动力，使人类摆脱了人力和畜力的局限，正如受到歌德赞颂的普罗米修斯给人类带来了火种，将人类从奥林匹斯众神手中解放出来。——译者注

② 歌德曾在伊尔默瑙担任矿井负责人，但其工程不幸因坑道渗水且无法排出而告失败。——译者注

③ Johann Wolfgang von Goethe, *Goethes Werke. 4, Briefe, 9, Weimar, Oberitalien, Schlesien, Weimar, 18 Juni 1788-8 August 1792 (Weimarer Ausgabe/Sophienausgabe)*, Weimar: Verlag Böhlau, 1891. Reprint München: Dt. Taschenbuch-Verlag, 1987, S. 225.

"火力驱动的蒸汽机"属于第一批在欧洲大陆给生产过程带来全新能源的蒸汽机类型,此前的生产主要依靠人力和畜力驱动。歌德所见到的场景中,依然有马拉绞盘驱动的传统机器。但与此同时,第一批蒸汽机也已经投入使用,它们不久就将成倍提升原本的畜力机械效率。

让我们把目光从塔尔诺维茨矿井转移到歌德的晚年生活。1832 年 2 月 27 日,他在日记中写道:"从利物浦到曼彻斯特的火车,有意思的小册子,已经开始阅读。"①

来访者从英国前来看望这位魏玛枢密顾问,除了这本讲述利物浦与曼彻斯特之间火车的有意思的小册子之外,还送给了他这列蒸汽机车的模型。这列蒸汽机车赢得了 1829 年在这两个城市之间铁路上举行的著名蒸汽机车比赛,而这一比赛也通常被认为是火车时代的开端。

漫游的手工业者:19 世纪的人口流动——据歌德观察,如今的一切都极端而跳跃,因为每个人都只在意财富和速度,火车、快速邮递、汽船等屡见不鲜。歌德将自己归入不会再回来的时代的最后一批人,而整个世界都在飞速变化。人们已经无法抑制蒸汽机的发展,正如人们也无法抑制沙沙作响的纸币的印刷和不断增多的债务。除了这些观点之外,歌德还在长篇小说《威廉·迈斯特的漫游时代》中描绘了手工业所面临的危机和纺织女工的形象。在新式机器面前,纺织女工感到害怕,并因而想要立即加入移民美国的行列。

生产公社与空想社会主义移民区——就是"为了维护他们这种中间等级的生存,以免于灭亡",歌德的长篇小说中,涉及的来到教育省的漫游手工业者都会首先接受传统行会的正规职业教育——尤其是建筑手工业者——通过接受教育,他们应该能够在新世界对此前在欧洲受损的手工业文化和模范基层组织进行有效的社会性补救。歌德笔下的移民现象与美国的移民运动不谋而合。在来自符腾堡的亚麻纺织工人约翰·乔治·拉普的领导下,虔信派的移民在美国定居,他们在美国印第安纳州建立的移民区成为英国空想社会主义者罗伯特·欧

---

① Johann Wolfgang von Goethe, *Goethes Werke. Abth. 3. Tagebücher. 13*, 1831-32 (*Weimarer Ausgabe/Sophienausgabe*), Weimar: Verlag Böhlau, 1903. Reprint München: Dt. Taschenbuch-Verlag, 1987, S. 225f.

文新和谐公社的构建基础。而欧文国内移民区的组织原则和拉普移民社区的规章，都部分地被逐字写入了歌德长篇小说的移民联合会章程中。作为这一非常令人惊讶的社会史联系的背景信息，我们还需要知道魏玛大公博恩哈德记录其1825和1826年美国之行的两卷本游记。歌德对于美国的想象就来源于此。罗伯特·欧文的新和谐公社正是通过博恩哈德的描述，而来到了歌德的笔下。

乌托邦及其破灭——小说中这些来到美国的移民最终情况如何，歌德并没有叙述。而如果我们设想自己是罗伯特·欧文新和谐公社中新到的成员，那就不难意识到，这只是一段短暂的休息，之后公社成员就不得不再一次出发，加入到移民者与殖民者的队伍中去。罗伯特·欧文的实验在1827年就因为内部对于完全公社化生活方式的抱怨、公社成员欠缺的职业能力，而面临破产。当时歌德并没有看到实验失败的记录——博恩哈德大公在1826年就已经回到了魏玛。但从歌德小说中对于移民的职业教育培训和细致的联合会日常生活规定章程中，就可以发现新和谐公社难以长存的事实，写作《漫游时代》的这位大家似乎预料到了这些理想化的蓝图终将破灭，他甚至会想要避免美国手工业者公社的出现。为了更好地理解这一看似矛盾的内容，我们需要将目光再次转移到歌德美国想象的来源上来。

19世纪生产业图景——博恩哈德大公的游记中还写到了19世纪一项伟大的运河修建工程，即1825年竣工的伊利运河。游记中的描述，展现了伊利运河作为工业时代第一批冲破此前所有已知维度的工程之一，所代表的具有时代特征的工业革命与移民的相互关系。无论是在游记中还是在歌德的小说中，新河道所流经的地区，都有一些地方的印第安纳原住民此前遭到驱逐。而歌德书中的移民所想要迁入的，恰恰是这些被认为是荒凉的、"尚未有人居住的荒野"。在这里，他们可以在一无所有的"原初状态"下，重新"从头开始"。从历史的角度来回顾，此时所形成的便是工业时代早期典型的大型建筑工程的一种。而有着等级意识的手工业者在这里就已经毫无用武之地。取而代之的是马克思眼中将产生新的无产阶级的聚居群体。来到伊利运河建筑工地的是一支大多未经专门培训的工人所组成的军队，包括来自农村的无业者、新移民、奴隶、自由的黑人、妇女，甚至还有孩童。

现代的概念：历史的角度与人类的使命——歌德的世界将被人们遗忘在脑后。歌德一生都坚定地与各各他保持距离，他也断然拒绝研究革命时代历史哲学中的髑髅地，他不想知道"历史的角度"，不想知道"人类"和他们的"使命"。据说当历史学家卢登向他阐释现代历史哲学中世俗的救赎史时，他愤怒地猛烈批判道："这一切都只是概念。"

歌德在与卢登的对话中所表现出的愤怒，是因为革命在他心中引起的惊吓，如同美杜莎的惊吓一般。人们时常将他与一些内容相联系，而这些内容在他看来正是绝对古老祭祀仪式的表现，例如马赛曲中的两个诗行："Qu'un sang impur/Abreuve nos sillons.（用肮脏的血/浸透我们的犁沟。）"根据远古宗教仪式的关键步骤，只有深入土地的牺牲的血液能使之肥沃。对于歌德来说，蛇发女怪的注视会使他僵硬，因为他的古典文学构想及其对于解放的预言，都建立在牺牲制度的废除和与其相联系的极端狂热的消退。人们能够终结如献祭伊菲革涅亚一般的古老祭祀仪式。人们不能将其工具化、理性化。虽然如此表达也许自相矛盾，但在这一与惊吓相关的主题下歌德的表现，证明他是一名断然的现代化的拒绝者。

现代革命研究——一定程度上来说热门的——研究重点就在于对革命暴力的新理解，而这正是歌德所断然拒绝的。这种对革命暴力的新理解仿佛将几乎取之不尽的牺牲、流血和惊吓的激情能量，从历史实践的角度进行了合理化，并将其推动力量改道，运用到革命运动中，作为革命机器的发动机燃料——人们也会试探着将其称为火车头。人们通过这种方式所获取的推动力，使得历史进程不再可逆。血液一旦流出并深入地上的犁沟，便无法再取回。历史的车轮处于被激起的热情潮流之中，亦无法再倒转。

可能有人会提出，歌德所展现出的正是反动派的典型态度，所扮演的是现代化的制动块的角色，因为他所依赖的是早已被历史进程甩在身后的旧世界。但这是一个错误的判断，因为歌德对于革命所提出的异议不是站在怀旧回顾的角度，而是站在眺望未来的角度。当我们最后来看一下歌德所描述的最阴森恐怖的历史图景时，便可以清楚地认识到这一点。歌德的描述记录在其1802年3月9日写给席勒的信中。信里歌德写道，他当时正为让-路易斯-吉罗·苏拉菲

1801年出版的路易十六的故事所吸引,书中从路易迎娶玛丽·安托瓦内特,一直写到他被处死。受到书中对于革命描述的启发,歌德注意到,历史表现为了山地。又一座髑髅山,鲜血从山上流下来,流到山谷地上的犁沟之中。但歌德从这副图景中看到的并不是各各他。对于他来说,革命现象中没有神学的救赎,也没有历史哲学的重估。他在信中这样写道:

> 总的来说,恐怖的是,看到小溪与河流顺其自然地从山峰与山谷中涌来,相互冲击,最后形成一条滚滚河流,并引起洪水泛滥,摧毁一切,无论人们是提前预见到了还是什么都不知道。人们从这个恐怖的经验中看到的仅仅只有自然,而完全没有我们哲学家①所喜欢称之为自由的东西。②

从历史经验的窘境中,并不能得出,歌德没有革命性美德的结论。法国大革命无法挽回也无法回避地将卷入其中的一切扔回到了原始状态之中,并且吞没了一切自由,正如一条冲上河岸、撕扯一切的河流。从这个角度来说,可以看作纯粹的罪孽的,便是企图成为运动领导,并且想要有目的地决定浪潮轨迹的计划(即便是拿破仑也无法实现这件事)。目之所及,再也没有魔法师能够使借助自然力量的爆发所呼唤出来的魔鬼,"为自己"所用,并能缓解整个的窘境。歌德笔下也写到了随着大革命而来的一切固定关系的瓦解,这就确认了马克思的一个观点,即人们终将"不得不用冷静的眼光来看他们的生活地位、他们的相互关系"。

作者简介:米歇尔·耶格(Michael Jäger),柏林自由大学讲师。代表作:《世界级选手浮士德,或:现代的消失——论歌德的现实意义》(德文版),柏林:Siedler 出版社,2008年;第七版,维尔茨堡:Königshausen & Neumann 出版社,2018年。

译者简介:黄超然,毕业于北京大学,现为柏林自由大学博士生,研究方向:德语近现代文学。

---

① 这是写信人歌德对自己和席勒的称呼。——笔者注
② Johann Wolfgang Goethe, *Sämtliche Werke nach Epochen seines Schaffens*. Bd. 8,1. *Brief-wechsel zwischen Schiller und Goethe in den Jahren 1794 bis 1805*, 1, Text (Münchner Ausgabe), hg. v. Manfred Beetz u. a., München: Carl Hanser Verlag, 1990, S. 887 f.

雅各比、莱辛、早期歌德与斯宾诺莎哲学

〔德〕弗里德里希·福尔哈特（陈郁忠 译）

内容提要：在雅各比与莱辛1780年7月的一次对话中，两人谈及歌德尚未发表的《普罗米修斯》一诗与斯宾诺莎哲学之间的关系。此次对话后经雅各比整理，连同歌德的诗作在他《论斯宾诺莎的学说》一书中出版，不久便产生巨大影响。从雅各比的记录来看，莱辛认为歌德的诗作背叛了正统神学，表达的是斯宾诺莎的思想体系。本文认为，斯宾诺莎的这一体系并非"一寓于万"的"泛神论"，而是一种"万系于一"的学说。这一点是莱辛与歌德相通的地方。但莱辛试图往前一步，用斯宾诺莎的思想体系解决启蒙运动无法解决的宗教问题，而歌德则仅关注斯宾诺莎学说本身。

关键词：善感 理性—神学

1799年5月18日，莱辛写信给书信体小说《沃尔德玛》（*Woldemar*）的作者雅各比（Friedrich Heinrich Jacobi），感谢他寄赠作品，并表示自己十分受教。随这封简短的感谢信，莱辛附了一本自己的《智者纳旦》。一本是善感小说，另一本是诉诸理性的教育诗剧，二者之间似乎并没有必然联系。然而雅各比并非以小说家或新兴善感文学代表的身份出现，与莱辛进行交流；他感兴趣的，是莱辛在与神学家论战中对某些问题的看法，以及莱辛如何评判惹人非议的《未署名者片段》所涉及的宗教哲学问题。这一初衷在两人接下来的书信中显露无遗。

雅各比随即回信表示要去沃尔芬比特尔拜访莱辛，并在启程前提议了谈话论题。他首先提及莱辛的新作《论人类的教育》，随后谈到自己一篇论及文化史

与宗教史的文章——该文于 1773/74 年发表在他与维兰德合编的杂志《德意志信使》上。雅各比进而让莱辛注意该文的某一节,说"或许这一节的某个思想还有些价值"。经查,雅各比所言段落中引用了莱辛的《莱布尼茨论永罚》一文。莱辛在文中提到莱布尼茨的一个基本原则:"只有当某个观点从某个角度来看并在某种理解中为真时,他[莱布尼茨]方才愿意不断推敲它,直到那个角度显现出来,那种理解让人领会,否则该观点便不可接受。"接着莱辛言简意赅地用一个比喻来形容莱布尼茨开放的真理理解方式:"他从石子里激出火花,却不把自己的火花藏进石子里。"雅各比当时并未提到这个比喻,但后来却一再适时使用。基于此,两人在沃尔芬比特尔的谈话中能够很快,甚至可以说以某种秘传的方式,在原则问题上达成一致。在两人谈到真理的概念时,莱辛说:"莱布尼茨无法忍受把真理限制得过死。"雅各比旋即应和,认为"莱布尼茨想从每一块石子里都激出火花"。

从这一细节可以看出,雅各比为此次与莱辛的会面作了周密的准备。他引用莱辛刊发的文章一是表明他对那家杂志十分熟悉,二是说明他与莱辛意见一致:为真理寻求恰当的表述必须要有一个过程。这样一来,即便雅各比的小说可能会和《少年维特的烦恼》①一样成功,莱辛也并未把这位拜访者当作普通的流行作家。然而在从 1780 年 7 月 5 日至 11 日持续几天的会面中,两人还是未能回避歌德及其作品。原因之一是,此前魏玛宫廷发生了一则丑闻:

1775—1776 年,雅各比在《德意志信使》上连载了自己的处女作《爱德华·阿尔维尔书信集》。早在这部小说中,雅各比就把围绕歌德《少年维特的烦恼》引发的争论当作创作素材。小说主人公因相信自己的感觉就是真理而惨遭失败,尽管如此,他依旧把自己视为伦理上的楷模。在小说中,雅各比以挑衅的方式描写宫廷贵族们空洞的社交礼仪,导致主编维兰德不得不"审查式"地介入此事:"如果阁下允许,我将删除大作《阿尔维尔书信集》中几行对上层人物举止的描

---

① 莱辛对这部作品并不以为然,因小说结尾写到,维特自杀后,人们在他的桌上看到一本摊开的《艾米丽娅·迦洛蒂》。莱辛肯定觉得,歌德如此无中生有不过为挖苦他而已;此外莱辛还认为歌德歪曲了青年耶路撒冷(Carl Wilhelm Jerusalem)的形象,所以于 1776 年将此人的《哲学文集》加上自己的引言和附注出版。

写。"另一方面,雅各比也毫不留情地批判了狂热的感伤主义,认为它走向了与僵死的成规相对的另一个极端。在雅各比的两部小说中,两位与"维特"相仿的主人缺乏责任心,而事实上,他们内心的感觉本应有能力对自己的行为负责。在小说中,阿尔维尔(Allwill〔德文直译"想要一切"〕,顾名思义,雅各比想借此影射狂飙突进时期的"天才")与沃尔德玛(Woldemar,隐射卢梭1761年出版的小说《新爱洛依丝》中的俄国人Wolmar),即两个与众不同的陌生人,加入到一群有着"情感心灵"的人中间,给他们带来各种表达爱情誓言、宣泄内心狂热情感的机会,而后者又成为两人重新关照自己的动因。

雅各比的第二部小说描写了由一群"心灵伙伴"组成的封闭圈子。该书的"品味"和道德诉求都令与雅各比交好的歌德无法忍受。歌德于是在埃特尔斯堡的某公园当着众多宫廷成员的面戏谑了小说的语言(《沃尔德玛的故事,一位身负恶名的自由灵魂临终前的秘密音信,以及他如何被撒旦折磨个半死,然后当着情人的面,在她的呜咽声中被带往地狱》,1779),并把一个精装本钉在树上。可想而知,歌德把书"钉上十字架"的举动极大恶化了两人的关系。雅各比只想借第二部小说表现过度的善感文学,作品本身在文学上毫无地位可言,不想歌德却如此不依不饶。事后,雅各比于1779年11月10日,也就是在拜访莱辛的半年前,写信给施洛塞尔(Johann Georg Schlosser)称:"一旦你们治愈了那些信奉善感主义的人,他们便会用无情来反咬你们一口。那些聪明人不可理喻,不明事理,总是相信,舞台上的丑角之所以滑稽,只是因为他们戴了顶滑稽的帽子。"

在小说中,沃尔德玛认为他与情人亨利埃特的关系超越一切情爱,是友谊的理想典型。在亨利埃特的建议下,沃尔德玛甚至与她的朋友阿尔维娜结了婚。"三角家庭"——在卢梭的《新爱洛依丝》和歌德的《施台拉》中也有类似的三角关系——似乎很幸福完美,人与人的理解也达到了最高境界。但这只是一种自我感觉,在沃尔德玛错误地怀疑亨利埃特为人不够正直时,这种感觉的虚假暴露了出来。最后,自我感觉受到怀疑,善感主义的基本信仰无法得到坚持,因为个人行为不可能脱离宗教规范与门第准则的约束,而只听从于"道德情感"。

小说中要寻找的是感性与理智之间的平衡。就像在顺应规则(贵族)与自我放纵(天才)两个极端之间难以找到平衡一样,感性与理智之间的平衡至多只能从反面表现。① 与此相应,小说中人物的性格显得模棱两可。1782年8月,哈曼(Johann Georg Hamann)在给雅各比的信中谈及《沃尔德玛》时说:"我很难把这一人物分解开来,阁下把他组织成整体时,想必也不容易。"雅各比的回复清楚表明,他只想通过小说传达自己的哲学思想:"在我看来,一个学者最大的贡献在于揭示存在的本质。解释只是他的手段,是通往下一个(而不是最终)目标的道路。他的最终目标是无法解释的东西,是'一',是无法再分解的东西。"雅各比再版《论斯宾诺莎的学说》时,在"前言"里补充道:这无法再分解的东西就是"人中的'神性';对神性的敬畏是一切美德与荣誉感的基础"。对雅各比而言,这是一条显而易见的原则。为了坚持这一原则,他在与莱辛谈话时用"生死一跃"作比喻②,并说这一跳跃的落脚点在信仰之中。

雅各比同时代的批评者认为他的这一观点是非理性的。施莱格尔(Friedrich Schlegel)称《沃尔德玛》是一张请读者"结交上帝的请柬",其结尾与所有"放荡行为"的结局如出一辙:"最后通过'生死一跃',跌入上帝仁慈的深渊。"施莱格尔的观点影响很大。很长一段时间,人们认为雅各比是一个有抱负的作家,可惜太迷恋哲学。晚近的研究才认识到,雅各比要通过他的思想体系为理性论证寻找一个标准。这一标准是理性思考的第一先决条件,必须在人直接感受外部事物(即使外部事物只是人主观感受到的信号而已)时有效,同时又必须保证知识的可靠性。可见,雅各比早年就接触到了法国百科全书派的哲学,他的全部著作都带着这一派的烙印。

歌德导演的那出闹剧也是雅各比与莱辛谈话的内容之一。1780年10月,雅各比在给海因泽(Wilhelm Heinse)的信中透露,他"把埃特尔斯堡事件告诉了他[莱辛]",又说:"他[莱辛]的看法我们日后面谈。"这句话让收信人和今天的读者都大失所望。雅各比在讲述这一事件时,可能像在给其他人写信时一样指责

---

① "反面"具体指雅各比小说中主人公因过于相信自我感觉而惨遭失败的经历。——译者注
② "生死一跃"(Salto mortale,意大利语)原指马戏团表演者从高处翻身而下,现多比喻在走投无路时挺身冒险,以求得一线生机。雅各比用它来比喻理性思维到达"最终目标",即到达"神性"的过程。这一过程之所以是"生死一跃",是因为仅仅依靠理性思维解释"存在"就会陷入无穷后退的窘境,走出这一"绝境"则需要让信仰为理性思维提供最初的支点,即雅各比所说的"落脚点"。所以下文提到雅各比坚持人格神的立场。——译者注

了歌德。但更有可能的是,他们在会面的第二天谈到了歌德的《普罗米修斯》(此诗当时只在一部分人中传抄),而后谈及了斯宾诺莎的哲学。雅各比对此场景有详细的记录,其描述还相当具有文学性:

> 第二天早晨莱辛来我的房间时,我有几封重要的信还没写完。我从装信的袋子里拿出几封信递给他,好让他在我写信的时候打发时间。他把信递还给我时,问我能否让他多读几封。"当然!"我说(我正要把信封上),"这里还有一首诗[指歌德的《普罗米修斯》];既然您时常让人不高兴,那今天也要请您不高兴一下了。"
>
> 莱辛:(把诗读完后还给我)我并没有不高兴;诗我早就从作者那里得到了。
>
> 我:您知道这首诗?
>
> 莱辛:诗我之前没读过;不过我觉得写得不错。
>
> 我:按诗本身来说,我也觉得不错,否则我就不给您看了。
>
> 莱辛:我不是这个意思……这首诗的写作角度也正是我自己的思想角度……我已经无法接受正统的"神"的概念了。"一即万有"(Εν και παν)!我只懂这个。这首诗也是这个角度;我不得不承认,这首诗我非常喜欢。①

雅各比为了不让读者怀疑描述的真实性,就把对话写得很生动。但读者已无法核查莱辛是否真的先读了此诗而后才说了上面的话,因此雅各比在出版他和莱辛的对话时尽可能还原对话的经过:歌德的诗——据说是为了顺利通过审查——是以活页的形式嵌入书里的,可以像从装信的袋子里一样抽出来。为了暗示作者的身份,雅各比还在诗后印了不怎么惹眼的《神性》,并署了歌德的名字。事实上,雅各比的这段双簧让狂飙突进诗歌中非正统神学的内容愈发突显:《普罗米修斯》写的不是这一反抗诸神的神话人物的命运,而是他的自我认知;其内容是人神领域的划分,是对传统宗教观念(包括基督教的上帝概念)的否定:

> 在太阳下面,还有谁

---

① Friedrich Heinrich Jacobi, *Werke Band 1*, 1: *Schriften zum Spinozastreit*, Hamburg: Meiner Verlag, 1998, S. 16f.

比你们群神更为可怜！

你们仅仅靠着

供奉的牺牲

和祈祷的声息

保持尊严，

若没有孩童和乞丐、

那些满怀希望的傻子，

你们就要饿死。

……

要我尊敬你？为什么？

你可曾减轻过

背着重荷者的痛苦？

你可曾拭干过

忧心者的眼泪？

把我锻炼成男子汉的，

不是那全能的时间

和那永恒的命运，

我的也是你的主宰？①

歌德1785年9月11日写信给雅各比，对此事表示不满："你的脑子让你公开我的诗作，还署了我的名字，让大家轻而易举就猜到谁写了那首让人不快的《普罗米修斯》。你现在也问问你的脑子，你这样算不算是做了件好事。此番我和莱辛坐到了同一个火堆上，赫尔德倒是觉得有趣得很。"

我们无法断定，雅各比此举是否是他对"埃特尔斯堡公园受辱事件"作出的回应。但从两人行为的"相似性"（Spiegelbildlichkeit，布鲁门贝格语）来看，这一揣测并非没有道理：在歌德看来，雅各比在《论斯宾诺莎的学说》一书中"对形而

---

① 此处采用钱春绮译文。〔德〕歌德：《歌德诗集》，钱春绮译，上海译文出版社，1999年，第388—389页。——译者注

上学大放厥词",自己却因此出了丑。但事后歌德改变了看法:假如《普罗米修斯》并未公开,它就不可能产生那种爆炸般的力量。歌德在《诗与真》(第十五卷)中回忆起此事时,强调并肯定了这一力量:这首诗"就像是导火索,它用语言引爆,让可敬之人极为隐秘的生活状态大白于天下。可这些人并没有意识到这种状态,因为即使在一个高度启蒙了的社会中,这种状态也还在沉睡"。我们可以从歌德的回忆中窥见启蒙时期的历史语境,但歌德此话同时另有所指。雅各比《论斯宾诺莎的学说》一书引来轩然大波,歌德所指之事更是在议论的风口浪尖,他说:"在一系列不巧的事件中,我们连摩西·门德尔松,一位最值得尊敬的人,也失去了。"

雅各比将自己与莱辛的对话出版后,读者最初的反应并非如他所料:那些细节描写(比如莱辛读了歌德的《普罗米修斯》联想起斯宾诺莎)非但没有提高谈话记录的可信度,反而让人怀疑记录的真实性。这是因为,读者是用审美的态度与方式阅读此诗的[即不关注诗的写作角度]。在给雅各比的最后一封回信中,门德尔松也把《普罗米修斯》当成了审美的对象:"可怜的艺术批评家!你是退化得有多厉害,才会觉得这么蹩脚的东西也是好诗!"意思是说,这几行"坏诗"不应该和莱辛联系到一块儿。门德尔松的这几句话很快传开,但脱离语境之后,没有了原来的反讽语气。埃贝哈特(Johann August Eberhard)认为莱辛不可能赞扬这么一首"糟糕的诗",还怀疑莱辛是否真的完成了"从歌德的诗作到斯宾诺莎哲学的跨越"。他觉得这一跨越"过于突兀,仿佛是莱辛灵机一动,把自己的哲学信仰硬往歌德的诗里装"。后来的研究也考察了此事的真实性:那么,莱辛确实可以从《普罗米修斯》跨越到"万系于一"的学说吗?关键就在于,莱辛说的是"这首诗的写作角度",这不是指诗中神话人物的角度——这样当然无法完成到斯宾诺莎哲学的跨越,而是指对宗教的批判态度,这种态度不诉诸教条,而是按照"批判的目的,表达为一种情绪"(布鲁门贝格语)。

那么,莱辛与雅各比在斯宾诺莎的哲学问题上达成了一致吗?其实,两人的看法在其中一点上大相径庭。对话中,莱辛提到"斯宾诺莎哲学中最晦涩的部分,并说莱布尼茨也认为这部分最难理解,完全没有看懂①。在《神义论》一个著名的段落中,莱布尼茨提到了"盲目的必然",这是斯宾诺莎理解神与世界之间关系的基础。雅各比认为盲目的必然只是一种毫无希望的决定论,对此,莱辛只说了一句:"我注意到,您很渴求自由意志,可我却并不渴求自由的意志。"接着,莱辛用斯宾诺莎的因果学说支持自己的观点,他对"万系于一"学说的理解也由此得出:

> 人类的偏见之一是,我们把思想看成是最为首先的、最为重要的东西,认为其他一切都从中来;可是世间一切,包括我们的想象,都与更高的原则相系。广延、运动与思想显然都是以更高的力量为基础的,这种力量不因产生了世间一切而穷竭。它一定比任何一种作用都要无限强大。这样,人就会从精神上享用这一力量,这种享用不但超越任何一种概念,更超越概念表达本身。我们无法思考这一享用,但这并不意味着它就不存在。②

莱辛认为,个别事物的基本属性[指广延、运动与思想]是以一种"更高的力量"为基础的,它们是"实体"的一部分,但反之却不成立。一般观点认为,斯宾诺莎的思想是"一"寓于"万"的学说,但正是这一观点让人无法认识到,斯宾诺莎本体论的核心是理性主义。这一本体论与泛神论的诸多特征相左,其实是一种"万系于一"的神学理论(Panentheismus),这才是歌德与莱辛相通的地方。③ 但雅各比却认为"世间万物都是无意义的",只有理智才能让事物有意义,因为理智解释一切。所以在与莱辛对话时,他坚持人格神的立场,要找出绝对的、但无法证明的人格神的统辖领域。莱辛却得意地说:"接着说呀,雅各比!您是找不到这一领域的。相反,您给了梦幻、胡言和迷惑广阔的自由空间。"雅各比刚要解释他对"胡言与迷惑"的理解就被莱辛打断了:"哪里有无意义的概念,哪里就有胡言与迷惑。"雅各比不得不反对:"不,哪里有编造的概念,哪里才有胡言与迷惑。"④

---

① Friedrich Heinrich Jacobi, *Werke Band 1*,1,S. 19,脚注。
② Ebd.,S. 21f.
③ "一寓于万"与"万系于一"的差别在于:前者中的"一"是理性思维对万物共性的概括,只存在于思维之中;后者中的"一"是万物产生的原则,是客观的存在,即莱辛所谓"更高的力量"。——译者注
④ 对雅各比来说,世间万物本来就是无意义的概念,所以"无意义的概念"本身不是"胡言与迷惑";只有编造出来的概念才是"胡言与迷惑",因为它们是虚假的、不存在的。——译者注

雅各比与莱辛的对话很富有启发性，可以当成对这一问题的解答：既然人们认为自己生活在"一个高度启蒙了的社会"之中，为什么这一场有关斯宾诺莎的对话会产生爆炸式的效应？因为雅各比说出了许多人不敢说出的想法：启蒙运动在宗教问题上并未发挥作用，理性神学没有前后一致的逻辑，因而难逃"'既不也不'的宿命"[①]（雅各比语），注定要失败。因此，雅各比更为推崇自足的斯宾诺莎体系，在这一点上，他与莱辛是一致的。莱辛也一度"维护古老的、严苛的、但逻辑严密的正统神学，而反对灵活的、但逻辑毫不严密的新神学"。在18世纪70年代，莱辛既反对为正统神学辩护，又与新教启蒙神学作斗争，因为它以历史校勘为理论依据，其观点无法满足信仰与知识的要求；启蒙理性主义宣扬自然神论，是莱辛的第三个敌人。莱辛同时与三者为敌是因为他不想把真理"限制得过死"，而要像莱布尼茨一样"从每一块石子里激出火花"。无疑，从严苛的传统教条里激出知识的火花并不是《圣经》校勘学家（包括《未署名者片段》的作者）的诉求。而莱辛要让启蒙运动的未来与真理（即使已不存在绝对的真理）相依存，就像他在《论人类的教育》第73章中对三位一体所做的思考那样。这可能是莱辛最难读的文章了。

歌德虽然也看到了这些问题，但他没有深究，他已满足于斯宾诺莎"万系于一"的神学体系了。

作者简介：弗里德里希·福尔哈特（Friedrich Vollhardt），慕尼黑大学德语文学教授，学术领域为近代早期德语文学，特别是神学与文学的关系，2018年出版新著《莱辛传》，哥廷根：Wallstein 出版社。

译者简介：陈郁忠，图宾根大学德语文学博士。

---

① 指理性神学徘徊于理性思维与信仰之间。——译者注